모리아산에서

초판 1쇄 인쇄 2007년 6월 20일

지은이 | 조우철
펴낸곳 | 도서출판 오직말씀

출판등록 | 2006년 8월 22일(제505-2006-00005호)
주소 | (780-935) 경북 경주시 동천동 782-13
전화 | (054)742-9027, 팩스 | (054)741-4821

총판 | 생명의말씀사
홈페이지 | http://www.onlyword.com
전자우편 | onlywords@hanmail.net

값 9,000원
ISBN 978-89-958601-4-4 04230

ⓒ 조우철, 2007

※ 잘못 만들어진 책은 바꾸어 드립니다.

4 아! 아브라함 ◎

모리아산에서

조우철 지음 ◎

도서출판 말씀오쏙

글쓴이 서문

소돔과 고모라의 멸망에 관한 하나님의 계획을 들으면서 아브라함은 항변한다. 의인과 악인을 함께 멸하는 것이 어찌 공의로운 일입니까 하고. 그러면서 그는 그 성에 의인 열 명만 있어도 멸하지 말고 용서해 달라고 요청한다. 그러나 소돔 성의 멸망은 그 곳에 단 한 명도 의미 있는 의인이 없다는 것을 보여준다. 간신히 살아난 롯과 두 딸이 산 속 굴에 은거하며 보여주는 삶의 실상은 아브라함이 의인이라고 생각하는 자들의 비참한 실상을 드러낸다.

이 사건 후 아브라함은 가나안을 등지고 블레셋 족속의 땅으로 내려간다. 그리고 그 곳에서 사라를 그 땅의 왕에게 아내로 줘버린다. 옛날 애굽에서처럼 가나안에 대한 소망을 포기한 모습이었다. 가나안의 유력한 족장에서 초췌한 늙은이의 모습으로 변해 버렸다. 무엇이 그를 이렇게 만든 것이었을까? 심각한 것은 이 때 사라는 내년 이맘 때 아들 이삭을 낳으리라는 하나님의 언약을 품고 있었다는 것과 그 아들이 이미 잉태되어져 있는 때였다고 하는 점이다. 블레셋 왕 아비멜렉으로부터 돌아온 사라에게서 아들이 태어난다. 이 아들이 도대체 누구의 아들인 것일까? 아브라함과 사라는 하나님이 주신 아들이라고 외치지만 사람들이 과연 믿어줄 수 있는 것일까?

이러한 아브라함을 대해 하나님은 이삭을 번제로 바치라고 하신다. 이유가 무엇일까? 모리아산에서의 번제 사건 이후 아브라함은 다시 가나안으로 돌아온다. 그리고 가나안 거민들로부터 힘 있는 족장이 아니라 하나님의 방백으로서 존경을 받는다.

　마침내 아브라함에 관한 집필을 끝내었다. 아브라함만을 놓고 본다면 내용 연구와 집필에 거의 10년이 걸렸다. 물론 이 기간은 다른 부분들에 대한 연구도 함께 이루어진 시간들이다. 간혹 남들이 묻는다. 창세기 12장부터 23장까지 겨우 12장의 기록 속에 무슨 내용이 그리도 많아서 4권씩이나 책을 쓸 게 있느냐고. 맞는 말이다. 30분이면 충분히 읽을 수 있는 분량이고 내용의 전개도 그리 복잡하지 않고 단순하다. 하지만 수천 킬로미터의 거리를 이동해 와서 전혀 낯선 이민족의 틈에서 100년의 세월을 산 사람이었다. 그 삶의 길이 어찌 평탄하였겠는가? 더군다나 죄악이 횡행하는 땅에서 신앙을 지키고 또 전하는 일이 어찌 쉬운 일이었겠는가? 그들로부터 하나님의 방백으로 인정받기까지의 과정이 어찌 편히 이루어졌겠는가? 그 인생 길에 대한 기록인데 어찌 책 4권이 많다 하겠는가?

　우리의 신앙이 그를 믿음의 조상으로 우러르게 할 때 그 믿음의 실체가 무엇일까? 실제 하나님이 아브라함을 예수 그리스도의 조상의 반열에 올려놓고 있을 때 어떻게 사람이 하나님 아들의 조상이 될 수 있으며 왜 메시아 예수가 인간 아브라함의 자손이 되어야만 하는 것일까에 대해 다시 한 번 되돌아볼 수 있기를 원한다.

2007년 6월
조 우 철

차 례

제1부 에셀 나무 아래서 (창 21장) ▒ 11

- 축하해야 하나 말아야 하나 (창 21:1-2)
- 쓴 웃음과 큰 웃음 (창 21:2-6)
- 그 때는 좋았지 (창 21:8)
- 올 것이 온 것일 뿐 (창 21:8-10)
- 정을 못 이겨 (창 21:11-12)
- 종노릇 할 뿐 (창 21:12-13)
- 내가 언제 그러했더냐 (창 21:14)
- 누구를 원망하랴 (창 21:14-16)

|||| 광야에 꽃은 피었는데 (창 21:16-18)
|||| 들나귀 같은 하나님? (창 21:19-20)
|||| 말이 중요한 게 아니라네 (창 21:21-22)
|||| 먹을 수도 뱉을 수도 (창 21:23-25)
|||| 약속이 분분하나 (창 21:26-27)
|||| 아브라함의 우물 (창 21:28-30)
|||| 우물의 하나님 (창 21:31-34)
|||| 시험 (창 21:34-22:1)

제2부 모리아 산으로 가는 3일 간 (창 22장) ⅢⅢ 109

- 아브라함의 이삭 (창 22:2)
- 거역할 수 없는 (창 22:3)
- 3일 길 (창 22:4)
- 전혀 다른 경배 (창 22:5)
- 가까이 하기에는 너무 먼 (창 22:6-7)
- 죽음 (창 22:8-10)
- 경외함 (창 22:11-12)
- 큰 잔치 (창 22:13-14)
- 회복과 기쁨 (창 22:15-18)
- 멀리서 바람결에 (창 22:19-24)

제3부 무덤을 보며 (창 23장) ▥ 189

- ▥ 죽었으나 영원히 살아있는 (창 23:1-2)
- ▥ 나그네의 삶 (창 23:2-4)
- ▥ 하나님의 방백이라 (창 23:5-6)
- ▥ 더 많이 주고 싶으나 (창 23:7-11)
- ▥ 브엘세바와 막벨라 (창 23:12-13)
- ▥ 서로 친한 사이에 뭘 (창 23:14-16)
- ▥ 무덤은 말하고 있다 (창 23:17-20)

모리아 산에서

| 창세기 21장 |

제1부 에셀 나무 아래서

그랄 왕으로부터 우물에 대한 소유권을 인정받은 아브라함은 그 곳에 에셀 나무를 심고 사람들에게 알린다. 인간의 왕으로부터 받아낸 언약을 그가 얼마나 철석 같이 신뢰하고 있는지. 그러나 하나님의 언약은 저만치 버려진 채로 있었다.

축하해야 하나 말아야 하나 (창 21:1-2)

아브라함이 구십 구세 되던 때부터 오늘까지 대략 일년여 기간 동안 참으로 많은 그리고 엄청난 사건들이 연속적으로 덮쳐왔다. 창세기 17장부터 전개된 이 기간의 사건들은 아브라함이 하갈에게서 이스마엘을 낳은 86세 이후 99세 될 때까지 13년의 기간을 성경이 전혀 침묵했던 그 시간에 뒤이어 나타난 사건들이었다. 이 두 기간을 비교해 본다면 이스마엘의 탄생 이후 13년이 지극히 잔잔한 호수와도 같았다면 뒤이어 전개된 99세 되던 때의 1년은 마치 회오리바람이 휘몰아친 것과 같은 격렬함이 있었다.

이 모든 사건들의 시작은 아브라함이 99세 되던 어느 날 그에게 찾아오신 하나님과의 만남이 있던 때부터였다(17장). 그 날 하나님은 아브라함을 통해 당신이 기대하고 또 열어가고자 하는 앞날의 역사적 과정들에 대해 자세히 설명해 주셨다. 이 때 하나님은 여기에 말씀되어진 사건들의 표징으로 이삭의 탄생을 말씀하셨고 이 탄생은 정확히 일년 후에 있을 것이라고 확정지어 알려주셨다(17:21 - **"내 언약은 내가 명년 이 기한에 사라가 네게 낳을 이삭과 세우리라"**). 하지만 아브라함은 이 모든 하나님의 말씀을 진지하게 받아들이지 못하였다. 그러므로 자손에 대해서도 이삭에 대한 기대보다는 여전히 이스마엘에 집착하였고 그 하나로 만족하고자 하는 마음뿐이었다(17:18 - **"이스마엘이나 하나님 앞에서 살기를 원하나이다"**).

제1부 에셀 나무 아래서

그로부터 얼마의 시간이 지난 후 나그네의 모습으로 다시 아브라함을 찾아오신 하나님은 그의 불신앙을 심각하게 책망하며 소돔과 고모라의 멸망을 알려주신다. 그리고 곧 이어 소돔에 살고 있는 롯과의 만남을 통해 아브라함이 심어놓은 신앙의 씨앗이 전혀 싹을 틔울 수 없는 죽은 것들임을 드러내셨다. 이러한 점에서 소돔의 멸망은 지금까지 아브라함의 삶을 모조리 뒤엎어 버리는 결과를 가지고 있었다. 아브라함 스스로 삶의 결과이자 보람이라고 여기고 있던 것들이 하루아침에 아무것도 아닌 것들로 판명된 것이었다. 잎은 무성하나 열매는 없는 무화과나무 같은 삶이었던 것이다.

그 사건 이후 그는 가나안을 떠난다. 그리고 내려온 곳이 블레셋 족속의 그랄 땅이었다. 겸손하면서도 많은 재산과 힘을 지닌 족장으로서의 품위 있는 모습은 사라지고 예전에 애굽으로 내려갈 때처럼 절망하고 낙담한 채 자기 목숨이나 부지하고자 하는 초췌한 늙은이의 모습으로 다시 돌아와 있었다. 그리고 자신의 얕은 실수로 사라를 잃었다가 다시 찾기까지의 우여곡절을 또 한 번 겪는다. 이것이 99세 이후 100세가 되는 오늘까지 그가 겪은 모든 사건들이었다. 이스마엘이라는 아들을 얻은 이후 13년 동안 지극히 평범하고 고요하며 만족스럽게 흘러가던 그의 삶이 이 일년여 시간 동안 하늘이 놀라고 땅이 뒤집히는 것과 같은 격변을 겪은 것이었다.

"여호와께서 그 말씀대로 사라를 권고하셨고 여호와께서 그 말씀대로 사라에게 행하셨으므로 사라가 잉태하고 하나님의 말씀하신 기한에 미쳐 늙은 아브라함에게 아들을 낳으니"(:1-2)

하지만 그 격변을 겪은 직후에 계속되는 오늘의 말씀은 이 모든 엄청난 사건들이 있었지만 하나님의 말씀만큼은 조금도 흔들림이 없이 정해진 대로 이루어져 가고 있음을 증언하고 있다. **"그 말씀대로…그 말씀대로…하나님의 말씀하신 기한에 미쳐"**라는 표현은 사람의 눈으로 볼 때는 이 모든 사건들이 평지풍파와도 같이 급작스럽고 놀라운 것이지만 그 속에서도 하나님의 말씀은 단 한 치의 오차도 없이 섭리대로 진행되어 나가는 것이었음을 알려주신다.

세상이 요동을 치고 정신을 차릴 수 없을 만큼 빠르게 변화해 가도 그 모든 것이 이미 하나님의 말씀하신 대로 진행되어져 가는 것이라는 사실을 볼 수 있어야 한다. 또 그 속에서 보이지 않게 이루어져 가는 하나님의 일을 읽을 수 있어야 한다. 그러한 자라면 모든 사람이 다 놀라 도망가고 우왕좌왕할지라도 침착할 수 있을 것이요 결코 허망할 수밖에 없는 일들에 집착하는 것이 아니라 하나님이 하시는 일을 함께 행할 수 있을 것이다.

특히 오늘의 말씀은 지금까지 표면적 주인공이 아브라함이었고 사라는 그 후면에 감추어져 있었다면 소돔의 멸망과 그랄 땅 사건 이후부터는 사라의 위치와 역할이 보다 중요하게 자리매김 될 것임을 알게 한다. **"여호와께서 그 말씀대로 사라를 권고하셨고 여호와께서 그 말씀대로 사라에게 행하셨으므로"** 성경은 사라가 하나님의 약속에 따라 아들을 낳은 사건을 설명하면서 이를 여호와께서 그 말씀대로 사라를 권고하셨고 또 그 말씀대로 행하신 결과라고 상황을 수식하고 있다. 여기서 권고하셨다고 하는 의미는 하나님이 친히 그녀를 찾아오셨다는 것이요 그녀에게 당신의 은혜를 나타내셨다는 내용을 포함한다. 지금까지 하나님의 만남은 아브라함을 중심으로 이루어져 왔다. 사라에게 하나님이 찾아오신 증거는 없다. 그런데 이제는 아브라함이 아닌 사라에게 찾아오신 것이었다. 사라를 권고하셨다는 것은 단순히 아이를 잉태케 하신 것만을 의미하는 것이 아니라 사라를 기뻐하셨고 그녀에게 당신의 은혜 나타내기를 즐거워하셨다는 것을 의미한다.

말없이 수고한 사라였다. 보이지 않는 곳에서 묵묵히 희생하며 때로는 참담한 현실을 경험한 여인이었다. 아브라함이 이스마엘을 얻은 후 그를 안고 즐거워할 때도 오히려 더 힘든 삶을 서럽게 겪어야만 했던 그녀였다. 그 속에서 연단되고 또 연단된 그녀의 신앙이 이제 아들 이삭에게로 그리고 저 보이지 않는 후손들에게까지 전해져 가게 되는 중요한 전기를 맞이한 것이었다. 끊어질 듯 끊어질 듯 위태하게 이어져온 하나님 나라를 또 한 매듭 굵고 튼튼하게 연결지을 인물이었다.

그러므로 사라가 아이를 낳았다고 할 때 이는 사라 자신에게 더할 수 없는 은혜요 감사요 기쁨이었다. 하나님의 살아계심과 자기의 간절한 기도에 응답해 주시는 하나님을 온 몸과 마음으로 경험하게 되는 너무도 놀라운 사건이었다. 말씀하신 대로 이루어 가시는 하나님에 대한 절대적 신뢰를 가져다주었다. 이 모든 과정을 통해 사라는 하나님이 우리에게 무엇을 원하는지 우리의 삶이 어떠해야 하는지 지금까지 아브라함의 뒤에 서서 낱낱이 다 지켜보며 확인하여 왔다. 그러므로 그 누구보다도 사라는 하나님의 아이를 양육할 준비가 되어져 있는 것이었다.

그러나 한 편 아브라함은 아이의 탄생을 어떻게 받아들였을까? 물론 이 아기가 아비멜렉의 아이는 아닐 것이라고 믿었겠지만 하나님께서 작년에 자기에게 이를 말씀하셨을 때 자신은 전혀 믿지 않았다는 것을 그는 잘 기억하고 있다. 이러한 언약이 사라의 몸에 있었지만 하나님의 자녀를 잉태한 자기의 아내를 끝까지 지켜줄 생각은 하지 못한 채 그를 아비멜렉에게 주기까지 했던 것이다. 아니 하나님의 언약은 고사하고 자기의 아내를 지켜야 하는 남편의 도리도 다하지 못했던 자신이었다. 한 마디로 비열한 인간이었고 아이의 탄생은 그러한 자신의 못남을 고스란히 확인시켜 주는 증거였던 것이다. 그러기에 아이가 태어날 때 그는 심히 부끄러웠으리라. 신앙인으로서, 한 여자의 남편으로서 그리고 태어난 아기의 아버지로서 어느 것 하나 부끄럽지 않은 부분이 없었다.

똑같이 하나님 앞에 선 하나님의 사람들로서 오늘 하나님이 맺어놓으신 결과에 대해 한 사람은 기쁨으로 맞이하였고 반면 다른 한 사람은 심한 부끄러움을 느끼고 있다. 부족하지만 온 몸과 마음으로 신앙을 삶 속에서 구현하고자 했던 사람이 맞이한 결과와 자기의 생각, 자기의 뜻을 고집하며 살아온 자가 맞이하는 결과의 차이였다.

다른 한 편 아브라함 공동체의 사람들은 이 아이의 탄생을 어떻게 받아들였을까? 원칙적으로 말한다면 오늘의 사건은 모든 사람들에게 경이로운 사건이어야 했고 이 날은 축제의 날이어야 했다. 만일 아브라함에게 아이에 대한 언약이 처음 들려졌을 때 마찬가지로 이 사실이 집 사람들에게도 들려졌고 또 그들이 아이의 탄생을 호기심으로라도 기다려 왔다면 그래서 오늘 이삭의 탄생이 하나님의 섭리가 이들 모두에게 분명하게 확인되어지는 사건이었다면 사라의 출산은 모두에게 기쁨이자 즐거움으로 받아들여질 수 있었다. 더 나아가 그들 모두가 한 마음으로 하나님을 믿는 신앙을 소유할 수 있었을 것이다.

그러나 이 집 식구들에게는 아브라함의 아내인 사라가 아비멜렉의 아내로 간 것도 도무지 받아들이기 어려운 것이었다. 하물며 그녀가 아비멜렉에게서 돌아온 이후 지금까지 생겨나지 않았던 아이가 태어나게 되었으니 별의 별 생각과 말들이 꼬리를 물고 일어나지 않았겠는가? 아무리 아브라함이나 사라가 뒤늦게 일년 전 하나님의 언약을 들먹이며 이삭 탄생의 신비를 설명하고자 할지라도 말 좋아하는 자들에게는 그것마저도 구구한 변명으로 밖에는 들리지 않았을 것이다. 주인 내외에게 생긴 경사스런 일이기에 마땅히 축하해야 하면서도 그리 흔쾌하지 않은 떨떠름한 면이 그들에게 있었음이 틀림없다.

이삭의 탄생은 백세 된 할아버지가 구십세 된 할머니에게서 아이를 얻은 기적 같은 사건이었다. 아브라함이 권세와 명예를 가지고 있었던 가나안에서 일어났고 또 하나님의 언약이 모두에게 확인되어지는 사건이었다면 이는 기쁨과 경이로움으로 맞이하는 엄청난 사건이었다. 하지만 그랄 땅에서 맞이하는 이 사건은 오직 사라를 제외한 모든 사람들에게 구구한 억측을 낳는 도저히 이해할 수 없는 사건일 뿐이었다. 하나님의 약속으로 태어난 자녀이면서도 계집 종 하갈에게서 얻은 아들 이스마엘의 출생보다도 더 못한 탄생이었다.

오늘 우리에게 신앙의 사건들이 있다면 이것이 우리 주변 사람들에게 어떻게 보여질 것인지 나 자신에게는 어떻게 받아들여지고 있는지 한 번 돌아보자. 오늘 만들어져 나가는 하나님의 나라에 대해 그래서 훗날 나타날 하나님의 은혜의 결과에 대해 오늘 나는 어떤 자리에서 그 결과를 준비해 가는지 살펴보아야 한다. 그 결과를 부끄러움으로 맞이할 아브라함의 자리에서인지 아니면 기쁨과 경이로움으로 맞이할 사라의 자리인지를. 그 결과가 내게 온 몸으로 지켜낸 신앙의 흔적을 지닌 사라의 기쁨의 사건으로 받아들여질 것인지 아니면 아브라함처럼 그저 부끄러울 수밖에 없는 사건이 될 것인지를. 오늘의 내가 그 모든 결과들에 대한 답을 이미 안고 있다.

쓴 웃음과 큰 웃음 (창 21:2-6)

"사라가 잉태하고 하나님의 말씀하신 기한에 미쳐 늙은 아브라함에게 아들을 낳으니"(:2)

늙은 아브라함에게 아들이 태어났다. 만일 정상적인 상황이라면 이는 분명 기적 같은 일이요 모든 사람이 축하해야 할 경사스런 일이었다. 특히 인생을 못내 한스럽게 하던 그 자식을 90세의 나이에 품에 안은 사라에게는 정말 꿈같은 일이었다. 누가 뭐라고 하든 누가 어떻게 보든 사라에게는 전혀 신경 쓸 일이 못되었다. 무엇보다도 언약을 조금도 어기지 않고 말씀대로 이루시는 하나님, 그리고 자신의 간구를 외면하지 않고 놀라운 방법으로 응답하시는 하나님에 대한 증거가 아기의 탄생 위에 머물러 있기 때문이었다. 하지만 아브라함에게는 심히 부끄러운 사건이었다. 하나님의 언약을 믿지 못하고 내팽개친 불신앙이 있었고 자기의 아내도 지키지 못하고 버린 남자의 불명예가 서린 사건이기도 하였다.

이제는 늙어 별다른 소망이라고는 있을 수 없는 때였다. 늙은 나이에 이런 일을 있게 하신 하나님의 뜻이 무엇이며 왜 젊은 시절 힘 있고 패기가 넘치던 때에는 그토록 바랄지라도 허락지 아니하시더니 늙어 무엇을 새로 시작해볼 엄두도 낼 수 없는 때에 이 아이를 주신 것인지 깊이 생각해 보지 않

제1부 에셀 나무 아래서

을 수 없게 한다. 놀라운 성공도 누려보았고 감당할 수 없는 참담한 실패도 있었다. 실로 산전수전 다 경험해본 그였다. 그가 태어난 아이에게 무엇을 물려줄 수 있는 것인지, 이 아이가 물려받아야 할 것이 무엇인지.

"아브라함이 그 낳은 아들 곧 사라가 자기에게 낳은 아들을 이름하여 이삭이라 하였고"(:3)

아브라함은 태어난 아기의 이름을 '웃음(이삭)'이라고 짓는다. 아브라함이 이렇게 이름을 지을 때 그의 속마음은 무엇을 생각하고 있었을까? 또 주변의 사람들은 100세 때 얻은 아이를 '웃음'이라고 이름하는 데 대해서 어떻게 받아들였을까? 어쩌면 사람들은 물었으리라. 왜 많은 좋은 이름을 두고서 100세나 되어 얻은 귀한 아들의 이름을 그렇게 지었느냐고 말이다. 아브라함 자신만 해도 '열국의 아버지(아브라함)'라고 고쳐진 이름을 가지고 있었다. 그의 아내 또한 '열국의 어머니(사라)'라는 귀한 의미가 담긴 이름을 가지고 있었다. 그렇다면 '열국의 아비'와 '열국의 어미' 사이에서 태어난 아이요 하나님의 신비가 깃들여져 있는 아이라면 더 멋지고 의미 있는 이름을 붙여주는 것이 마땅할 것이었다.

아브라함은 왜 하필 아이의 이름을 '웃음'이라고 지었느냐고 묻는 사람들의 물음에 어쩌면 이 아이가 사람들에게 웃음을 선사하는 자가 되기를 위해서라고 답하였는지도 모르겠다. 사람들에게 즐거움과 기쁨을 주고 만족하게 해주는 그런 사람이 되기를 원해서라고 궁색한 답변을 늘어놓았을 것이다. 자기들의 말년에 이처럼 놀라운 섭리로 기쁨을 주셔서 웃게 하시는 하나님의 은혜를 기리고자 함이라고 둘러댔을 수도 있다. 말로써 자기의 부끄러움을 가리는 것은 인간이 지닌 천부적 자질 아니던가?

하지만 그는 알고 있다. 이 이름은 자신의 불신앙을 책망하는 하나님의 목소리인 것을. 그는 왜 하나님께서 아이의 이름을 '웃음'이라고 짓게 하셨는지 이제야 그 이유를 알 수 있었으리라. 그 날 하나님께서 아이의 탄생을 말씀해 주실 때 그것을 믿지 못하고 싱거운 일처럼 여기고 웃었던 자신의 행위가 그 이후에 어떤 결과들을 만들어내었는지 그는 충분히 기억할 수 있었기 때문이다. '웃음'이라는 이름의 의미가 활짝 환하게 웃는 기쁨과 즐거움이 아니라 하나님의 능력과 섭리를 비웃었던 인간의 불신앙이 담긴 비웃음이라는 것을 말이다.

아브라함은 아이의 이름을 지어놓고 나서 또 웃었으리라. 하나님의 약속을 싱거운 웃음으로 대꾸했던 자신의 뼈아픈 실수를 기억하며 쓴웃음을 지었으리라. 어쩌면 아브라함은 평생 이 아이의 이름을 부를 때마다 하나님께 속죄하였을지도 모르겠다. 그리고 이 아이에게도 평생 죄스런 마음이 들지는 않았을지. 많은 좋은 이름 놔두고서 '웃음'이라고 밖에는 지어줄 수 없었던 아비의 못난 삶 때문에 말이다. 그렇기 때문에 이 약속의 아들은 아버지의 의심과 불신 때문에 조금은 우스운 이름을 평생 달고 다녀야 했다. 좋은 이름 멋진 이름을 다 놔두고서 아비의 부끄러움을 대신 지고 평생 다녀야만 했다.

하지만 그래도 이러한 부끄러움을 물려주는 부모는 그래도 괜찮은 것 같다. 죄와 영원한 사망의 고통을 물려주는 부모는 얼마나 더 많은지. 차라리 부모의 부끄러움과 그 부끄러움을 씻고자 괴로워하는 부모의 삶의 모습을 통해 오히려 배울 것이 많게 된다면 자녀와 후손들에게는 그것이 은혜일 것이다. 하지만 비록 겉으로는 성실한 것 같을지라도 욕심, 이기심, 근심, 두려움 외에는 더 볼 것 없는 것이 오늘 우리의 부모들이지 않은가?

"그 아들 이삭이 난지 팔 일만에 그가 하나님의 명대로 할례를 행하였더라"
(:4)

아들이 태어난지 팔 일만에 아브라함은 아들에게 할례를 행한다. 아기의 여리고 예민한 살갗에 칼을 갖다 대었다. 아무리 예리하게 갈고 또 갈았지만 오늘날의 메스와 같을 수는 없었다. 아기의 피부를 도려낼 때 아이의 울음소리는 얼마나 자지러졌겠는가? 아이의 살갗을 찢는 아버지 아브라함은 얼마나 더 힘들었겠으며 늙은 어미 사라의 가슴은 또 얼마나 찢어졌겠는가? 사라는 차마 들을 수 없고 볼 수 없어 저 먼 곳으로 눈과 귀를 돌렸으리라. 과연 아브라함은 이제라도 할례의 의미를 온전히 이해하였을까?

할례는 이제 태어난 이 아이가 사람의 아이가 아니라 하나님의 아이라는 것을 그의 부모가 고백하는 것이었다. 태어나는 이 시점부터 하나님의 아이가 되도록 철저히 교육하겠다는 것을 약속하는 것이었다. 죄로 가득한 세상에서 창조주 하나님의 비밀을 간직한 신앙인으로 살아간다고 하는 것이 얼마나 어려운지, 칼로 살을 도려내는 것 같은 아픔이 있다는 것을 할례를 통해 다시금 깨닫게 되는 것이었다. 그러므로 하나님 신앙을 물려주고 또 이어받는다는 것은 이런 연단과 고통을 필요로 한다는 것을 할례 앞에 선 인간은 절실히 느낄 수 있어야 했다. 아이의 할례를 행하는 것이 닭 한 마리 목을 비틀어 잡는 일이 아니었다. 더군다나 왜 우리의 신앙은 시작부터 이런 고통을 겪어야 하는지 아브라함의 지나온 삶의 경험은 충분히 증거해 주는 것이었다.

특히 아브라함은 소돔과 고모라의 경험을 가지고 있다. 자기는 힘껏 신앙을 전했고 그들 또한 신앙을 받아들여 하나님을 믿는다고 하였지만 그 신앙이 죽은 것이었다는 사실을 하나님은 보여주셨다. 왜 그 신앙이 신앙이 아니었는지 아브라함은 언약에 대해 불신했던 자기 자신의 삶을 통해 볼 수 있어야 했다. 그 사건은 우리의 신앙이 쉽게 전달되고 쉽게 받아들여지는 것이 아니라는 것을 알려주는 것이었다. 이미 생각과 태도가 굳어진 성인이 되어서 하나님을 믿고 그의 신앙의 도리를 따른다는 것은 얼마나 힘든 일인지, 이미 죄가 다스리는 세상의 생존방식에 익숙해진 인간이 죄의 굴레를 깨버린다는 것이 얼마나 어려운 일인지를 넉넉히 보여주는 경험이었다. 어린 시절부터 하나님의 언약이 가지고 있는 신앙의 내용을 전달받고 마치 젖과 밥을 먹고 우리의 몸이 자라나듯 하나님의 말씀을 먹고 영혼이 자라나는 일이 없이는 그렇게 쉽게 하나님의 사람이 될 수 없다는 것을 증거하는 사건이었다.

할례를 행한다는 것은 이제 이 아이가 나의 아이가 아니라 하나님의 자녀라는 것을 선언하는 것이고 고백하는 것이며 하나님의 자녀가 되도록 키워나가야 하는 부모의 책임을 부여받는 의식이다. 아이의 몸에 새겨진 할례의 표시는 그 아이 또한 자라나면서 내가 진정 하나님의 자녀인가 하는 것을 돌아보게 하는 표식이었다. 내가 정말 하나님의 자녀가 맞는가 하는 것을 되돌아보게 해주는 표인 것이다. 따라서 아브라함은 이 죄악 된 세상에서 신앙의 길이 이러하며 이런 고난을 각오함이 없이는 결코 걸어갈 수 없는 길이라는 것을 그는 이삭에 대한 할례 속에서 어렴풋이라도 느껴볼 수 있지 않았을까?

"아브라함이 그 아들 이삭을 낳을 때에 백세라 사라가 가로되 하나님이 나로 웃게 하시니 듣는 자가 다 나와 함께 웃으리로다"(:5-6)

아들의 이름을 '웃음(이삭)'이라고 지은 것에 대해 사라는 과연 어떻게 받아들였을까? 이 속에 들어있는 아브라함의 참담한 신앙의 실패를 사라는 읽을 수 있었을까? 하나님이 태어날 아이의 이름을 왜 이삭이라고 짓게 했는지 그 연유에 대해 아브라함은 사라에게 충분히 설명해 주었을까? 만일 사라가 '웃음'이라는 아이의 이름에 담긴 아브라함과 관련된 이유를 충분히 듣고 알았다면 사라는 어떻게 이를 받아들였을까? 분명 하나님의 의도를 좀더 심각하게 생각하였을 것이다. 그러한 실수가 자신이나 아이의 삶에서 반복되어서는 안 되겠다는 각오가 있었을 것이며 좀더 겸손하게 아이의 탄생에 임할 수 있었을 것이다.

그런데 오늘 사라는 하나님이 나로 웃게 하셨다고 말한다. 즉 사라는 지금 아이의 탄생과 할례를 대하면서 웃고 있는 것이다. 이 웃음은 어떤 내용을 가지고 있는 것일까? 이 웃음과 관련하여 지금까지 사라의 삶을 살펴보면 가나안에 들어온 이후 그녀의 삶은 웃음 없이 살아온 인생이었다. 고뇌와 서글픔을 품고 살아온 나날들이었다. 온갖 어려움을 아브라함보다 더 지독하게 겪고 견디며 지내와야만 했던 세월이었다. 아브라함이 이스마엘을 얻고서 즐거워하고 만족하며 살아온 13년의 세월도 사라에게는 오히려 자신의 실수를 곱씹으며 후회 속에 지내야 했던 참담함이 있었다.

그러므로 하나님이 나로 웃게 하셨다고 하는 사라의 말은 아이의 탄생이 온갖 힘든 일을 견디며 살아온 자신에게 주어진 보상이라고 하는 의식이 들어있는 웃음이다. 곧 아이를 '웃음'이라고 이름 짓게 하신 하나님의 뜻을 하나님의 언약을 대해 싱겁게 웃었던 아브라함의 실수에서 바라보는 것이 아니라 자신의 지나온 고난스런 삶에 대해 하나님이 더해주신 은혜로 인식하고 있다는 것을 알려주는 모습이다. 물론 사라의 준비된 신앙 자체는 정

제된 엑기스와도 같은 것이었다. 그 신앙의 정수가 아들 이삭에게로 흘러갈 것이었고 야곱 요셉의 후손들에게로 이어져갈 것이었다.

하지만 오늘 사라의 웃음은 하나님께서 이 아들을 통해 무엇을 하고자 하시며 또 이 아들을 어떻게 양육해야 할 것인가 하는 무거운 책임감보다는 자신의 고난스런 삶에 대한 보상으로 여기는 여유로움이 더 크게 자리하고 있다. 아들 없이 살아온 여인의 설움을 힘껏 날려버리고자 하는 한풀이와도 같은 의식이 마음 한 쪽에 자리하고 있는 것이다.

신앙이 나의 한을 푸는 도구가 되어져서는 안 되는데. 그저 나로 만족스러이 웃게 하는 것이 되어서도 안 되는데. 사람들 앞에 자기의 지나온 날을 자랑스러이 떠벌리게 하는 것이 되어서도 안 되는데. 하지만 나로 웃게 하시고 듣는 자가 다 나와 함께 웃으리라고 외치듯 말하는 사라의 말은 오늘 이삭을 품에 안은 이 사건이 지나온 날의 설움을 깨끗이 날려버리고 크게 만족하고 떠벌리고자 하는 모습으로 더 크게 다가온다.

은혜가 있다면 그 은혜를 입은 내가 무엇을 해야 하며, 왜 이 은혜가 내게 주어진 것인지 생각할 수 있어야 한다. 보다 깊이 있는 신앙의 의미를 전하여 주고 믿음을 키워가는 결과로 나타나야 한다. 그런데 그저 오늘 현실에 만족하게 하고 머무르게 하는 것으로만 나타난다면 그것이 과연 옳은 것일까? 분명 하나님은 많이 맡은 자에게서는 많이 구하는 분이 아니던가. 열 달란트, 다섯 달란트 받은 자에게서는 열 달란트, 다섯 달란트에 합당한 열매를 원하고 찾으시는데 말이다.

아브라함의 속에 있을 자기를 대한 쓴 웃음과 사라의 온 세상을 향해 날리는 큰 웃음이 묘한 대조를 이루며 전개되고 있다. 아이의 탄생과 관련된 아브라함의 지나온 신앙의 오류가 여전히 사라에게 충분히 전달되지 않은 채 아이의 탄생을 바라보는 아브라함과 사라의 시각이 차이가 있다는 것을 느끼게 한다. 과연 이 차이가 아이의 자라남과 관련하여 또 어떤 영향을 미치게 될지. 늦게라도 아브라함의 신앙과 사라의 신앙이 하나가 되어 같은 색깔의 한 목소리를 낼 수 있어야 하는 건데 혹 두 개의 어긋난 신앙이 아이에게 다른 메시지를 전하여 주는 것은 아닌가?

오늘의 우리가 그러하지 않은가? 각자 다른 색깔을 지닌 다른 신앙의 목소리를 사방에서 듣는다. 그러기에 이 소리가 옳은지 저 소리가 옳은지 분간할 수 없어 각자 알아서 간다.

그 때는 좋았지 (창 21:8)

"아이가 자라매 젖을 떼고 이삭의 젖을 떼는 날에 아브라함이 대연을 배설하였더라"(:8)

'웃음'이라고 이름 붙여진 아이가 자라난다. 태어난 이후의 과정이 어떠했든지 간에 아이의 자라남은 누구보다도 사라의 큰 기쁨이었다. 평생을 기다리고 소망하던 아이였고 또 이렇게 늙어서 얻은 아들이었으니 이 아들의 존재 가치야 말할 필요도 없다. 그에 대한 관심과 보살핌은 세상 어느 귀한 집 자식보다 더했으리라. 하지만 이 집의 이면에 이 아들의 탄생을 심각한 고민으로 받아들이는 사람들이 있었다. 그것은 하갈과 이스마엘이었다. 이삭이 태어나기 전 이스마엘은 아브라함의 유일한 적자였다. 곧 아브라함의 모든 것을 이어받을 독자였고 따라서 때가 되면 아브라함의 모든 소유가 그의 몫이 될 것이었다. 그리고 이렇게 될 때 그의 어미 하갈 또한 이 집의 주인으로서 행세할 수 있었다.

특히 하갈의 입장을 생각해 보면 이삭의 탄생은 마른 하늘의 날벼락과도 같은 사건이었다. 왜냐하면 그녀는 분명 아브라함의 아들을 낳은 아브라함의 아내였고 또 그의 모든 것을 이을 아들의 어미였다. 하지만 종의 신분이었기 때문에 지금까지는 감히 여주인처럼 행세할 수 없었다. 특히 그녀가 이스마엘을 낳은 이후 사라를 업신여기다가 쫓겨났던 사건 이후로 그녀의 집안에서의 위치는 그저 죽어지내는 것이었다. 사라나 아브라함이나 그녀가 또 다시 그렇게 방종할 수 있는 기회를 주지 않았기 때문이다. 이스마엘 이후 지난 20여년의 세월 동안 하갈에게서 다른 자식이 태어나지 않았다는 것이 그 증거이다. 그러한 그녀에게 오직 한 가지 기다리는 순간이 있다면 아들 이스마엘이 집안의 모든 것을 물려받는 날이다. 그리고 사라나 아브라함이나 늙어 더 이상 힘을 쓸 수 없게 되는 때가 오는 것이었다. 이것은 때가 언제냐 하는 것이 문제일 뿐 이미 정해진 순서였다. 사라가 아이를 낳는다는 것은 이미 물 건너간 사실이었기 때문이다.

그러므로 하갈은 겉으로는 사라나 집안사람들에게 숨을 죽이고 살지만 속으로는 이런 때가 오기를 학수고대하고 있었다. 이러한 사실은 오늘 이후의 사건을 통해서도 분명하게 확인된다. 그런데 이미 늙어 시든 사라에게서 아들이 태어난 것이었다. 이삭의 탄생은 하갈의 아들 이스마엘과의 사이에 누가 아브라함의 후사가 될 것이냐 하는 문제와 곧바로 직결되는 사건이었다. 물론 탄생의 순서로 본다면 하갈의 아들 이스마엘이 우선이었으나 누가 아브라함의 적자인가 하는 점에서 본다면 이삭이 당연히 후사가 될 수밖에 없었다. 그러므로 이삭의 탄생은 하갈에게 위기가 찾아온 순간이었고 그가 자라나는 시간들은 이 위기를 현실화시켜 가는 시간들이었다. 만일 이러한 하갈의 입장을 극으로 표현한다면 그녀가 이삭을 죽이기 위해 음모를 꾸미는 상황도 얼마든지 가능성 있는 소재로 설정될 수 있을 것이다.

이는 아브라함이나 사라 모두에게도 마찬가지였다. 물론 사라에게는 자신의 낳은 아들 이삭이 아브라함의 후사가 되어야 한다는 것은 타협의 여지가 없는 사실이었다. 그리고 이 아들이 후사가 되기까지 내가 살아서 그를 지켜주어야 한다는 삶의 목표도 분명했다. 하지만 아브라함의 입장에서는 고민할 여지가 많이 있었다. 물론 이치로 본다면 사라가 낳은 아들 이삭이 자라나 자신의 뒤를 잇는 것이 당연하였다. 하지만 또 가만히 생각해 보면 이스마엘이나 이삭이나 둘 다 자신의 사랑하는 아들이다. 또 지금의 그랄이나 가나안이나 후사의 자격 요건으로 필요한 것은 누가 주변으로부터의 여러 도전에 대해 더 강하게 맞서고 공동체를 지켜낼 수 있느냐 하는 점이 우선적으로 고려될 수밖에 없었다.

물론 당연히 이삭을 후사로 세워야 하겠지만 그럴 경우 하갈의 아들 이스마엘을 어떻게 해야 할지가 당장 직면하게 되는 어려움이다. 이스마엘이 이를 순순히 받아들이고 이삭과 서로 화목하게 협력하며 지낸다면 더 이상 바람직한 것은 없다. 하지만 그렇지 않을 경우 결과가 어떠하겠느냐 하는 것은 대단히 염려스러운 사실이다. 지금까지 스스로 아버지의 후사로 여기며 자라왔고 주변 사람들도 당연히 그렇게 생각하며 그를 대해왔다. 아버지 아브라함도 그렇게 이 아들을 길러왔다. 그런데 어느 날 14살이나 늦게 태어난 동생이 어미가 다르다는 이유만으로 자기를 대신하여 후사가 된다는 것은 이미 성인이 된 이스마엘에게는 쉽게 받아들일 수 있는 일이 아니었다. 자칫 형제간의 갈등과 분란이 일어나고 끝내는 서로를 죽고 죽이는 비극적인 사태로까지 번져갈 수 있는 일이었다. 같은 아버지와 어머니에게서 한 날 한 시에 태어난 피를 나눈 형제이지만 장자의 권리를 둘러싸고 야곱을 죽이려고 했던 에서의 행동은 이를 잘 보여준다. 무엇보다도 어미 하갈의 기질이 이러한 가능성을 더욱 부채질하리라는 것은 이미 충분한 이유를 가지고 있다.

아브라함은 이스마엘이 있기 전 이미 사라에게서 아들이 있게 될 것이라는 하나님의 말씀을 들어 알고 있었다. 하지만 이를 끝까지 기다리지 못하고 그 대신 인간적인 생각과 판단으로 이스마엘을 얻었다. 이스마엘을 얻을 때만 해도 그에게는 그것이 얼마나 기쁜 사건이었는지. 86세나 되어서야 자기 피붙이를 품에 안아보게 되었으니 그 기분이야 오죽 했겠는가. 자기의 뒤를 이을 아들이 있다는 것은 자신의 훗날을 의지할 수 있게 해주는 마음 든든한 버팀목처럼 여겨졌다. 하지만 마침내 하나님의 약속대로 언약의 아들 이삭이 태어나자 그 이스마엘은 기쁨이 아니라 깊은 고민을 안겨주는 아들이 되어졌다.

그러므로 '웃음'의 탄생은 하나님의 언약을 믿지 못한 그 자신의 불신앙을 책망하는 사건이었고 또 동시에 지금까지 이스마엘을 통해 누리던 마음의 든든함과 기쁨을 일순간 고민스럽게 바꾸는 사건이기도 하였다. 물론 아브라함이 하갈을 택하여 아들을 낳은 것은 세상 사람들의 입장에서 본다면 조금도 책할 것이 없는 행위였다. 많은 재산을 가진 자가 능력에 따라 첩을 얻는 것도 당연한 관습이었고 더군다나 아내 사라가 아들을 낳지 못한 상황이기에 아들을 얻기 위해 첩을 맞아들이는 것은 오히려 때늦은 감이 있었다. 그러므로 아브라함이 하갈을 택하여 이스마엘을 얻은 것은 세상의 관점에서 본다면 조금도 비난받거나 죄책감을 느껴야 할 일이 아니었다.

하지만 그 행위가 하나님의 언약과 권능을 믿지 못하는 불신앙에서 나온 것이었다. 그리고 후사에 대한 자기 자신의 인간적인 판단과 염려에서 나온 선택이었다. 한 마디로 하나님의 뜻과는 무관하게 이루어진 결정이었고 하나님의 섭리를 무시하고 맺은 결과였다. 적어도 그 결과에 대해 그는 지난 14년 동안은 만족스럽게 지내올 수 있었다. 그런데 길다면 길 수도 있는 그 시간이 지나자 오늘 그 때의 선택이 얼마나 잘못된 것이었는지 온 몸으로 느끼고 있다. 그것이 지금 그의 삶을 얼마나 괴롭게 하고 피곤케 하는지 절감하고 있다. 차라리 없었더라면 오늘 진정 홀가분하게 아들 이삭을 맞이하고 그에게 모든 것을 다 쏟을 수 있는 것이었는데 말이다.

하갈이라는 여인 또한 마찬가지이다. 그녀가 만일 그 때 아브라함의 첩이 되지 않고 그냥 다른 평범한 누군가를 만나 가정을 일구었다면 오늘을 어떻게 맞이했을까? 평생 아들이 없어 홀로 외로워하던 여주인 사라가 구십의 나이에 아들을 낳게 되었을 때 하갈은 그녀의 곁에서 그 아이를 안고 돌보며 진정 사라를 축복하고 함께 기뻐할 수 있는 사람이 되었을 것이다. 하지만 그녀가 원치 않게 아브라함의 첩이 되어 아들을 낳았고 오늘 이삭의 탄생을 기쁨이 아니라 근심으로 받아들이게 된 것이었다. 근본 원인은 아브라함에게 있었다. 아브라함의 그 날 선택이 자신에게나 다른 사람들에게 오늘 하나님의 은혜를 결코 편치 않은 불편함과 긴장으로 맞이하게 만든 것이었다.

인간적인 염려와 인간적인 소망에서 나온 지금 나의 선택과 결정이 인생의 돌이킬 수 없는 뼈아픈 후회를 낳을 수 있다는 것을 인식할 수 있어야 한다. 때로 성급한 마음, 좀더 기다리지 못하는 마음, 늦었다고 생각하는 강박관념들이 자칫 먼 훗날 다른 사람에게도 심각한 고통을 안겨줄 수 있다는 것을 알아야 한다. 지금 당장 누릴 어떤 유익을 참지 못해서 또 당장의 어떤 염려를 이겨내지 못해 덥석 입에 문 것이 훗날 뱉을 수도 삼킬 수도 없는 무척 고민스런 결과들을 불러올 수 있다는 것을 말이다. 때로 세상에서의 관습으로 볼 때는 얼마든지 용납될 수 있는 것이라고 여겨진 것이 우리 신앙의 커다란 걸림돌이 되기도 한다.

긴 시간 같지만 곧 지나가버릴 시간들의 끝에 우리의 신앙과 삶을 무척 고민스럽게 하고 부끄럽게 할 수도 있는 어떤 결과가 지금 나의 선택과 결정 중에 생겨날 수도 있다는 것을 생각할 수 있어야 한다. 또 때로는 어떤 문제 요소들이 있지만 대수롭지 않게 여기고 지나간 것들이 훗날 우리를 무척 고통스럽게 할 수도 있다. 하나님께는 늦은 때가 없다는 사실, 하나님은 모든 것을 보시고 가장 알맞은 때에 가장 아름답게 당신의 방법대로 우리의 인생을 인도해 가시며 당신의 일을 진행시켜 가신다는 사실을 우리는 늘 명심해야 한다.

모든 일이 급하게만 굴러가는 세상이다. 잠시 돌아볼 여지도 갖지 못한 채 숨가쁘게 움직여 가는 오늘 우리들이다. 눈 앞에 있는 유익을 위해 앞도 뒤도 옆도 돌아보지 않고 싸우는 것이 현실이다. 하나님의 때를 기다릴 수 있는 여유와 그 때를 분별할 수 있는 신앙의 지혜가 오늘 그 어떤 것보다도 우리에게 필요하지 않은가? 앞에 있는 가능한 선택 속에서도 하나님을 생각하고 삼가할 수 있는 절제심이 있어야 하지 않겠는가?

올 것이 온 것일 뿐 (창 21:8-10)

분명 이삭이 태어난 이후 아브라함의 집에는 그 아들의 탄생을 몹시 불안하고 두려운 눈으로 바라보는 두 사람이 있다. 특히 이스마엘의 어미 하갈에게는 더욱 더 심각하였다. 다 된 밥에 재 뿌린 격이라고나 할까 그러한 심정으로 밖에는 이 사건을 달리 바라볼 수 없었다. 이러한 하갈의 심정이 사라와 아브라함에게도 또 다른 형태의 고민거리로 자리하고 있었다. 물론 늦게 태어났지만 이삭이 후사가 되어야 한다는 데에 대해서는 사라나 아브라함이나 다른 생각의 여지가 없었다. 하지만 이스마엘을 어떻게 해야 하느냐 하는 문제는 특히 아브라함에게 보통의 고민은 아니었다. 자칫 훗날 두 아들이 엄청난 갈등과 다툼을 벌일 수도 있었다. 이삭이 더 강하다면 그래도 괜찮겠지만 이삭이 이스마엘을 감당하지 못할 경우 큰 불행이 닥쳐올 수도 있는 일이었기 때문이다. 이것은 현실이었다. 지극히 소심한 이삭이었기 때문이다.

"아이가 자라매 젖을 떼고 이삭의 젖을 떼는 날에 아브라함이 대연을 배설하였더라"(:8)

이러한 속에서 아브라함은 이삭이 젖을 떼는 날에 큰 잔치를 연다. 여기서 대연을 배설하였다고 하는 것은 보통의 경우 이상의 큰 규모로 잔치를 베풀었다는 것을 뜻한다. 곧 주변의 알릴만한 모든 사람들에게 이를 알렸다는 것이요 할 수 있는 대로 많은 사람을 초대하여 성대하게 이 날을 기념하였다는 것을 알게 한다. 그러므로 이는 이삭의 존재를 아브라함 주변의 알릴만한 모든 사람들에게 알리는 결과를 가지고 있다. 이러한 점에서 본다면 이 대연이 단지 이삭이라는 아들의 탄생과 건강하게 성장한 것을 축하하고 감사하기 위한 것이었는지 아니면 이 속에 또 다른 의미를 담고 있는 것인지 생각해 보지 않을 수 없다. 분명 이삭의 성장은 이스마엘과의 후사 문제에 대한 결정을 요구하는 것이기 때문이다.

아브라함이 이삭을 위해 커다란 잔치를 베풀고 주변의 모든 사람들을 초대하였다는 것은 아브라함이 이 아들을 얼마나 아끼고 사랑하는지, 그의 존재를 얼마나 소중하게 여기고 있는지를 드러내는 효과를 가지고 있다. 무엇보다도 이삭을 위해 이렇게 큰 잔치가 베풀어지고 그가 아브라함에게 이러한 관심과 사랑의 대상이 된 것은 그가 본 부인 사라에게서 난 아들이기 때문이다. 곧 이 아들은 사라에게서 태어난 아브라함의 적자이기 때문에 이런 잔치를 여는 것이요 그러므로 이는 그가 아브라함의 적자라는 것을 세상에 알리는 것이다. 이러한 점에서 본다면 이렇게 큰 잔치를 베푼 것은 아브라함의 뜻도 있겠지만 그보다는 사라의 뜻이 더 강하게 반영된 결과라고 볼 수 있다. 이 아들이 내 아들이요 이 집안의 유일한 적자(嫡子)임을 알리고자 하는 사라의 뜻이 분명 있는 것이다.

이럴 때 나타나는 2차적인 결과는 아주 자연스럽게 이스마엘의 존재를 가리는 결과를 초래한다. 찾아오는 사람들에게도 당연히 이스마엘과 이삭의 관계에 대한 관심이 있을 것인데 이 잔치는 이삭을 더 우선한다는 메시지를 주기에 충분하기 때문이다. 이런 사실은 이 잔치에서 사라가 사람들에게 나타내 보일 태도를 생각해 보더라도 분명한 사실이고 이스마엘이나 하갈이 이 잔치를 바라보는 마음을 생각해 보아도 틀림없다. 따라서 이 잔치는 외적으로는 이삭의 젖 떼는 날을 기념하기 위한 것이나 내적으로는 이삭이 유일한 적자이자 아브라함의 후사임을 선포하는 결과를 가지고 있다. 명시적으로 말해지지 않았다고 할지라도 잔치에 온 사람 누구나 이러한 메시지를 느끼기에는 충분하다. 이러한 사실은 이제 다음의 이어지는 사건으로 더욱 분명해진다.

"사라가 본즉 아브라함의 아들 애굽 여인 하갈의 소생이 이삭을 희롱하는지라"(:9)

큰 잔치를 배설하여 이삭이 건강하게 자라나는 것을 축하하는 자리에 뒤이어 이스마엘이 이삭을 희롱하는 장면이 소개되고 있다. 아브라함이 이삭의 존재를 크게 세상에 알리고 그에 대한 자신의 마음을 드러내는 것과는 정반대되는 행동이 이스마엘에 의해 나타나고 있는 것이다. 곧 이삭의 이복형 이스마엘이 이삭을 희롱하는 장면을 성경은 이삭을 위해 베푼 큰 잔치의 바로 뒤에 위치해 놓고 있다. 이 희롱이 과연 무엇을 의미하는 것일까? 단지 아이들끼리의 사소한 장난을 뜻하는 것인가? 나이를 본다면 이러한 희롱의 장난은 가당치도 않다. 왜냐하면 이삭은 이제 막 젖을 뗀 아이이고 이스마엘은 이미 20세를 전후한 성인으로 14년이나 차이가 있기 때문이다. 또한 이것이 혹 두 아들간의 소소한 장난에 불과하다면 성경이 이를 굳이 기록해야 할 이유도 없고 이삭은 그럴 나이도 아닌 것이다.

중요한 것은 아버지 아브라함이 이삭을 위해 대연을 배설하고 그리고 곧 이어 이와는 정반대로 이스마엘이 이삭을 놀리고 업신여기는 장면이 연출되면서 곧바로 이로 인해 이스마엘이 쫓겨나는 상황으로 이어지고 있다는 점이다. 그렇다면 20세나 된 형 이스마엘이 이제 막 젖을 뗀 어린 동생 이삭을 희롱하는 행위는 아이의 존재를 깔아뭉개려고 하는 혹은 동생으로 인해 뒤로 밀려나게 된 불안해진 자신의 위치에서 나온 행동이라는 것을 알 수 있다. 지금까지 자기의 것이라고 생각해 왔는데 동생 이삭이 태어나면서 모든 것이 뒤틀려버린 불편한 심정과 상실감을 이렇게 표현하는 것이다.

만일 이스마엘이 성인으로서 그리고 나아가 지금까지 아브라함의 뒤를 이을 후사로서의 자질을 준비하고 갖추고 있었다면 이러한 희롱은 어울리지 않는다. 이십이 넘은 성인 된 청년이 막 젖을 뗀 어린 동생을 잘 보호하고 가르치며 인도하는 것이 합당하지 어미 사라의 분노를 불러일으키고 이로 인해 자신이 쫓겨나게 되는 이러한 사건을 일으키는 것은 전혀 사리에 맞지 않기 때문이다.

특히 이스마엘의 이러한 행동에 대해 하나님은 이삭을 희롱하는 주체를 이스마엘이라고 적시하지 않고 '**애굽 여인 하갈의 소생이**'라고 기록하고 있다. 이는 이스마엘이 신앙의 가르침을 받은 것이 아니라 어미의 영향을 받아 자라났다는 것을 설명하고 있다. 하갈에 대해서 '**애굽 여인 하갈**'이라고 표현하는 것도 그녀의 사고방식과 삶의 태도가 여전히 신앙에 동화되어 그 가치를 따르는 것이 아니라 애굽의 그것을 그대로 견지하고 있다는 것을 드러낸다. 종의 근성을 그대로 지닌 변화되지 않는 모습을 반영하고 있는 것이다. 그러므로 이 아들 또한 어미의 그러한 가치관을 그대로 물려받았다고 하는 것을 뜻한다.

"그가 아브라함에게 이르되 이 여종과 그 아들을 내어쫓으라 이 종의 아들은 내 아들 이삭과 함께 기업을 얻지 못하리라 하매"(:10)

이스마엘이 이삭을 희롱하는 장면이 사라에게 목격되었다. 그러자 사라는 곧 바로 아브라함에게 이 사실을 알리고 하갈과 그의 아들 이스마엘을 내어쫓으라고 요구한다. 그 희롱이 단순한 우발적인 것이라거나 형제간에 있을 수 있는 행위라면 사라의 이런 요구는 신앙 있는 자로서 지나친 것이자 있을 수 없는 일이다. 하지만 사라의 이런 요구가 타당성을 가진 것이라고 할 때 이는 이스마엘의 이런 행동이 이 한번이 전부가 아니라 지금까지 계속되어져 왔다는 것을 보여준다. 그리고 그 이면에는 후계 문제와 관련된 의도나 불만이 있다는 것과 또 하갈의 못된 마음이 개입되어져 있다는 것을 알리고 있다. 만일 하갈이 여종이라는 자신의 한계를 스스로 인식하고 이를 아들에게도 말하여 아들로 하여금 후사의 자리에 연연해하지 않고 현실을 있는 그대로 받아들이게 하였다면 사라의 이런 요구는 무리한 것이라고 할 수 있다. 그런데 이와는 반대로 현실을 거부하고 기득권적인 요소들에 집착하고 있었기에 발생한 사건이었다.

우리는 이 사건 속에서 두 가지 사실을 읽을 수 있다. 첫째는 만일 하갈이나 이스마엘이나 이미 상황이 자기들에게서 떠난 것을 알고 차라리 그들 스스로 자신들의 기득권적인 요소들을 기꺼이 포기하고자 하였다면 어떻게 되었을까 하는 점이다. 내가 있음으로 해서, 우리가 있음으로 말미암아 이삭이나 아브라함이나 사라가 불편해하고 이 공동체에 괜한 긴장 관계가 유발될 수 있다면 차라리 이들과의 관계가 닿지 않는 먼 곳으로 먼저 떠나고자 할 수는 없었을까? 물론 이러한 판단과 행동이 결코 쉬울 수는 없다. 하지만 만일 진정 지혜가 있고 삶을 보는 신앙의 눈이 있었더라면 이 집에서 내 몫을 얻으려고 갈등과 다툼을 만들어내고 저들 모두를 불편하게 하느니 차라리 내 스스로 모든 것을 포기하고 떠나고자 하는 선택을 할 수도 있었을 것이다.

아깝고 분하고 억울하기도 하지만 물질보다는 인간으로서의 소중한 내면의 가치를 지키고 따르는 것이 더 중요하기 때문이다. 그러했다면 아버지 아브라함과 일대일로 만나 아버지의 뜻을 확인하고 자신의 입장과 생각을 설명한 다음 그렇게 자기의 거취를 서로 상의하여 결정하고자 할 수도 있었을 것이다. 만일 이런 상황이 생겨났다면 아브라함이나 사라까지도 저들과의 관계를 다르게 접근할 수 있지 않았겠는가? 20세가 넘은 성인이요 아버지의 가진 것이 이미 큰데 어디 간들 살 수 없겠으며 사는 길이 꼭 이렇게 싸워야만 되는 것이겠는가?

그러므로 여기서 나타나는 중요한 두 번째 사실은 결국 아브라함이 이스마엘을 낳은 이후 이삭이 태어나기까지의 십 사년 동안 과연 그에게 무엇을 가르쳐 놓았는가 하는 점이다. 태어난 이후의 14세까지 그리고 성인이 되는 20세까지의 기간은 인생의 가장 중요한 시기이다. 그 때까지 그가 무엇을 보고 무엇을 배웠느냐 하는 것이 그의 평생의 삶을 좌우한다. 이 때 형성된 가치관으로 인생의 남은 기간을 살아가는 것이고 그 이후에는 사고가 쉽게 바뀌지 않는다. 본인의 의지로 바꾸려고 할지라도 쉽게 고쳐지지 않는다.

자기의 모든 것을 이어받을 아이로 기대하고 양육해 왔지만 결과는 아버지인 아브라함 스스로 그를 쫓아내야 하는 상황이었다. 이 아들이나 아들을 낳은 하갈이나 변화된 상황을 지혜롭게 대처할 수 있는 능력이 없었다. 물질만을 바라보고 나의 기득권에 집착하는 동물적인 야욕 외에는 아무것도 없는 사람들이었다는 것을 보게 된다. 이것이 아브라함이 옆에 두고 가장 아껴오며 자기의 모든 것을 물려주고자 기대하였던 자의 결과적 모습이었다. 아들 이스마엘은 오직 아브라함의 모든 재산을 이어받아 지키고 확대시켜 갈 수 있는 능력만을 요구받으며 그렇게 양육되어져 온 것이었다.

이 시대도 돈 때문에 아버지와 아들이, 형제와 형제가 조금도 양보 없이 서로 다투다가 끝내는 갈라서고 서먹해하는 것을 본다. 어제까지도 정겹던 이웃이 아주 작은 이익 하나를 놓고 한순간에 원수처럼 욕하는 관계로 변하는 것을 수시로 목격한다. 부자의 사랑, 형제의 우애, 이웃간의 정이 이러한 문제들을 해결할 수 있는 요소로 작용할 수 있는 시대는 이미 저 멀리 지나가 버렸다. 그렇기에 오늘 우리 모두는 정도 우애도 다 잃어버린 삭막한 삶을 산다. 우리 스스로 판 우리의 무덤들이다. 무엇이 소중한지 알지 못하는 것은 아니나 내 것을 잃을 수 없는 두려움이 있고 악착같이 빼앗아야만 살아갈 수 있는 비정한 사회가 되었기 때문이다. 의를 위해 그리고 선을 위해 내 유익을 희생할 수 있는 내면의 힘이 없기 때문이다.

함께한 오랜 세월 동안, 또 자라나는 기간 동안 아버지는 아들을 어떤 상황도 신앙으로 대처할 수 있는 사람으로 기르지 못하였다. 아버지를 살피고 아버지의 공동체와 자기의 집안을 위해서라도 아들로서 할 수 있는 보다 나은 결정을 내릴 의지나 능력이 없었다. 많은 다른 사람들을 위해 그리고 나의 아버지를 위해서도 나를 희생할 수 있는 마음과 태도가 전혀 없었으며 자기 이익을 위해서라면 누구라도 괴롭히고 다툼을 야기할 수 있는 아들일 뿐이었다. 소돔과 고모라의 멸망으로 나타난 아브라함의 실패는 이제 그의 가장 가까운 아들에게서 다시 한번 가장 가슴 아픈 결과로 재연되고 있었다. 누구의 탓도 아닌 아브라함 스스로 만든 결과였고 올 것이 온 것일 뿐이었다.

정을 못 이겨 (창 21:11-12)

이스마엘이 이삭을 희롱하는 장면은 언뜻 보면 형제간의 치기어린 장난으로 보일 수도 있다. 하지만 이스마엘을 내쫓으라는 사라의 요구와 그가 이삭과 함께 아브라함의 유업을 나눌 자가 아니라는 그녀의 설명은 이 희롱이 단순한 형제간의 장난이 아니라 아브라함의 후사 자리를 이삭에게 빼앗겨야 하는 이스마엘의 불편한 마음을 담고 있다는 것을 알게 한다. 물론 그 뒤에는 어미 하갈의 버리지 못한 야심, 다 잡은 고기를 놓친 것과 같은 억울하고 분한 마음이 놓여져 있다. 그러기에 하갈과 그 아들을 함께 내어쫓으라고 사라는 강하게 요구한다. 이삭과 이스마엘이 서로 공존할 수 없고 아브라함의 재산을 놓고 서로 다투며 형 이스마엘이 동생 이삭을 괴롭혀 그의 삶을 위태롭게 할 수도 있다는 것이 사라의 판단이었기 때문이다.

"아브라함이 그 아들을 위하여 그 일이 깊이 근심이 되었더니 "(:11)

만일 사라의 요구가 자기가 낳은 아들 이삭만을 편애하는 마음에서 나온 것이라면 아브라함은 이를 거절하고 그녀를 나무라는 것이 옳았다. 하지만 아브라함은 근심한다. 이 근심은 사라의 요구가 타당성을 결여했기 때문이 아니라 사라의 판단이 옳은 것이기는 하나 이스마엘 또한 아들일진대 아비로서 쉽게 할 수 있는 일이 아니었기 때문이었다. 설혹 이스마엘이 아무리 밉다고 할지라도 하루아침에 끊고 돌아설 수 있는 관계가 아니었던 것이다. 특히 아브라함 자신 이삭이 태어나기 전까지 자신의 뒤를 이을 그리고 자신의 노년을 의탁할 후사로서 이스마엘에 대해 기울인 정성과 노력이 있었다. 그러기에 더욱 더 힘든 일이었다. 그 스스로 자신의 모든 노력과 그와 함께 한 모든 시간과 삶을 물거품으로 돌리는 것이기 때문에 더욱 그러했다.

더욱이 오늘 이삭을 대해 **나타내는** 이스마엘의 태도와 삶을 보면서 내가 그동안 저 아들에게 무엇을 해왔는가 하는 자괴감을 감출 수 없었으리라. 20세가 넘은 성인으로서 집안의 기둥이 되어야 했고 아비의 짐을 덜어줄 수 있는 아들이어야 했다. 하지만 기둥은커녕 집안의 불화를 야기하는 화근이 되고 있었던 것이다. 아브라함 자신이 그런 인생을 살아오지 않았다. 자신이 행여라도 아들에게 원하거나 기대한 것도 아니었다. 하나님을 믿는 신앙인이었기에 그래도 선하게 사는 모습을 보이고 가르치고자 했다. 그런데 오늘의 결과는 정반대였던 것이다.

아버지의 입장에서는 두 아들이 서로 화목하고 우애가 있기를 왜 바라지 않았겠는가? 성인인 이스마엘이 열 네 살이나 어린 동생을 위해 그를 가르치고 인도해주며 보호해가는 든든한 후원자가 되어줄 수 있었다면 얼마나 좋았겠는가? 어쩌면 아브라함은 이스마엘을 기회 있을 때 마다 불러 한 아비에게서 난 형제니 동생을 괴롭히지 말고 잘 돌봐주라고 신신당부 했을 것이다. 그런데 그러한 노력도 소용없이 큰 아들이 어린 동생을 괴롭히고 억눌러 자기의 위치를 잃지 않고자 하였다. 그리고 이것이 집안의 갈등과 분열과 대립으로 이어질 가능성을 보여주고 있다고 할 때 이를 지켜보는 아버지의 마음은 무척이나 고민스러울 수 밖에 없는 것이었다.

결국 그는 아버지로서의 역할에 실패한 것을 고통스럽게 확인해야만 했다. 지금까지의 삶이 실패한 인생이었다는 것을 충분히 느껴야만 했다. 가장 가까이 있는 자기의 아들마저도 신앙의 가치는 고사하고 인간의 선한 도리도 감당하지 못하는 아들로 키워놓은 것이었다. 그에게 가르치며 심어놓은 것은 거친 가나안 땅에서 누구에게도 지지 않고 싸우며 살아갈 동물적 생존본능 뿐이었기 때문이다. 그리고 그 결과는 먼저 자기 집안 가장 가까운 형제 관계에서부터 나타나기 시작한 것이었다.

내가 자녀를 잘못 키워놓을 경우 이로 인해 가장 먼저 고통을 당하는 자는 바로 부모 된 나 자신이요 나의 자식들이라는 것을 알아야 한다. 갈라져 싸우는 자식들의 부모라면 그 자식들을 나무라기 전에 내가 어떻게 살아왔는가 하는 자기 인생에 대한 겸허한 자기성찰이 있어야만 할 것이다.

"하나님이 아브라함에게 이르시되 네 아이나 네 여종을 위하여 근심치 말고 사라가 네게 이른 말을 다 들으라 이삭에게서 나는 자라야 네 씨라 칭할 것임이니라"(:12)

하나님은 아브라함에게 이스마엘이나 하갈을 놓고 근심하지 말라고 하신다. 이러한 하나님의 개입은 아브라함 스스로는 사라의 판단과 주장이 옳다는 것을 알면서도 이를 실행할 수 있는 의지가 없다는 것을 드러낸다. 그러므로 하나님은 사라의 말대로 행하라고 하신다. 사라의 보는 눈과 그녀의 판단이 옳고 정확하다고 하시는 것이다. 하나님 또한 이스마엘이 이삭과 함께 머물 수 있는 자가 아니라는 것을 아셨고 그가 이삭의 곁을 떠나야만 한다고 보고 계신 것이었다. 만일 그냥 두면 더 큰 화가 초래된다고 하는 것을 읽고 계셨다.

그러므로 아브라함이 이스마엘이나 하갈을 인해 근심하고 있다는 것에서 나타나는 한 가지 사실은 그의 고민이 신앙에 입각한 것이 아니라 인간의 정에 연연한 때문이라는 것을 알려주고 있다. 즉 이스마엘이 있음으로 말미암아 이삭이 괴로움을 겪게 되고 공동체가 분란에 휩싸여 힘을 잃게 되며 나아가 장차 이루어져야 할 공동체의 사명이 도전받을 수도 있다는 더 크고 중요한 결과를 아브라함은 심각하게 받아들이지 못했다. 보다 멀리 넓게 보고 대승적인 차원에서 판단을 내릴 수 있는 안목이 부족했고 그도 내 아들인데 하는 좁은 인간의 시각을 벗어나지 못했다. 아브라함도 사라의 말이 옳다는 것을 인정은 하나 인간의 정 때문에 머뭇거리고 있는 것이다. 어떻게 해야 할 줄을 알면서도 인간의 정 때문에 상황을 지속시키고 더 악화시키는 것이 아브라함이라면 사라는 오히려 상황을 정확히 직시하고 냉철한 판단을 내리고 있었다.

사라라고 내가 낳은 내 아들 편만을 드는 그런 이기적이고 무정한 여자가 아니다. 오히려 그렇게 보일 수도 있을 것을 염려하여 두 아들을 가급적이면 차별 대우하지 않으려고 무던히도 애를 썼을 것이다. 그리고 오늘 이스마엘을 내쫓는 일이 아브라함에게 얼마나 큰 고통이 될 것이며 이스마엘과 하갈 두 모자에게도 얼마나 힘든 일이 될 것인지 잘 안다. 이것이 만약 인간적인 감정에서 나오는 결정이라면 그것이 결코 신앙 안에서 용납될 수 없다는 것도 그녀는 잘 안다. 그러기에 그녀도 할 수만 있다면 모두가 함께 서로 의지하며 돕고 화목하게 지낼 수 있는 길을 찾고 또 찾았을 것이다. 하지만 그런 노력에도 불구하고 이스마엘이 이삭을 희롱하는 장면을 본 이후 그녀의 최종 판단은 함께 있을 수 없다는 것이었고 이는 하갈과 이스마엘을 포함한 그들 모두를 위한 결정이었다. 인간의 정에 연연하여 신앙의 요구를 보지 못하는 아브라함과 반면 가장 냉철한 판단으로 하나님의 공의와 선을 행하는 사라가 대비된다.

　　이스라엘 역사의 사사 시대 말기에 대제사장 엘리라는 사람이 있었고 또 한편 같은 때에 한나라는 여인이 있었다. 엘리에게는 제사장의 사명을 수행하는 홉니와 비느하스의 두 아들이 있었고 한나에게는 사무엘이라는 한 아들이 있었다. 엘리는 두 아들이 제사장이면서도 어떤 악행을 저지르는지 다 알고 있었다. 하지만 설만히 나무라기만 할 뿐 그들에게 그 이상의 어떤 조치도 취하지 않았다. 분명 제사장의 직분을 박탈해야 했고 그 죄를 엄히 묻고 벌해야 했다. 하지만 오늘의 아브라함처럼 근심만 할 뿐이었다. 남이라면 그렇게 했겠지만 아들이기 때문에 그러했다. 결국 두 아들은 전쟁터에 나가 둘 다 하루아침에 죽는다. 그리고 엘리는 두 아들이 죽던 바로 그 날 목이 부러져 죽는 참변을 당한다. 죄의 대가였고 근심만 할 뿐이었던 자의 결과였다. 만일 그 아들들을 징책했더라면 아들들도 살리고 자기의 생명도 살릴 수 있었을 것이었다.

　　반면 한나는 어려서부터 아들 사무엘이 죄에는 발도 들여놓지 못하도록 가혹하리만치 엄하게 교육시킨다. 마치 오늘의 사라와 같았다. 왜 아이를 사랑하지 않았겠는가? 왜 어미로서의 절절한 정을 표현하고 싶지 않았겠는가? 하지만 절제했다. 결국 그 아이는 자라나 이스라엘의 역사를 바꾸는 위대한 선지자로서의 사명을 감당한다. 어머니의 교육 덕분이었다. 그럴 때 한나는 선지자의 어머니로서 존경을 받으며 그 이름이 성경에 기록되어 위대한 어머니로서 영원히 그 존재를 남긴다.

　　때로 사람들은 인간의 정을 하나님의 사랑과 혼동한다. 물론 인간과 인간이 서로 어울려 사는 세상에서 정을 잃어버린 인간은 인간관계를 황폐화시킨다. 하지만 인간의 정은 말 그대로 인간적이기는 하나 사태의 본질을 정확히 보지 못하게 하고 볼지라도 대충 얼버무려 상황을 더 악화시켜가는 측면이 있다. 그러므로 인간의 정은 냉정하게 관리될 수 있어야 한다. 그럼에도 불구하고 사람들은 정이 주는 그 당시의 부담과 어려움을 이기지 못해 여러 어려운 결과를 스스로 자초한다. 하지만 하나님의 사랑은 그 안에 공의에 대한 지혜를 담고 있다. 선과 악에 대한 정확한 분별력과 불의와 악을 용납지 않고 제하고자 하는 냉철한 의지가 있다.

지금 이스마엘과 하갈을 대해 근심하여 머뭇거리는 아브라함의 모습은 그 자신에게 모두를 위해 선한 결단을 내릴 의지가 없다는 것을 증거한다. 반면 사라는 문제의 실상을 정확히 파악하고 모두를 위해 의로운 판단을 내리고자 한다. 인간의 눈으로 볼 때는 사라가 차갑고 잔인한 여자요 아브라함이 정과 사랑이 많은 사람 같아 보인다. 하지만 신앙의 지혜를 가지고 볼 때는 아브라함이야말로 인간의 정에 매여 사태를 지속시키고 악화시켜가는 자였고 사라는 오히려 냉정하고 차분하게 현실을 직시하고 모두를 위한 지혜로운 판단을 내리고 있는 것이다.

"아비나 어미를 나보다 더 사랑하는 자는 내게 합당치 아니하고 아들이나 딸을 나보다 더 사랑하는 자도 내게 합당치 아니하고"(마 10:37)라는 주님의 말씀은 아비나 어미에 대한 사랑도 아들이나 딸에 대한 사랑도 인간의 정에 매인 맹목적인 감정이 아니라 신앙의 지혜에서 나온 것이어야 함을 알려주신다. 오늘 숱한 사람들이 사건의 본질을 흐리게 하는 인간의 정과 반면 냉정해질 것을 요구하는 하나님의 사랑을 구분하지 못한다. 그러기에 용서해야 할 것을 용서하지 못하고 용납하지 말아야 할 것을 용납하는 실수를 범한다. 그리고 관계의 늪에 빠져 허우적댄다.

종노릇 할 뿐 (창 21:12-13)

"하나님이 아브라함에게 이르시되 네 아이나 네 여종을 위하여 근심치 말고 사라가 네게 이른 말을 다 들으라 이삭에게서 나는 자라야 네 씨라 칭할 것임 이니라"(:12)

사라의 말대로 이스마엘을 내보내라고 하시는 하나님의 말씀이다. 나이 20세가 넘은 성인 이스마엘이었다. 20세가 넘은 자로서 이 때 그가 내보이는 삶의 태도와 그가 가지고 있는 가치관은 이미 변화될 수 없다는 사실을 의미한다. 지금 그가 자신의 가정을 위해서나 그리고 사회 공동체를 위해 선한 역할을 할 준비가 갖추어져 있지 않다면 앞으로도 긍정적인 삶을 기대할 수 없다는 것을 알리고 있다.

하나님께서 출애굽한 이스라엘 백성 중 20세 이상의 모든 남자는 가나안에 들어가지 못하고 광야에서 죽으리라고 하셨던 말씀도 이와 연결된다. 실제 20세 이상 이스라엘 백성은 40년 광야 생활 중에 이런 저런 사건에 얽혀 스스로 자기 죽음을 재촉해 갔다. 20년 이상의 세월을 애굽에서 살아오면서 굳어진 종살이하던 자들로서의 가치관과 생활습관을 버릴 수 없었기에 광야에서의 삶을 받아들일 수 없었다. 오직 먹고 사는 것에만 매여 사는 자들이었고 저 먼 훗날을 위해 절제하고 공동체를 위해 희생할 수 있는 비전 있는 자로서의 삶을 받아들일 수 없었던 것이다.

엄연히 이스마엘도 아브라함의 씨임에는 틀림없으나 하나님이 그를 아브라함의 씨에서 제외하고 오직 이삭에게서 난 자라야 아브라함의 씨가 될 것이라고 하시는 것은 육체적 혈통이 아니라 정신적, 영적 요인을 중요시하는 말씀이다. 애굽에서와 같이 하루 하루 먹고 사는 것에 얽매여 사는 자, 내 당대 나 개인의 삶만을 소중히 하는 자가 아니었다. 광야에서와 같은 험하고 거친 삶도 받아들이며 저 먼 미래를 위해 소중한 꿈을 키워갈 수 있는 자 그리고 자손들에게 소중한 정신적 가치를 유업으로 물려줄 수 있는 자로서의 씨를 뜻한다. 그러므로 이스마엘을 그의 씨에서 제외한 것은 그가 이미 광야에서와 같은 이러한 비전 있는 삶을 받아들일 수 없고 후손들에게도 선한 가치를 물려줄 수 있는 존재가 아니라는 하나님의 판단이 깔려있는 것이다.

20세. 이 나이는 그가 지금까지 어떤 상황에서 어떤 교육을 받으며 살아왔는지 그 내용을 고스란히 담고 있다. 그리고 이 때 그가 나타내 보이는 태도들은 그의 남은 평생의 삶을 지배해 간다. 이후에 그가 어떤 변화를 시도하고 또 이로 인해 변화되는 것처럼 보일지라도 그것은 그렇게 보이는 것일 뿐 어떤 상황이 닥쳐오면 다시 옛날로 돌아갈 수밖에 없는 한계를 이미 가지고 있다는 것을 알아야 한다. 진정 변화하기를 원한다면 뼈를 깎아내는 것과 같은 혹독한 자기연단이 수반되어야 한다는 것을 볼 수 있어야 한다. 오늘 우리의 신앙이 증거하고 있는 바이다.

"그러나 여종의 아들도 네 씨니 내가 그로 한 민족을 이루게 하리라 하신지라"(:13)

하나님은 오직 이삭에게서 난 자라야 아브라함의 씨가 될 것이라고 말씀하신 이후 여종의 아들 이스마엘도 아브라함의 씨라고 하신다. 곧 이스마엘에 대한 '씨'의 개념은 이미 앞에서 살펴본 대로 정신적 요소를 배제한 육체적 혈통만을 뜻한다. 아브라함의 육체적인 기질, 세속적인 사고를 이어받은 자를 의미한다. 이 육체의 자식 이스마엘도 한 민족을 이루리라고 하신다. 이 민족은 어떤 민족일까? 정신적 가치를 교육받지 못하고 육체적 기질만을 키워온 자가 이룰 가정은 어떤 가정이 되는 것일까? 타인과 세상을 이롭게 할 수 있는 어떤 내적 덕목도 함양 받지 못한 자가 후손들을 낳고 그들이 한 민족을 형성한다고 할 때 그 민족은 어떤 민족이 될까? 이 민족 집단은 무엇에 삶의 가치를 두고 어떻게 살아가는 자들이 될까? 과연 하갈이라는 여인에게서 종의 근성을 이어받은 아들, 아브라함에게서도 오직 물질을 모으고 지키는 자로서의 투쟁적 역할만을 교육받으며 자라온 자가 후손들에게 무엇을 가르칠 것인가?

더군다나 여종의 아들이라는 이유로 아버지의 집에서 쫓겨나게 되는 그였다. 적어도 이스마엘에게는 자신이 이 집안에서 쫓겨나게 된 주된 이유로 이 사실만이 중요하게 기억될 수밖에 없었다. 자기보다 훨씬 어린 동생에게 집안의 모든 권리를 빼앗긴 채 어머니와 더불어 어느 날 졸지에 쫓겨난 그였다. 그가 세상을 대해 가질 수 있는 감정은 무엇이겠으며 태어날 자식들에게 무엇을 전하고 가르쳤을지는 생각해볼 여지도 없다.

오직 생존이 삶의 목표일 수밖에 없으며 수단과 방법을 가리지 않고 남과 싸워 이겨야 했다. 인간을 믿을 수 없었고 어느 누구도 의지하지 않으며 인간적 정은 일부러라도 배제하고 절제한 채 철저히 냉정하고 냉혹해져야 했다. 사람들과의 관계성 또한 과연 저가 나에게 유익이 될 것인가 하는 차가운 계산에 따라서만 결정 될 것이었다. 그러므로 **'내가 그로 한 민족을 이루게 하리라'** 하신 하나님의 말씀은 하나님 자신이 이런 민족을 이루어 가겠다는 것이 아니라 그 억세고 사나운 기질로 이런 민족을 만들어나갈 이스마엘의 결과를 보고 하시는 말씀이다. 이렇게 말씀하지 않으면 아브라함이 그를 내보내려고 하지 않을 것이기에 말이다.

한 사람으로 인해 한 민족이 생겨난다. 독립적인 삶의 공간을 확보한 한 민족이 생겨난다고 할 때 이는 대단히 놀라운 결과요 큰 축복이라 할 수 있다. 그리고 그 시조 된 자는 한 민족의 근원적 조상으로 추앙 받음이 마땅하다. 하지만 그 속에 이웃과 더불어 살고 이웃을 위해 살며 자신의 근원을 알고 겸손해질 수 있는 내면적 정신적 가치가 없다면 어떻게 될까? 그래서 그 민족이 오직 자신만이 잘 먹고 잘 살며 이웃을 정복하고 지배하며 그 땅의 영역을 넓히는 것으로만 인생의 영광을 삼고 살아가는 자들이 된다면 과연 그들의 존재가치와 삶의 의미는 무엇일까? 하나님께서 왜 이삭을 남기고 이스마엘을 내쫓으라고 하시는가? 바로 이와 같은 모습으로 살아갈 자들, 이웃에게 해를 끼치고 하나님의 창조세계를 어지럽히며 살아갈 자들이기에 하나님 앞에서 내쫓으시며 하나님의 자녀들로부터 분리시키는 것이 아니겠는가?

하나의 공동체를 이루고 그 공동체가 점점 커져가게 된다면 아마 거기에 속한 자들은 즐겁게 그 결과를 보게 될 것이다. 그것을 성공이라고 여기며 자축하고자 할 것이다. 하지만 내면이 비어 있다면, 마땅히 들어있어야 할 내면의 가치들이 결여되어 있고 또 병들어 있다면 무슨 유익이 있겠는가? 언젠가는 무너질 수밖에 없지 않겠는가? 존속한다고 할지라도 생존 자체 외에는 아무 의미가 없다. 세상에 잠시 존재하다가 어느 날 하루 아침에 사라진 세상의 세력들이 다 그러했다.

바벨론 제국, 페르시아 제국, 로마 제국, 그리고 제국주의 시대 때 엄청난 세력을 자랑했던 대영제국 등 역사상 한 시대를 휘감았던 세력들이 왜 한 순간 사라지고 오그라들었는가? 오늘날 엄청난 부를 쌓고 자랑하던 이익공동체로서의 기업들이 왜 하루아침에 이름을 접고 사라지며 또 쇠락의 길을 걷고 있는가? 반면 칼과 창과 돈 등 큰 세력을 지니지는 못했을지라도 정신적 요소들로 구성된 종교집단들은 긍정적이든 부정적이든 오래도록 숨을 유지시켜 왔다. 공동체에 가장 중요한 것이 무엇인가 하는 것을 증명해 주는 증거들이다.

내 집안이 좀 잘 산다고 내 공동체가 조금 커져 간다고 스스로 평안해하지 말자. 또 그런 것을 너무 꿈꾸지도 말고 집착하지도 말자. 번성함을 바르게 다스리고 평안함을 유지해 갈 수 있는 내면이 없다면 인간은 그 모든 것들의 종노릇할 뿐이다. 오늘 우리들의 가정 속에 비어 있는 것이 이것이다. 함께 해야 할 꿈이 없고 미래에 대한 비전이 없다. 그러기에 때가 되어 자녀들이 가정을 떠나게 되면 그들의 삶도 그렇게 뿔뿔이 흩어져간다. 다만 한 가족공동체에 속해 있었다고 하는 것 외에는 그들을 연결해줄 요인이 없고 한 가정은 이름만 남은 채 사라진다. 오늘의 교회공동체 조차 이 길을 반복하여 가고 있는 것은 어찌된 일인지.

내가 언제 그러했더냐 (창 21:14)

사람으로부터 신뢰와 존경을 받는 사람도 있고 반면 불신과 미움을 받는 사람도 있다. 긍정적인 평가를 받으며 살아가는 사람은 삶에 대한 보람이 자연 더 클 것이고 스스로의 존재 가치에 대한 인식도 그만큼 높을 것이다. 반면 부정적인 평가를 받는 사람은 스스로 자기의 인생을 어떻게 평가하든 상관없이 이미 사회적으로 실패한 삶의 소유자일 수밖에 없다. 아브라함의 씨로 택함 받은 이삭과 씨에서 제외된 이스마엘을 보게 된다. 사람으로부터 버림 당하는 것도 괴롭고 비참한 것일진대 영원한 생명을 가름짓는 하나님으로부터 버림 받은 이스마엘은 더 어떠하겠는가? 그가 버림당한 것은 영원한 생명으로부터 버려진 것이었고 영원한 지옥으로 가게 된 것을 뜻하는 것이기도 하였다.

이스마엘이 쫓겨난 것은 단순히 아브라함이라는 사람으로부터 버려진 것 같으나 실상은 하나님으로부터 버림당한 것이었다. 그리고 그가 가야 할 곳이 어디인가 하는 것을 생각해 볼 때 오늘의 사건은 단순히 한 개인이나 한 집안의 문제는 아니다. 변화될 수 있는 가능성이 전혀 없기 때문에 나 또한 버려질 수 있다는 개연성으로 우리에게 다가오는 문제이기 때문이다. 다른 사람에게 복음을 전한 후에 오히려 자기가 버림을 당할까 두려워하였던 사도 바울의 고백과도 연결되는 문제이다. 부름 받은 자는 많으나 택함 받은 자는 적다고 하신 주님의 말씀도 이를 생각하게 한다.

> "아브라함이 아침에 일찌기 일어나 떡과 물 한 가죽부대를 취하여 하갈의 어깨에 메워 주고 그 자식을 이끌고 가게 하매 하갈이 나가서 브엘세바 들에서 방황하더니"(:14)

이삭을 내쫓으라는 사라의 요구에 대해 심히 고민하던 아브라함이었다. 20여년 키워온 아들에 대한 인간적 정이 있는데 어찌 그 일이 쉬울 수 있겠는가? 두 아들이 서로 화합할 수만 있다면 얼마나 좋겠는가마는 이런 기대는 이미 큰 아들 이스마엘에게서 어긋났다는 것을 그 또한 보아 알고 있었다. 다만 그래도 육신의 아들에 대한 정 때문에 사라의 말대로 하는 것이 최선의 길인가 하는 고민이 있을 수밖에 없었다.

그러나 하나님께서 그를 떠나보내라고 하시는 것은 이스마엘이 이삭의 곁에 있음으로 말미암아 생겨날 해로운 결과를 보셨기 때문이다. 죄가 의를 핍박하고 악이 선을 훼방하게 되리라는 것을 이미 보고서 하시는 말씀이다. 인간적인 정을 개입시킬 여지를 남겨두지 않았다. 그러므로 하나님의 뜻이 확인된 이상 그는 더 이상 고민할 수 없었다. 하나님의 말씀이 있던 다음 날 아침 그는 지체 없이 이스마엘의 어미 하갈을 부른다. 그리고 그 아침 아들 이스마엘을 데리고 집을 나갈 것을 명령한다. 이 때 그가 두 모자에게 준 것은 떡과 물 한 가죽부대뿐이었다.

하갈은 놀랐으리라. 어떻게든 이 집안에서 자기의 몫을 확보하려던 하갈이었다. 자기가 낳은 아들 이스마엘이 어떻게든 아들로서의 지분을 크게 갖도록 하려고 모든 생각을 집중하여 온 어미 하갈이었다. 그녀는 설마 아브라함이 이스마엘을 쫓아내리라고는 생각도 못하였을 것이다. 이스마엘이 비록 여종에게서 난 자이기는 하지만 그가 후사로서 기대하고 아껴온 아들이었기 때문이었다. 비록 이삭이 태어났다고 할지라도 열 네 살이나 위인 이스마엘에게 어쩌면 후사로서의 장자권이 돌아올 수 있으리라 생각한 그녀였다. 혹 후사가 되지는 못한다 하더라도 아들로서 얻을 수 있는 재산의 몫은 충분히 얻을 수 있으리라고 계산하고 있었다.

그런데 이 아침 난데없이 자기를 불러 이스마엘을 데리고 집을 나가라고 하는 것이었다. 마치 농담처럼 들릴 수밖에 없는 이 말에 대해 하갈은 이스마엘도 아들인데 어찌 이럴 수 있느냐고 항의도 해 보았으리라. 만일 내보내려면 나가서 살 수 있는 얼마의 재산이라도 줄 것을 요구하였으리라. 이스마엘도 아들이기에 당연한 요구였다. 하지만 이에 대한 아브라함의 응답은 약간의 떡과 물 한 가죽부대뿐이었다. 아주 차갑고 단호한 모습이었다.

자기 집 종이 큰 실수를 범해서 쫓아내야 할지라도 몇 푼의 돈을 주어 그가 당장은 살아갈 수 있는 여지를 안겨주는 것이 도리이다. 하지만 오늘 아브라함은 자신의 아들과 그의 어미를 함께 내보내면서도 이 험한 가나안 땅에서 살아갈 수 있는 최소한의 물질도 주지를 않는다. 많은 재산과 많은 종을 거느린 부자이면서도 자신의 재산 중 염소새끼 한 마리도 주지 않는다. 재산의 십분의 일 혹은 백분의 일이라도 주어서 내보내는 것이 순리일 것 같은데 말이다.

왜 아브라함은 단 한 푼의 돈도 그의 손에 쥐어주질 않은 것이었을까? 이스마엘 또한 아들이기에 그 정을 끊지 못해 오늘까지 고민해 왔다면 그를 내보내는 마지막 순간이라도 아비로서의 정을 나타내야 하지 않겠는가? 이스마엘을 불러 자신이 그를 내보내야 하는 이유를 설명하고 비록 나가더라도 이미 20세를 넘긴 성인이니 힘을 잃지 말고 꿋꿋이 살아가라고 권면하는 기회를 가짐이 마땅하지 않은가? 그 또한 한 민족을 이룰 것이라는 하나님의 말씀을 들려주고 소망을 주고자 함이 당연했다. 또 재산의 얼마를 떼어주고 너 또한 이제 스스로 살아갈 수 있는 성인이 되었으니 이것으로 멀리 가서 독립적인 삶을 일구라고 해야 하는 것이 순리가 아니겠는가?

그러나 아브라함은 하나님의 말씀이 있던 바로 다음 날 아침 이스마엘도 아닌 하갈을 불러 아들을 데리고 나가라고 요구한다. 약간의 떡과 물 한 가죽부대만을 줄 뿐 이스마엘과는 대면도 하지를 않는다. 내가 언제 그를 놓고 고민한 적이 있었느냐는 듯한 태도였다. 훗날 사라가 죽은 후 아브라함은 그두라라는 여인을 후처로 취하여 여섯 형제를 슬하에 둔다. 그리고 자신이 죽을 때가 되자 그 아들들에게 각각 재산의 일부분씩을 주어 멀리 동방으로 보낸다. 이것이 순리였고 아브라함도 이를 아는 자였다. 그런데 어째서 이스마엘은 이렇게 매몰차게 한 푼 없이 내보내는 것일까?

이는 이스마엘과 하갈은 이제부터 아브라함 집의 식구가 아니라고 하는 선포였다. 아브라함 집의 어느 누구도 이들을 동정하지 말 것과 이들과 접촉하거나 도와주지 말라고 하는 엄한 명령이었다. 그들과 가까이 하여 그들 편에 서 있는 자들이 분명히 있을 수 있기 때문이었다. 아브라함 자신이 아비로서의 정을 끊고 이렇게 내보낼 때에는 앞으로 어느 누구도 저들에게 접촉하여 도움을 주는 자가 있어서는 안 된다고 하는 강한 경고였다. 동시에 이는 앞으로 오직 이삭만이 집안의 후사라는 것을 알리는 것이었고 모든 사람들이 이삭을 주인으로 알고 그에게 순종해야 한다는 뜻을 알리는 것이기도 하였다.

만일 이스마엘에게 재산의 일부라도 주어서 내보낸다면 어떤 일이 일어날까? 당시의 재산은 주로 양과 소 등 가축이었기에 이러한 것을 주자면 자연히 이를 관리할 사람들도 함께 붙여 내보내야 했다. 그렇다면 그 재산과 더불어 아브라함 집 사람들 중에도 하갈과 이스마엘을 따르며 그들을 좇아 나가는 자가 분명히 있을 수밖에 없었다. 이는 곧 오래 전 롯이 아브라함을 떠날 때 그러했던 것처럼 공동체가 둘로 분리되는 것을 의미했다.

특히 이로 인해 생겨날 더욱 우려할만한 심각한 결과가 있었다. 그것은 하갈과 이스마엘이 받은 재산을 가지고 그 억센 기질로 재산을 크게 일구었을 때 생겨날 문제였다. 곧 그들이 오늘 쫓겨난 것을 이삭 때문이라고 보고 그에게 앙갚음하려고 하지 않겠느냐 하는 문제이다. 이것은 당연히 예상되는 결과였다. 따라서 그토록 정에 연연해하던 아브라함이 오늘 이와 같이 잔인하리만치 냉정해지는 것은 이러한 사실들을 염두에 둔 행동이었다. 하나님께서 이스마엘 또한 한 민족을 이루게 되리라고 하실 때 그가 크게 일어나리라는 것을 알았기 때문이다. 물론 아내 사라의 충고와 조언이 있었으리라는 것도 틀림없는 사실이다.

어떤 결정을 하기까지는 여러 가지 변수들을 고려하여 많은 고민을 하지 않을 수 없다. 하지만 일단 방향이 정해지면 굳은 결의를 갖고 일을 수행해야 한다. 하나님의 뜻을 알기까지는 묻고 또 묻는 것이 있어야 하지만 일단 그 뜻을 확인하였을 때는 지극히 냉철하게 일을 처리해야 한다. 아닌 것은 아닌 것이요 아닌 자는 아닌 자라고 선을 긋는 것이 필요하다. 오래 전 아브라함은 조카 롯을 데리고 있었다. 그 때 롯에게는 신앙의 사명을 수행할만한 마음이 없다는 것을 아브라함은 알고 있었다. 하지만 핏줄로서의 정 때문에 그와의 관계에 선을 긋지 못하다가 후에 공동체가 반으로 쪼개지는 고통을 겪었던 아픈 기억을 마음에 상처로 가지고 있는 아브라함이었다.

다시는 과거와 같은 실수를 반복하지 않겠다고 하는 아브라함의 의지가 엿보이는 대목이다. 안에 있는 사람들이 상황을 오판하거나 그릇 행할 수 있는 여지를 차단하고자 하는 것이 그의 생각이다. 지금은 괴롭고 힘들지라도 좀더 먼 훗날을 위해 현재의 아픔을 참고 감당하고자 하는 아브라함의 의지가 있다.

이스라엘 역사의 어느 때인가 백성들이 의의 길을 알면서도 행치 못하는 것을 본 선지자는 이렇게 외친다. "엘리야가 모든 백성에게 가까이 나아가 이르되 너희가 어느 때까지 두 사이에서 머뭇머뭇 하려느냐 여호와가 만일 하나님이면 그를 좇고 바알이 만일 하나님이면 그를 좇을찌니라 하니 백성이 한 말도 대답지 아니하는지라"(왕상 18:21). 두 사이에서 머뭇거리는 자들을 향해 하는 선포였다. 또 어느 때인가 한 신앙의 지도자가 백성을 향해 이렇게 일갈한다. "만일 여호와를 섬기는 것이 너희에게 좋지 않게 보이거든 너희 열조가 강 저편에서 섬기던 신이든지 혹 너희의 거하는 땅 아모리 사람의 신이든지 너희 섬길 자를 오늘날 택하라 오직 나와 내 집은 여호와를 섬기겠노라"(수 24:15).

결정을 하기까지는 오래도록 고민하지만 가야 할 길이 정해지자 조금의 망설임도 없이 행하는 아브라함의 모습을 본다. 그 또한 아들인데 그 아들에 대해 어찌 그러할 수 있느냐고 하는 의문을 떠나서 오늘 의와 죄의 길에 서서 여전히 고민만 하고 주저하며 망설이고 있는 우리 자신을 볼 수 있어야 한다. 몰라서가 아니라 알면서도 차지도 뜨겁지도 아니한 우리 자신들을 찾을 수 있어야 한다. "내가 네 행위를 아노니 네가 차지도 아니하고 더웁지도 아니하도다 네가 차든지 더웁든지 하기를 원하노라 네가 이같이 미지근하여 더웁지도 아니하고 차지도 아니하니 내 입에서 너를 토하여 내치리라"(계 3:15-16). 오늘의 교회와 우리 자신을 향한 말씀이다.

누구를 원망하랴 (창 21:14-16)

"아브라함이 아침에 일찌기 일어나 떡과 물 한 가죽부대를 취하여 하갈의 어깨에 메워 주고 그 자식을 이끌고 가게 하매 하갈이 나가서 브엘세바 들에서 방황하더니"(:14)

아들과 함께 쫓겨난 하갈은 브엘세바 들에서 방황한다. 이들에게 전혀 갈 곳이 준비되지 않았다는 것과 어느 누구에게도 도움을 요청할 수 없었고 또 도우려 하는 자도 없었다는 것을 뜻한다. 이 날 아브라함의 조치가 아주 급작스런 것이었다는 것과 하갈 자신 이런 상황이 자신과 자기의 아들에게 닥치리라고는 조금도 예상하지 못했다는 것을 알려준다.

이 광야에서 하갈은 어쩌면 20여년 전 이스마엘을 태 안에 넣고 있던 때에 겪었던 일이 떠올랐으리라. 그 때도 그녀는 사라와 아브라함에 의해 오늘처럼 아브라함의 공동체로부터 쫓겨나 광야로 나왔었다. 사라의 여종이었으나 아브라함의 아이를 잉태한 것 하나로 사라에 대해 오만을 떨다가 당한 사건이었다. 하지만 자신의 사죄와 사라의 용서를 통해 다시 아브라함 공동체에 발을 들여놓고 오늘까지 무사히 살아올 수 있었다. 다시 한 번 그 속에서 살 수 있는 기회를 은혜로 얻게 된 것이었다. 그리고 아브라함의 아들을 낳았다. 모든 것을 얻을 수 있는 은혜를 덤으로 얻은 것이었다. 그런데

20여년이 지난 오늘 모든 것을 잃고서 그 때 태 안에 있던 아이를 오늘 다시 데리고 쫓겨나 이 들판을 방황하고 있다.

지난 20여년의 세월 동안 하갈은 전혀 변화되지 않았다. 그녀 나름대로는 사라의 여종의 신분으로 돌아가 자기를 최대한 억제한 채 숨죽이며 살아온 날이었는지 모르지만 종의 근성을 지닌 속사람은 조금도 변화되지 않았고 속에 감추어져 있었다. 아브라함 공동체에 속하여 있기 위해서는 함께 공유해야 하는 기본적인 가치관을 익히고 거기에 자신을 일치시켜 가야 했지만 그러한 변화는 거의 일어나지 않았다. 그리고 감추어진 내면의 욕망을 아들 이스마엘에게 조금씩 흘려오며 그것을 전혀 억제할 필요가 없는 날을 기다리고 있었을 뿐이었다. 그것이 아들과 자신 모두를 광야로 몰고 온 가장 중요한 요인이었다.

그녀는 그렇게 숨죽이며 살아왔지만 오늘 또 다시 자신을 내쫓은 아브라함의 조치에 대해 심히 분노하였으리라. 배신감과 좌절감을 곱씹으며 속을 끓이고 있었으리라. 하지만 하갈은 과연 자신에게 닥친 오늘의 결과가 자기 자신 때문이라는 것을 알 수 있었을까? 지나간 20여년의 세월이 주어졌지만 그녀는 그 시간을 자기를 돌아보고 새롭게 할 기회로 삼지 못하였다. 다만 죄의 욕망을 키우며 그 시간들을 허망하게 불살라버린 것이 오늘의 결과를 초래하였다. 만약 이러한 사실을 조금이라도 인지할 수 있었다면 그녀는 오늘의 상황을 어떻게 받아들여야 하는 것이었을까?

동일한 시간을 살면서 이전보다 더 성숙한 모습으로 자신과 타인에 대해 설 수 있는 사람이 있고 반면 조금도 변화되지 못한 채 지나온 시간을 대면하는 사람들이 있다. 이제 인생을 뒤돌아보고 삶의 내용을 가지런히 정리하여 누군가에게 들려줄 소중한 얘기를 준비할 수 있어야 하겠으나 생각이나 삶의 내용이 거의 변화되지 않은 채 그저 그런 모습을 보이는 사람들이 많다. 소유는 적을지라도 마음만은 옥토와 같이 기름져서 부족하고 설은 것들도 넉넉히 받아들이고 그것들을 더 아름답게 빚어낼 수 있는 보석 같이 귀한 사람은 너무도 적다. 반면 자랑하는 것이 언제나 속된 것들뿐이고 그것마저 없을 때는 그저 추하고 서글픈 인생만을 노출시킬 뿐인 인생들은 또 왜 그렇게 많은지. 때로는 여전히 심히 완악하고 고집스러울 뿐인 모습으로 말이다.

오늘 아무리 험한 결과를 당할지라도 그것이 지금까지 내가 잘못 생각하고 행동해 온 때문이라고 한다면 그 결과를 겸허하게 인정하고 받아들일 수 있어야 한다. 또 오늘 하갈처럼 밖으로 쫓겨나는 일이 나의 실수나 잘못이 아니라 전적으로 상대의 못된 마음에서 나온 것이라면 그냥 그렇게 돌아설 수도 있어야 하리라. 타인의 삶에 칼을 들이대는 그러한 일을 서슴없이 행하는 자를 불쌍히 여기면서. 이것이 준비된 내면을 소유한 자의 성숙함이다.

"가죽부대의 물이 다한지라 그 자식을 떨기나무 아래 두며"(:15)

브엘세바 들에서 방황하던 중 가지고 나온 가죽부대의 물이 다하였다. 이는 그 들이 물을 가지고 있지 않은 척박한 땅이었다는 것을 말한다. 그리고 하갈이 그 아들을 떨기나무 아래 있게 하였다고 할 때 이 떨기나무는 키가 작은 덤불나무 같은 것이다. 이는 주변에 태양의 뜨거움을 피할 수 있는 잎이 무성하고 키가 큰 나무들이 없었다는 것을 가리킨다. 곧 이 들판이 사람이 살 수 없는 곳이라는 것과 이들을 내쫓은 아브라함의 조치가 얼마나 냉정한 것이었는지 보여준다. 물론 아브라함은 이들이라면 어떤 환경에서도 충분히 살 수 있는 자들이라고 보았기에 그러할 수 있었을 것이다.

어찌되었건 이러한 조건에 처하였다는 것은 하갈과 이스마엘에게 어떻게 살아갈 것인가 하는 문제만이 아니라 생존 자체의 위기가 찾아왔다는 것을 뜻한다. 이러할 때 하갈이 할 수 있는 일은 어떤 것이었을까? 오늘 우리라면 어떻게 해야 하는 것일까?

"가로되 자식의 죽는 것을 참아 보지 못 하겠다 하고 살 한 바탕쯤 가서 마주 앉아 바라보며 방성대곡하니"(:16)

하갈은 자식이 죽게 되었다고 소리 높여 통곡한다. 이미 그 아들이 죽기라도 한 것처럼 눈물을 쏟아낸다. 생존의 절박한 위기에 처한 자에게서 나타나는 당황함을 표현하는 것이다. 동시에 이 눈물과 소리침은 쫓겨난 것에 대한 억울함과 서러움 그리고 쫓아낸 자에 대한 분노와 세상에 대한 원망을 담고 있는 것이기도 하였으리라. 하지만 무엇보다도 중요한 것은 하갈의 속사람이 이 상황을 도저히 감당할 수 없을 만큼 절망하고 있다는 사실이다. 하지만 이렇게 방성대곡한다고 해서 무엇이 달라질 수 있는 것일까? 누구를 원망하고 분노한다고 해서 무슨 살아갈 길을 얻을 수 있는 것일까?

냉정하게 따져본다면 위기 상황 속에서 이런 모습을 보이는 사람들일수록 전혀 그 내면이 준비되지 않은 사람이라는 것을 드러낸다. 어떤 상황과 조건에서도 자기를 지켜낼 힘이 전혀 길러지지 않은 자들의 모습이 이러하다. 그저 당황하고 좌절하고 울부짖고 세상을 대해 원망하며 혹은 누군가를 대해 거침없는 욕과 분노를 쏟아낸다. 물론 이러한 모습은 극한 상황에 처한 자에게서 나타나는 어쩔 수 없는 모습이라고 말할 수도 있을 것이다. 하지만 세상의 모든 사람들이 다 이런 모습으로 밖에 달리 자기를 통제할 수는 없는 것일까?

보다 오랜 시간이 지나 다윗이라는 인물이 역사에 등장한다. 어느 때인가 그는 그의 의로움을 감당할 수 없었던 사울 왕에 의해 죽음의 위협을 겪을 때 그 스스로 광야로 나간다. 자기를 해치려는 자들보다 힘이 없어서가 아니었다. 분명 대적할 능력은 있었지만 그 대적함이 의가 되지 못하기에 차라리 도망하는 길을 택하는 것이었다. 그가 굳이 광야를 택한 것은 다른 사람에게 혹 원치 않는 피해를 끼치고 부담을 주게 될까 염려했기 때문이었다. 사람이 살지 않는 곳이었고 사나운 짐승들에 의해 해를 당할 수도 있는 위험한 지역이었다. 정상적으로 살아갈 수 있는 삶의 보편적 수단이 없는 땅이었다. 보통의 사람이라면 감히 할 수 없는 선택이었다. 하지만 그는 스스로 광야를 택하여 나간다.

그에게는 이미 그러한 삶을 맞이할 준비가 되어 있었기 때문이었다. 양떼를 몰고 홀로 광야와 같은 들판을 지난 것이 그의 어릴 적부터의 삶이었고 양떼를 지키기 위해 이리나 늑대와도 싸웠던 기개를 광야에서 익힌 그였다. 그러한 준비됨이 있었기에 그는 스스로 광야의 삶을 선택하였다. 그리고 그는 그 곳에서 자기의 운명을 저주하지도 않았고 맹목적으로 누군가를 분노하며 시간을 태우지도 않았다. 자기를 죽이려고 하는 자가 그 곳까지 찾아와 자기 칼 앞에서 잠이 들었을 때도 오히려 그를 죽이고자 하는 자기의 악한 마음을 자책하며 뒤로 물러섰다.

하갈이 오늘 서 있는 광야나 보다 먼 훗날 다윗이 찾아드는 광야나 다 똑같은 광야이다. 하지만 이 동일한 조건에서 나타내 보이는 두 사람의 모습은 정반대이다. 오늘의 하갈이 사람에게 쫓겨나 형편없이 허물어진 모습을 보이고 있는 반면 똑같은 광야에 선 다윗은 스스로 사람을 떠나 광야의 삶을 찾아들었다. 그 곳에서 그를 보고 찾아온 억울하고 분한 일을 당한 자들 사백을 받아들여 그들의 삶을 지키고 인도하기까지 하였었다. 지나온 날을 어디서 무엇을 준비하며 어떻게 살아왔느냐 하는 것이 핵심 요인이었다. 최악의 조건에서 다시는 일어설 수 없을 만큼 허물어지는 자들이 있고 반면 오히려 약한 자들에게 힘이 되어줄 수 있는 자들이 있는 것이다.

하갈이 직면한 것과 같은 이러한 위기의 상황에서도 만일 자기를 지킬 힘을 갖춘 의식이 깨어있는 자라면 오히려 차분하게 자기를 돌아볼 수 있을 것이다. 왜 오늘의 결과에 이르게 되었는지 그 원인을 나와 주변 사람들과 여러 상황과 조건들 속에서 찾아보고자 할 것이다. 그리고 하나님께 의지하여 이 악한 상황과 조건 속에서도 혹 범죄하게 될까 오히려 두려워하며 지혜롭게 대처하고자 최선을 다한다. 이런 식으로 형편없이 무너진 자기 자신을 드러내지는 않는다.

오늘의 나 또한 늘 위만 바라보거나 혹은 현실의 평안함이 계속되리라고 기대하며 가는 자는 아닌가? 어느 날 홀연히 닥친 재앙의 그물에 갇혀 한 번 쓰러지면 그냥 그렇게 주저앉아버릴 자인지 아니면 어떤 악조건 속에서도 쓰러지지 아니하고 쓰러질지라도 다시 일어날 힘을 길러가는 자인지 돌아보아야 하리라. 광야에서의 다윗은 오직 하나님이 그의 요새요 방패이며 산성이자 바위였고 구원의 보장이었다. 오늘 나에게도 그 하나님이 여전히 계시지만 나는 어떤 내면을 만들어가고 있는지 살펴보아야 한다.

광야에 꽃은 피었는데 (창 21:16-18)

"가로되 자식의 죽는 것을 참아 보지 못 하겠다 하고 살 한 바탕쯤 가서 마주 앉아 바라보며 방성대곡하니"(:16)

"자식의 죽는 것을 참아 보지 못 하겠다" 자신도 죽게 생겼지만 그보다는 아들이 고통스러워하는 것을 차마 볼 수 없어 하는 어미의 애끓는 심정이 담겨진 말이다. 자신은 죽어도 자식은 살리고 싶어 하며 자신은 못 먹고 못 입어도 자식이 못 먹고 못 입는 것을 견딜 수 없어 하는 어미 된 자의 모정이다.

그런데 하갈은 오늘 그 아들을 이 자리로 이끌어 온 것이 바로 자기 자신이라는 것을 혹시라도 깨달을 수 있었을까? 자식이 잘 되기를 바라는 것이 어미의 마음이고 이를 위해서라면 무슨 일이라도 할 수 있는 것이 어미이다. 하지만 오늘까지 하갈은 그러한 어미의 마음으로 자기 자식을 오히려 정반대에 있는 죽음의 길로 이끌어 왔다는 것을 조금이라도 알 수 있었을까? 가나안 남부의 세력가요 부자인 아브라함의 아들로 태어났으나 그로부터 버림을 당할 수밖에 없도록 만든 요인이 바로 어미인 하갈 자신이었는데 말이다. 만일 그녀가 조금만 현명했더라면 오늘 자식의 인생을 이 지경에 처하도록 몰고 오지는 않았을 것이다. 아브라함의 후사가 되어 그의 모든 것을 이어받을 수도 있었을 것이고 적어도 어느 정도는 아들로서의 몫을 인정받을 수 있었을 것이었다.

자식의 죽음을 차마 볼 수 없어 방성대곡하는 이스마엘의 어미 하갈의 모습은 오늘 이 시대 정도의 차이는 있으나 자식들로 인해 속을 썩이는 많은 부모들의 모습일 것이다. 아이에게 가장 좋은 것을 주려고 하나 가장 나쁜 것을 손에 쥐어주고서 그 원인을 알지 못한 채 잘못된 결과를 안고 슬퍼하며 씨름하는 부모들이 얼마나 많은지.

"하나님이 그 아이의 소리를 들으시므로 하나님의 사자가 하늘에서부터 하갈을 불러 가라사대 하갈아 무슨 일이냐 두려워 말라 하나님이 저기 있는 아이의 소리를 들으셨나니 일어나 아이를 일으켜 네 손으로 붙들라 그로 큰 민족을 이루게 하리라 하시니라"(:17-18)

하갈이 아이의 죽음을 차마 보지 못하겠다고 방성대곡하고 있을 때 하나님의 사자가 하늘로부터 하갈을 부른다. 그리고 그들을 이 땅에서도 살아갈 수 있도록 인도해 가시는 은혜를 베푸신다. 하갈도 이스마엘도 하나님께서 당신 자신을 계시할만한 어떤 신앙이 있는 사람들이 아니었다. 하나님이 아브라함에게 이들 두 사람을 내쫓으라고 하시며 저들의 신앙을 부정하신 것이었다. 그런데도 왜 하나님께서는 이들에게 나타나신 것일까?

우리는 이에 대해서 약 20여년 전의 사건을 떠올리게 된다. 곧 하갈이 오늘처럼 아브라함 집에서 쫓겨나 광야 길에 있을 때였다. 그 때도 하나님은 하갈이 하나님과의 신앙의 관계에 있는 자가 아니었지만 하갈에게 나타나 그녀가 어떻게 해야 할지에 대해 갈 길을 제시하여 주셨다. 그녀의 태 안에 있는 아기가 아들이라는 것을 알려주시고 그 아들의 이름을 이스마엘이라 짓게 하시며 그가 큰 민족을 이루게 될 것이라는 먼 훗날의 역사적 사실까지 말씀해 주셨다. 그리고 아브라함의 집에 돌아가 사라의 수하에 복종하라고 일러 주셨다. 일 개인이 이러한 만남을 체험한다는 것 자체가 한 마디로 엄청난 경험이었고 은혜였다.

그 때 하갈은 아브라함의 집에 돌아가 이 하나님과의 만남을 얘기하며 자신이 대단한 하나님의 은혜를 입은 것처럼 떠벌리고 다녔었다. 당시 그곳의 사람들이 그녀가 하나님을 만난 그 자리를 브엘라해로이라고 칭하여 기억하였던 것이 그 증거였다. 그러나 하나님은 그녀가 결코 아브라함의 신앙에 연합될 수 있는 믿음의 사람이 아니라는 것을 알고 계셨다. 그녀에게서 태어날 아들 또한 결코 온전한 신앙의 아들이 될 수 없다는 것과 들나귀 같이 사람들 사이에 갈등과 다툼을 야기할 아들이라는 것도 보고 계셨었다. 그럼에도 그녀에게 당신을 나타내 보이시고 그녀에게 어떻게 행하여야 할 지에 대해 말씀하신 것은 전적으로 아브라함과 사라를 위해서였다. 그들로 하여금 이 어린 여종에게 저질러놓은 자신들의 엄청난 실수와 죄를 깨닫게 하고 헝클어진 관계를 회복하며 공동체가 다시 질서를 회복할 수 있도록 하기 위해서였다.

분명히 현재의 하갈이나 이스마엘 모두 하나님의 현현을 경험할만한 신앙인들이 아니었다. 하나님께서 그 사랑하는 자에게 주시는 은혜를 덧입을 수 있는 자들이 아니었다. 그럼에도 지금 당신의 사자를 이들에게 보내는 것은 분명 아브라함에게서 또 그 원인을 찾아볼 수밖에 없게 한다. 아들 이스마엘을 살아갈 재산 한 푼 없이 아주 매정하게 광야로 내쫓아버린 아비 아브라함이었다. 일반적인 사고로 보건대 아무리 두 아들이 서로 어울릴 수 없다고 할지라도 그렇다고 해서 한 아들을 그토록 잔인하게 내동댕이쳐야 하는 것은 아니었다. 아무리 종에게서 태어난 아들이라고 할지라도. 그가 이스마엘을 보지 않고 하갈만을 불러 집을 나가라고 말하였던 것도 이스마엘을 내치는 것이 너무 힘들고 고통스러웠기 때문이었다.

이스마엘을 말 한마디 없이 내쫓은 아비 아브라함이었지만 그들이 나가는 뒷 모습을 어떻게 바라보았을까? 보았든 보지 않았든 돌아서서 고통스런 눈물을 흘리지 않았겠는가? 그리고 그는 당연히 하나님께 아들을 보살펴 달라고 기도했을 것이다. 그리고 그 아들의 상황을 멀리서 모르는 듯 지켜보고자 했을 것이다. 절대로 무관심할 수는 없었다. 그런데 이러한 상황에서 만일 그 아들에게 하나님의 은혜라고 여겨질 만한 어떤 도움도 없고 오히려 해로운 결과들이 일어난다면 어떻게 될까?

이스마엘을 내보낸 이후 아브라함에게 주어진 과제는 오직 이삭을 하나님 나라를 이어갈 후사로 키우는 것이었다. 그 사명이 원만하게 수행되기 위해서는 외적인 조건으로 이스마엘이 안정된 삶의 자리를 확보하는 것이 반드시 필요했다. 그래야만 아브라함도 흔들림 없이 이삭과 함께 하는 자신의 삶에 전념할 수 있는 것이었다. 이는 아브라함보다도 이삭을 위해서 더욱 필요한 조건이었다. 의의 자녀 이삭이 신앙의 후사로서 자기 자신을 이 땅에서 든든히 세우고 지켜갈 수 있기까지 들나귀 같은 이스마엘로부터 나쁜 영향을 받을 수 없도록 아브라함은 이스마엘과의 관계를 완전히 끊어야 했기 때문이다. 대단히 심약한 아들 이삭이 들나귀 같이 억세고 사나운 자요 더구나 그의 형의 위치에 있는 이스마엘과 부닥치게 될 때 생겨나는 상황을 극복하여 낸다는 것은 무척 어려운 일이었다.

그러기 위해서는 아브라함과 연결됨이 없이 이스마엘의 삶은 독립적으로 확보되어져야만 했다. 만일 저들의 삶이 위태하게 되고 아브라함이 이를 참지 못해 돕고자 하는 상황이 발생한다면 또 어떤 결과가 생길지 알 수 없는 것이다. 바로 이것이 오늘 하나님께서 이스마엘을 위해 하갈에게 나타나신 섭리였다. 아브라함과 관계없이 저들이 스스로 살아갈 여지를 만들 수 있어야 했기 때문이다. 저들이 하나님의 뜻을 따라 살 수 있는 신앙인으로서 하나님과의 만남을 가질만한 신앙을 소유한 자들이 아니었지만 하나님의 사자들을 만나게 된 것은 이 이유 외에는 달리 생각해 볼 여지가 없다. 아브라함과 이삭을 위해서라고 말이다.

하나님은 아직은 연약한 한 신앙인이 자기의 길을 찾아갈 수 있도록 그 주변의 상황까지도 다스려 가신다. 이스라엘이 40년 광야의 연단을 마치고 가나안에 들어가려고 하기 직전 모압 왕 발락이 발람을 초청하여 이스라엘을 저주케 하고자 하였던 사건도 바로 그러했다. 이스라엘이 전혀 알지 못하고 있는 사이 이스라엘을 뒤에서 치려고 하는 못된 움직임이 전개되어졌고 이를 하나님이 홀로 막아주셨던 것이다. 이스라엘은 이와 관련된 일련의 사건들을 그 상황이 끝나기까지 조금도 알지를 못했었다(민수기22-24장).

그러면 이스마엘과 하갈은 오늘 하나님의 사자가 자신들에게 임한 이 사건을 어떻게 받아들였을까? 이들은 오늘의 사건이 전혀 자기 자신들의 신앙과는 상관없이 나타난 사건이었지만 자신들에 대한 하나님의 사랑과 관심으로 이해하여 이 경험을 신앙화시켜 나가지는 않았을까? 하나님을 온전히 알지 못하면서도 언제 한 번의 어떤 신비한 경험에 근거하여 그것을 하나님 신앙의 본질로 삼고 하나님을 섬길 수 있다는 것을 우리는 신앙의 역사에서 얼마든지 발견할 수 있다.

내 삶에 임한 현실적인 결과로 하나님의 존재를 확인하고 그 은혜를 확인하려는 것이 아니라 지금 나의 삶의 자리가 정확히 하나님의 원하시는 말씀의 가르침 위에 세워져 있는지 확인하는 것이 중요하다. 현세적인 성공과 실패 혹은 가난함과 부유함 또 혹은 병들거나 건강한 것이 아니라 가난하든 병들었든 나의 오늘까지 걸어온 길이 그리고 지금 걸어가는 길이 말씀의 계시를 순전하게 좇아가는 길인가 하는 것을 볼 수 있어야만 한다. 그것이 우리 신앙의 유일한 판단 기준이다.

들나귀 같은 하나님? (창 21:19-20)

"하나님이 하갈의 눈을 밝히시매 샘물을 보고 가서 가죽부대에 물을 채워다가 그 아이에게 마시웠더라"(:19)

브엘세바 들에서 하갈이 방성대곡하며 울부짖었던 결정적인 이유는 마실 물이 떨어졌기 때문이었다. 그런데 정녕 그 들에는 마실 물이 없었던가? 하나님께서 하갈의 눈을 밝히신다. 그러자 하갈의 눈에 샘물이 들어왔다. 이 샘물은 어떻게 된 것일까? 오늘의 본문 말씀은 하나님께서 샘물이 솟아나게 하신 것이 아니라 하갈의 눈을 밝히셨고 그러자 하갈이 샘물을 보았다고 기록하고 있다. 이는 샘물이 거기 본래 있었으나 하갈이 보지 못하였다는 것을 알려주는 것은 아닌가? 물론 그 샘물이 쉽게 눈에 띨 만큼 긴 물줄기를 지닌 큰 것은 아니었으리라. 바위 밑에 혹은 작은 덤불 밑에 감추어진 채 조그맣게 솟아나 그 작은 주변 공간만을 적시고 있는 것이었으리라.

샘물이 거기 있었으나 보지 못하였고 찾지 못하였다고 할 때 이는 인간은 샘물을 곁에 두고서도 괴로워하며 죽을 수도 있다는 것을 상징적으로 보여준다. 아브라함에게서 쫓겨나 광야를 방황하는 이들의 삶이 영혼의 생명샘을 곁에 두고서도 쫓겨나 방황하며 생명 없는 길을 걸어가는 하갈과 이스마엘의 현재를 형상적으로 그리고 있는 것은 아닌지. 하나님을 믿을 수 있는 길을 곁에 두고서도 또 믿음 안에 있으면서도 굳이 자기 고집으로 멸망의 길을 가는 자들이 오늘도 많이 있지 아니한가?

가죽부대에 물을 채워다가 이스마엘에게 마시울 때에 하갈은 어떤 말을 전해 주었을까? 방금 자신에게 찾아온 하나님의 사자와 그의 말을 들려주지 않았겠는가? 그녀가 20여 년 전 브엘라헤로이에서 처음 들었던 말씀이었다. 그 때의 경험과 함께 이스마엘로 큰 민족을 이루게 하리라는 오늘의 말씀을 큰 위로의 말로 들려주었으리라. 그리고 이제 이것을 소망으로 삼아 이 광야의 삶을 이겨내자고 아들을 격려하며 용기를 북돋우고자 하였으리라. 그리고 자기들에게 찾아오사 말씀을 들려주신 하나님께 감사하였을 것이다.

그러므로 하나님은 아브라함의 하나님과 마찬가지로 이들에게도 경배의 대상이 되었으리라. 하지만 이들에게 하나님은 이 땅에 사는 동안의 하나님이었고 이 땅에서 얻을 것을 위한 하나님이었다. 생명의 구원과는 전혀 상관없었다.

"하나님이 그 아이와 함께 계시매 그가 장성하여 광야에 거하며 활 쏘는 자가 되었더니"(:20)

"그가 장성하여 광야에 거하며" 이 말씀은 이스마엘이 어미와 함께 살기 위해 사람들이 모여 사는 성읍들로 들어가지 않았다는 사실을 말해주고 있다. 그리고 광야를 자신의 생활근거지로 삼았다고 하는 점을 아울러 밝히고 있다. 아들과 어미 단 둘이 어찌 사람 없는 광야에서 살아가고자 한 것이었을까? 이럴 때 이들이 이 광야에서 살아가도록 해준 것은 어떤 힘이었을까?

이를 통해 우선 알 수 있는 것은 20세 전후의 이스마엘이 그리 평범한 인물은 아니었다는 사실이다. 겁 많고 소심한 자가 아니라 강한 기질을 지닌 담대하고 억센 자였다. 누구에게도 신세지기 싫어하며 또 싸워서 지는 것도 원치 않는 대단히 강한 전투적 기질을 지닌 자라는 것을 알 수 있다. 이러한 내면이 어떻게 길러진 것이었을까? 어떻게 자기를 도와줄 이도 없고 의지할 수단도 없는 가나안 남쪽의 척박한 산지 광야를 무대로 살아가겠다는 의지를 세울 수 있는 것이었을까?

이스마엘의 이러한 기질은 아브라함에게서 태어나 20여년 자란 결과였다. 자신의 뒤를 이어 이 집안을 이끌어갈 후사로 세우기 위해 아브라함이 교육시켜 만들어낸 열매였다. 아브라함 자신 고향 땅을 떠나 수천 킬로미터를 이동하여 전혀 낯설고 거친 이 땅으로 와서 오늘의 결과를 이루어낸 입지전적인 인물이었다. 어느 누구도 감히 흉내 낼 수 없는 역사를 지닌 사람이었다. 그 먼 사막과 광야 길에서, 또 강력한 애굽 왕의 땅에서와 북방 왕 그돌라오멜과의 전쟁에서 겪은 일 등 이스마엘은 아브라함의 인생에 대해 다 들어 왔다. 그리고 여기에 어미의 탐욕스런 종의 근성이 더해졌다.

물론 이스마엘은 아브라함으로부터 하나님에 관해 들었고 그 신앙에 대해 교육받았다. 아버지 아브라함의 인생 길에서 하나님이 어떻게 역사하시고 도와주셨는지 다 들었다. 그러나 아브라함도 놓친 하나님의 언약과 관련된 신앙의 정수를 그가 전달 받을 수는 없었다. 자연 전해져 온 것은 인간의 세상적인 삶과 관련된 외적인 결과들뿐이었다. 잘 다스려진 내면의 성품이 아니라 외적인 기질들이 강화되어져 올 수밖에 없었다.

그러한 이스마엘이기에 오늘 아버지의 집에서 나왔을 때 광야가 그의 거처가 되는 것은 당연했다. 특히 그는 들나귀 기질을 지닌 자였다. 누구에게도 얽매이기를 싫어하는 자였다. 아버지로부터도 버림받았을 때 그에게 생겨난 증오심은 세상 어느 누구에게도 지지 않고 타협하기 싫어하며 세상과 사람 모두를 적으로 삼게 되는 것은 피할 수 없는 결과였다.

더군다나 어미 하갈이 자신을 잉태하고 광야로 쫓겨났을 때 들었던 하나님의 말씀을 이스마엘은 기억하고 있다. 또 아버지 아브라함이 자신에게 할례를 행할 때 들려주었던 하나님의 말씀도 분명히 기억하고 있다. 이에 더하여 광야로 쫓겨나온 오늘 어미 하갈이 들은 하나님의 말씀을 또 전해 들었다. 모두 한결같이 자신의 미래와 관련하여 큰 민족을 이루게 하리라는 하나님의 언약과도 같은 내용들이었다. 그리고 어미 하갈의 야심이 이 아들 위에 더해졌다.

들나귀 같이 억세고 강한 기질을 소유한 그에게 누구에게도 의지하지 않고 아버지 아브라함처럼 독립적인 세력과 큰 부를 일구어 보겠다고 하는 꿈이 왜 야망처럼 생겨나지 않았겠는가? 이복동생 이삭 때문에 먼저 태어난 장자인 자신이 그에게 모든 것을 빼앗기고 쫓겨나는 입장이 되었을 때 자기 존재에 대한 서러움, 동생 이삭에 대한 복수심과 경쟁심 그리고 아버지 아브라함에 대한 응어리진 마음이 그를 얼마나 더 강하게 만들었겠는가?

"활 쏘는 자가 되었더니" 그렇다면 이스마엘은 광야에서 무엇을 하며 어떻게 살아갈 수 있었을까? 그가 활 쏘는 자가 되었다는 것은 사냥을 주업으로 삼아 살아가는 자가 되었다는 것을 설명한다. 곧 짐승을 잡아 고기와

제1부 에셀 나무 아래서 73

가죽을 사람들에게 팔아 생활을 유지하고 또 부를 축적하는 것을 의미한다. 당시 세계에서 인간이 생계를 위한 수단으로 삼았던 것은 주로 농사와 유목이었다고 할 때 이스마엘이 거하게 된 이 광야는 농사나 유목이 불가능한 장소였다. 또 돈 한 푼 없이 빈주머니로 쫓겨 나온 그였기에 당장의 생계를 해결할 수 있는 길은 사냥뿐이었다. 사냥하여 고기와 가죽을 내다 팔고 이를 가지고 자신들이 필요로 하는 것을 구입하는 것이 그 주요 수단일 수밖에 없었을 것이다.

이러한 점과 관련하여 우리가 생각하게 되는 것은 그가 활을 잘 쏜다고 할 때 이것이 꼭 사냥을 잘 하게 되었다는 것만을 의미하느냐 하는 사실이다. 물론 이 활이 짐승을 겨냥하게 되면 사냥이 되겠지만 이 활은 사람을 향해서도 겨누어질 수 있다. 특히 이와 관련하여 보게 되는 사실이 있다. 그것은 그가 들나귀 같은 자가 되어 그 손이 모든 사람을 치겠고 또 모든 사람의 손이 그를 칠 것이라고 하셨던 하나님의 말씀이다. 곧 광야에 거하며 활 쏘는 자가 되었다는 것은 단순히 사냥으로 생업을 삼아 살아가는 자가 아니라 혹시 애굽에서 가나안을 거쳐 메소포타미아를 오가는 당시 대상(隊商)들을 상대로 약탈하며 살아가는 자가 된 것을 의미하고 있지는 않은가?

들나귀 같은 자란 사람들 사이에 있지 않으며 사람들과 같이 호흡하며 살아가는 자가 아니라는 것을 의미한다. 더불어 그가 타인을 치고 타인들도 그를 미워하여 그를 치게 된다는 것은 그가 사람들의 것을 빼앗고 죽이는 자라는 것을 의미한다. 그러므로 그가 사람들이 어울려 사는 성읍에 살지 않고 사람 없는 광야에 사는 자가 되었다고 할 때 이는 지나가는 대상들을 약탈하였든지, 성읍들을 습격하여 재물을 약탈하는 도적이 되었다는 것 말고는 다른 것을 생각하기가 쉽지 않다. 아버지의 집에서 버림받은 분노를 생각한다면 충분히 가능한 일이다.

그렇다면 하나님이 그와 함께 계셨다고 하는 말씀의 기록은 어떻게 해석하여야만 하는 것일까? 우선 알 수 있는 객관적 사실은 그가 이토록 거칠고 악한 삶을 통해 그의 세력이 번성해 갈 때 그런 결과를 하나님 신앙에 근거를 두었다는 사실이다. 곧 그는 어미 하갈과 아비 아브라함을 통해 들은 자신의 운명에 관한 하나님의 말씀을 마음에 둘 수밖에 없었다. 특히 하나님이 광야에서 그와 함께 하셨다는 것은 이스마엘 자신이 먼저 하나님을 신앙의 대상으로 섬겼다는 것을 반영하고 있다. 왜냐하면 하나님께서 친히 이 들나귀 같은 자에게 함께 하셔서 그로 하여금 들나귀처럼 사람을 치고 괴롭히도록 옆에서 도와주셨다고 하는 것은 우리의 신앙 관계 속에서 도저히 이해할 수 없는 일이기 때문이다.

그리고 만일 실제로 하나님께서 그와 함께 해 주셨다면 그것은 그를 진정한 신앙인으로서 대면하고 은혜를 부어주시기 위해서가 아니었다. 앗수르를 들어 사용하신 것이나 바벨론과 페르시아(바사)와 로마를 들어 사용하신 것처럼(다니엘2:31-45) 다만 그를 어떤 특별한 목적을 위해 사용하였다고 밖에는 볼 수 없다. 곧 아브라함의 잘못된 신앙이 전달되어 어떤 결과를 맺게 되는가 하는 증거이다. 이스마엘은 절대로 하나님이 은혜를 베풀만한 진실한 신앙인이 아니기 때문이다.

공교로운 것은 이스마엘의 이러한 독립과 성장 과정은 그 옛날 아벨을 죽이고 아버지 아담의 집에서 쫓겨난 가인의 길과 너무도 흡사하다는 것이다. 동시에 홍수 후 노아의 둘째 아들 함의 후손에서 생겨나 세상을 크게 어지럽힌 니므롯의 성장과도 그 궤를 같이 하고 있다. '여호와 앞에서 특이한 사냥꾼'이 되었다고 일컬어지던 니므롯이었다. 기이하게도 악은 늘 의인의 곁에서 생겨나왔다고 하는 사실을 보게 된다.

결국 우리는 이스마엘이 들나귀 같은 자로서 많은 사람들을 괴롭히며 또 사람들로부터 비난과 공격을 받는 자로 성장하며 세력을 넓혀 갈 때 그가 하나님을 신앙의 대상으로 두고 자신의 모든 행위와 결과를 하나님의 약속에 근거하여 말하는 상황을 볼 수 있다. 곧 하나님은 강도와 들나귀 같은 자의 하나님이 되고 있는 것이었다. 이것이 아브라함이 이스마엘에게 심어 놓은 결과였다. 아브라함은 자신이 믿는 하나님의 이름이 저 바란 광야에서 들나귀 같은 자기 아들에 의해 더럽혀지고 있는 것을 보아야 했다. 고통스러울지라도 아브라함은 이를 확인해야 했다. 그가 현실의 삶에 맞추어 신앙을 인식하고 이를 가르쳐서 신앙이 삶의 방편처럼 만들어질 때 그 결과가 어떻게 나타나는지, 하나님의 이름이 사람들에게서 어떻게 비웃음거리, 저주거리가 될 수 있는지 보아야 했다.

오늘도 우리는 하나님을 믿으면서 이웃과 다투기를 조금도 주저 않는 자들에 의해 그리고 욕심껏 모든 것을 취하고서 이것이 하나님께서 내게 더 해주신 은혜라고 말하는 자들에 의해 하나님의 이름이 어떻게 되고 있는지 현실의 결과를 똑똑히 보고 있다. 하나님께도 사람에게도 매이지 아니한 채 오직 자기 자신의 욕심과 못된 성품에만 매여 살아가는 들나귀 같은 자들이 도처에 있어 하나님의 이름을 어지럽히는 것을 본다. 하나님이 들나귀 같은 하나님이 아닐진대 이스마엘이 아브라함의 작품이라면 오늘 저들은 누구의 작품인가?

말이 중요한 게 아니라네 (창 21:21-22)

"그가 바란 광야에 거할 때에 그 어미가 그를 위하여 애굽 땅 여인을 취하여 아내를 삼게 하였더라"(:21)

바란 광야란 훗날 출애굽한 이스라엘이 40년 간 거하였던 오늘날의 시나이 반도에 있는 광야이다. 사람이 정착하여 살기에는 거칠고 황량한 땅이다. 목축이나 농사가 불가능한 조건을 가지고 있기 때문이다. 그리고 가나안과는 상당히 떨어져 있다. 그런 중에서도 오늘 이스마엘은 애굽 여인을 아내로 맞이한다. 왜 가나안 여인이 아니라 애굽 여인을 결혼 상대로 택하는 것일까? 이들의 삶이 주로 약탈과 노략질에 의지한 삶이라고 할 때 이러한 사실들은 이스마엘이 사막을 여행하는 대상들만이 아니라 주로 가나안 사람들을 대상으로 도적질을 일삼아 왔다는 것을 짐작하게 해준다. 가나안 여인을 아내로 데려다 놓고 가나안 사람과 교분을 맺으면서 가나안 사람들을 대상으로 못된 짓을 일삼을 수는 없기 때문이다.

특히 이 곳이 광야라고 하는 점을 생각한다면 애굽 여자가 광야로 시집을 왔다는 것은 이들의 삶이 어떤 형태로든 광야에서 살아갈 수 있는 충분한 기반을 이미 갖추었다는 것을 알게 한다. 그렇지 않고서는 딸을 광야로 시집보낼 사람은 없을 것이기 때문이다. 그렇기 때문에 이는 이후 이들의 삶이 아브라함이 살고 있는 가나안보다는 애굽과 더 밀접하게 연결되어 감을 보여주는 사건이기도 하다. 그러므로 이들의 하나님 신앙 또한 애굽의 태양신 문화와 결합되면서 왜곡된 형태의 우상 종교로 변화되어져 갔을 것이다. 아브라함이 벗어나온 메소포타미아의 하나님 신앙처럼.

어쩌면 아브라함에게 대한 복수심이 이들 모자를 이렇게 만들어가고 있는지도 모를 일이다. 아비를 죽이고자 할 수는 없었다. 다만 아비를 능가하는 세력을 일구어 그의 앞에 서고 이삭을 마주하게 됨으로써 지난 날 당한 일을 되갚고자 하는 마음이 그 속에 불타오르고 있었을 것이라는 가능성은 충분하다. 애굽 여인을 아내로 맞이하면서도 애굽으로 가지 않고 그러면서도 아브라함이 살고 있는 가나안과 멀리 떨어진 이 거친 광야에서 살아가는 이들의 삶은 그 속에 참으로 복잡한 많은 내용을 담고 있다 하겠다. 아브라함의 잘못된 신앙이 만들어놓은 불행한 결과이기도 하다.

> **"때에 아비멜렉과 그 군대 장관 비골이 아브라함에게 말하여 가로되 네가 무슨 일을 하든지 하나님이 너와 함께 계시도다"**(:22)

이스마엘이 광야로 내몰려 잘못된 운명과 역사를 만들어가고 있을 때 아브라함은 그의 삶에 있어 또 다른 어떤 상황을 맞이하고 있다. 아브라함이 이스마엘을 내보내고 상당한 시간이 지난 후 어느 날 이 땅의 주인 블레셋 왕 아비멜렉이 자신의 군대 장관을 대동하고서 아브라함을 찾아온다. 그리고 이렇게 말한다. **네가 무슨 일을 하든지 하나님이 너와 함께 계시도다** 무슨 똥딴지같은 소리인가? 아브라함에게서 무엇을 보았다고 어느 날 갑자기 나타나 이런 소리를 하는 것일까?

가나안 남쪽의 남서부 해안 지역을 차지하고 살아가는 블레셋 족속의 왕이 군대장관을 대동하고 직접 나타났다는 것은 대단히 중요한 사건이다. 왜냐하면 그가 왕으로서 아브라함과 만나야 할 어떤 이유가 있다면 아브라함을 불러들이는 것이 당연하지 왕 자신이 군대장관까지 대동하고서 이렇게 찾아온다는 것은 대단히 의아한 일이기 때문이다. 자기 땅에 들어와 사는 일개 유목민 집단의 족장에 불과한 자이기에 더욱 그러하다. 그러므로 이것은 지금까지 그가 하나님이 아브라함과 함께 하신다고 느끼게 된 내용들이 아주 실제적이었다는 것을 알려준다. 그리고 그것은 왕인 자기 자신이 먼저 찾아와서 직접 아브라함을 만나야만 하는 어떤 이유를 가져다주는 대단히 중요한 것이었다는 사실도 함께 보여주고 있다.

　지금 아비멜렉이 아브라함에게 나타나 이런 말을 하는 것은 오늘까지 그가 아브라함을 주의 깊게 살펴왔다는 것을 의미한다. 아브라함은 의식하지 못했을지라도 사람을 보내어 아브라함에 관해 그의 이전과 현재의 삶에 대해 마치 정탐하듯 계속 지켜보아 왔다는 것을 알게 한다. 그는 아브라함을 왜 주목해온 것이며 무엇을 보고자 한 것이었을까?

　아비멜렉이 아브라함을 관심 있게 지켜보게 된 것은 그가 사라를 돌려보낼 때부터였다. 그것은 아비멜렉이나 그의 신하들에게는 평생 잊을 수 없는 아주 특별한 사건이었기 때문이다. 그러므로 아비멜렉은 사라를 아브라함에게 돌려보낸 이후 아브라함이라는 자가 어떤 인물인가에 대해 대단히 궁금해 하였으리라. 특히 그가 잠시 취하였던 사라에게서 90세의 나이에 아기가 태어났고 이 아이가 하나님께서 태어나게 하신 것이라는 아브라함의 주장은 더욱 더 그에 대한 궁금증을 불러 일으켰다. 그러므로 그는 사람들을 아브라함이 있었던 헤브론으로 보내어 그곳에서 그가 어떤 인물이었는지 그리고 그가 한 일들에 대해 알아보게 하였을 것이다.

그 결과 당연히 듣게 되는 사실 중에서 가장 중요한 것은 지금으로부터 수십 년 전 그가 불과 수백의 군사로 그돌라오멜 연합군을 격파하였다고 하는 사실이었음에 틀림없다. 그 후 그가 가나안의 왕들도 감히 함부로 대할 수 없었던 가나안의 유력자였고 특히 그가 하나님을 섬기는 자로서 신앙을 전파하던 자였다는 것을 알게 되는 것은 두말할 필요가 없다.

이러한 사실들에 더하여져 그 자신이 그의 아내 사라와 관계된 일로 말미암아 하나님을 직접 겪게 되었고 아브라함이 그의 선지자라는 사실도 경험하였었다. 따라서 아비멜렉은 그후 아브라함에 대해 계속해서 주의 깊게 살펴 왔으리라. 그의 존재가 신경 쓰이게 되는 것은 어쩔 수 없는 일이기 때문이다. 그리고 이삭의 탄생과 이스마엘의 사건을 보았겠고 또 하나님이 그와 함께 하심의 결과라고 나름대로 판단되어지는 내용들을 그는 보아왔던 것이다. 처음에는 아브라함을 무시했던 블레셋 왕이 직접 군대장관을 이끌고 아브라함을 찾아왔다는 것은 이러한 배경을 포함하고 있다. 아브라함이라는 존재에게서 대단히 심각한 어떤 위기를 그 스스로 느꼈기 때문이다.

이를 오늘 아브라함의 입장에서 보면 대단히 의아한 사건이다. 자신은 그 때 사라의 사건 이외에 그와 관계된 특별한 일이 없었다. 그에게 잘 보이려고도 아니했고 그를 위협한 적도 없었다. 이삭의 탄생과 자라남 그리고 이스마엘을 내보낸 것 등 그저 집안의 일에 몰두해 왔을 따름이었다. 그런데 이전에 자신에게 권세를 휘둘렀던 왕이 군대장관 등 최고위 신하를 대동하고 직접 자기 집에 나타난 것이었다. 그리고 하나님이 너와 함께 하심을 분명히 보아왔다고 말한다. 자신을 위협하거나 어떤 불편한 요구를 가지고 찾아온 것이 아니라 분명 자신에 대한 두려움을 가지고 찾아온 것이었다. 특히 이스마엘을 내보내는 힘든 결정을 내린 후에 일어난 일이었다.

아브라함 자신은 오늘 이 상황을 어떻게 받아들여야 할 것인가? 사라의 사건 이후 하나님의 특별한 은혜를 경험하지 못하였다. 그런데도 하나님이 그와 함께 하시는 것이 그를 주목해 보는 아비멜렉 왕의 눈에 분명히 확인되어졌고 그 결과 왕이 오늘 아브라함을 찾아온 것이었다.

하나님의 사람은 세상이 그를 주목하여 보고 있다는 사실을 증거하고 있다. 그가 정말로 하나님의 사람인지 그에게서 어떤 일들이 나타나며 그는 어떤 사람인지 하는 궁금증들을 가지고 그를 지켜보는 것이다. 그런데 오늘날 하나님의 사람이라고 하면 세상은 전혀 주목하지 않는다. 관심조차도 별로 없다. 지켜보아온 결과 아무것도 아니라는 것을 알았기 때문이다. 하나님의 사람이라고 증거 될 만한 어떤 일도 그들에게서 일어나지 않았기 때문이다. 때로는 삶의 행태가 오히려 더 우습게만 보이기 때문이다.

내가 만일 하나님의 사람이라면 오늘 세상이 나를 통해 무엇을 보고 있는지, 나의 하나님은 나에게서 어떤 모습으로 저들에게 증거 되고 있는지 염려하는 마음으로 나를 돌아보게 될 것이다. 하지만 오늘 하나님의 사람이라고 하는 자들에게 이런 의식이 있는지. 입으로는 자칭 하나님의 사람이라고 말하지만 그 실상은 어떠한지.

더불어 오늘의 말씀은 하나님의 사람은 힘으로 상대를 제압하는 것이 아니라 그의 걸어간 길에 나타난 하나님의 역사와 그 증거로 세상을 이길 수 있다는 것을 보여준다. 나는 세상에 대해 무기력한 자처럼 보일지라도 하나님께서 나와 함께 하시며 나를 통해 당신의 살아계심을 나타내 보이실 때 세상은 그 속에서 하나님과 또 나를 보게 되는 것이다.

훗날 이스라엘이 가나안 정복을 시작하며 첫 관문에 서있던 여리고 성을 마주 대하게 될 때 여리고 사람들의 마음은 이미 촛물처럼 녹아 있었다. "…라합이 지붕에 올라가서 그들에게 이르러 말하되…우리가 너희를 심히 두려워하고 이 땅 백성이 다 너희 앞에 간담이 녹나니…우리가 듣자 곧 마음이 녹았고 너희의 연고로 사람이 정신을 잃었나니 너희 하나님 여호와는 상천하지에 하나님이시니라"(수 2:8-11) 지금 눈 앞에 있는 이스라엘의 기세 때문이 아니었다. 이전 40년 동안 광야에서 하나님이 행하여 오신 일들을 그들이 보았기 때문이었다.

내가 진정 하나님의 사람이라면 누구라도 우습게 볼 수 없는 위엄이 갖추어져 있어야 하지 않겠는가? 지극히 겸손한 속에서도 어딘지 함부로 대할 수 없는 품위가 우러나와야 하지 않겠는가? 약할지라도 어떤 폭력과 악에도 무너지지 않는, 비록 가난할지라도 어떤 유혹에도 타협하지 않고 결코 속되지 아니한 그런 기개 있는 모습들이 말이다.

먹을 수도 뱉을 수도 (창 21:23-25)

"그런즉 너는 나와 내 아들과 내 손자에게 거짓되이 행치 않기를 이제 여기서 하나님을 가리켜 내게 맹세하라 내가 네게 후대한대로 너도 나와 너의 머무는 이 땅에 행할 것이니라"(:23)

아비멜렉 왕이 아브라함에게 왜 찾아온 것이었을까? 위의 말은 그 이유를 정확하게 드러내고 있다. 아브라함에게 자신과 아들과 손자 때까지라도 선하게 대해 줄 것을 요청하고 있다. 곧 이는 아브라함에게 서로 돕고 평화롭게 지내자고 하는 뜻의 평화조약을 맺자고 하는 말이다. 이는 현재의 아브라함이나 그의 공동체가 언제든 자신들에게 위협적인 존재가 될 수도 있다는 것을 인식하고 나오는 말이다. 아브라함이 지금까지 걸어온 길이 그러했으며 자신이 직접 경험한 것도 그러했다. 그렇기 때문에 그는 지금 아브라함과의 관계를 확실하게 해두어야 하겠다고 판단하고 그를 찾아온 것이다.

이러한 요구가 아브라함에 의해 먼저 제기되지 않고 한 국가의 왕이 일개 유목민 집단의 족장에 불과한 자를 대해 먼저 제시되고 있다. 동시에 왕이 아브라함을 자기 있는 곳으로 불러들이지 않고 직접 찾아왔다는 것은 그만큼 그로 인해 느끼는 위협이 사실적이었다는 것을 보여주고 있다. 그의 눈에는 아브라함이라는 존재가 함부로 오라 가라 명할 수 있을 만큼 사소한 인물이 아니었다는 것을 증거한다.

더군다나 그는 군대장관을 대동하고 이 자리에 나타났다. 왕과 군대장관이 함께 나타났다는 것은 그들을 호위하는 많은 군사가 함께 이 현장에 왔다는 것을 뜻한다. 이는 무엇을 말하는 것인가? 만일 아브라함이 자기의 원하는 대로 이러한 뜻에 따르지 않고 거부하거나 비협조적인 태도로 나온다면 그 때는 당장이라도 아브라함을 쳐서 없애버리겠다는 의도를 내비치는 것이다. 미리 서로 평화하기로 약속을 맺든지 아니면 지금 아예 그 싹을 잘라버려야겠다고 그는 판단한 것이다.

비록 아브라함이 이 땅에 이방인으로 거하고 있지만 블레셋 사람들과 아비멜렉 왕의 눈에 비친 그는 이미 함부로 대할 수 없는 어떤 권위와 권세가 있는 자였다. 아브라함 스스로 자기 자신의 이러한 입지를 갖기 위해 의도적으로 노력하지 않았다. 그럼에도 저들의 눈에는 아브라함이 신적인 권위를 지닌 인물로 보여졌다는 것은 분명한 사실이다. 도대체 무슨 일이 저들에게 있었던 것일까?

"아브라함이 가로되 내가 맹세하리라 하고"(:24)

아브라함의 입장에서 보면 이는 거부해야 할 이유가 없었다. 그 자리에서 그의 뜻을 받아들이겠다고 맹세를 한다. 애초에 자기 자신은 블레셋 왕과 그의 나라를 적대할 의도도 그럴만한 능력도 갖지 못하고 있었다. 그런데 왕이 스스로 찾아와 자기를 인정하고 높이며 자기의 삶을 보호해주겠다고 하는데 이를 마다할 이유는 없는 것이었다. 이방인으로서 자신의 불안한 입지를 해소하고 삶의 근거를 확보함과 동시에 미래의 안전까지도 담보할 수 있는 것이었기에 아주 좋은 기회라고 여겨질 수도 있었다. 그런데 바로 여기서 아브라함은 이전 자신이 겪었던 한 가지 사건에 대해 말한다.

> "아비멜렉의 종들이 아브라함의 우물을 늑탈한 일에 대하여 아브라함이 아비멜렉을 책망하매" (:25)

이전 어느 때인가 아비멜렉의 종들이 와서 자기 우물을 늑탈하였던 사건을 아브라함은 말하고 있다. 그 때 그들은 분명히 아비멜렉의 종들이었고 그러므로 아브라함은 이 사건이 당신이 시켜서 한 일이 아니냐고 따지는 것이었다. 물이 귀한 땅이었기 때문에 우물은 생존에 가장 중요한 요소였다. 특히 목축을 하며 많은 가축을 지닌 자에게 우물은 돈으로 따질 수 없는 중요한 가치를 지니고 있었다. 그렇기 때문에 우물을 누구에게 빼앗기게 된다는 것은 생존의 위협을 받게 되는 아주 중대한 사건이었다. 또 반대로 누군가의 우물을 빼앗아 그로 하여금 우물에 접근하지 못하게 하는 것은 상대방의 생존 기반을 허물어버리는 아주 도전적인 행위였다.

당시 세계에서 이러한 사건은 오늘날로 말하자면 상대를 향해 선전포고를 하는 것과 같은 심각한 적대행위였다. 상대에게 중대한 손해를 입히고 이 땅에서 쫓아내기 위해 가하는 행위였다. 그러므로 이러한 도전을 받은 상대방은 그 곳을 떠나든지 아니면 다시 그 우물을 찾기 위해 죽기를 각오하고 싸우든지 둘 중에 하나를 택하여야 했다. 우물의 중요성과 이러한 행위가 가져올 결과와 의도를 어느 누구도 모를 리가 없는 세계였다.

그런데 중요한 것은 이 일이 오늘 아브라함에게 찾아와 평화조약을 요구하는 아비멜렉의 종들로부터 가해져 왔다는 점이다. 이는 아브라함에게 이 땅에서 나가라고 하는 요구였다. 아비멜렉이 사라를 돌려보낼 때 그는 아브라함에게 이 땅에서 원하는 대로 좋은 곳을 골라 거하라고 하는 약속을 주었었다. 그런데 아비멜렉의 종들이 임의로 그런 짓을 저지른다는 것은 있을 수 없는 일이었다.

따라서 이 사건은 아비멜렉이 아브라함을 이 땅에서 쫓아내려고 시도했다는 것을 알려주는 대목이다. 그리 규모가 크지 않은 고대 부족국가 시대였다. 때문에 이방인으로서 함부로 대할 수 없는 어떤 자가 상당한 규모의 재산과 사람을 지니고서 자기 땅에 웅크리고 있다는 것은 무척이나 신경 쓰이는 일이 아닐 수 없었다. 더군다나 신에 대한 막연한 두려움을 지니고 있는 고대 사회였다. 아브라함을 위해 역사하시는 신의 존재를 직접 경험한 그로서는 그 신의 대리자인 아브라함이 자연 경계의 대상이 될 수밖에 없었다. 여기에 더하여 아브라함이 가나안의 헤브론에서 가지고 있었던 과거의 전력은 그에 대한 두려움을 불러일으키기에 충분했다.

아비멜렉은 처음 아브라함이 자기 땅에 왔을 때는 그가 아무것도 아니라고 생각하여 그의 아내 사라를 빼앗기까지 하였다. 그를 자기의 신민으로 삼고 확실히 통제하기 위해서였다. 아브라함이 자기보다 약하다고 여겨질 때는 그렇게 대했다. 그러다가 그가 신의 권위를 지닌 자로서 자기가 함부로 대하거나 다스릴 수 있는 자가 아니라는 사실을 확인하게 되고 그의 존재가 부담스러워지자 종들을 시켜 그를 자기 땅에서 쫓아 내보내려고 하였다. 자기의 의도는 뒤에 감춘 채였다. 결국 그를 다스릴 수도 쫓아낼 수도 없게 되자 자신에게 되돌아올 위기를 두려워하여 이제 타협을 시도하고 있는 것이다. 오늘 아비멜렉이 아브라함을 직접 찾아온 것은 바로 이러한 사건들의 흐름을 가지고 있다.

우리는 여기서 본다. 아비멜렉이 살아계신 하나님을 직접 체험하였고 그 신이 아브라함과 함께 하신다는 것을 보았다. 그럼에도 그는 하나님을 알려고 하거나 자신의 하나님으로 받아들이려고 하지 않았다. 하나님에 대한 비밀을 간직하고 있는 아브라함을 가까이 하여 그 신에 대해 묻거나 그와 보다 친밀한 관계를 가지려고 하지도 않았다. 메소포타미아와 애굽을 두루 경험하고 그 속에 남이 알 수 없는 참으로 놀라운 지식과 지혜를 가진 자였기에 그를 친구처럼 대하여 그에게서 지혜를 구하려고 할 수도 있는 것이었다. 그런데 오히려 그를 경계하고 심히 불편하게 여겨 내쫓아버리고자 했다. 그러한 시도 끝에 오늘 아브라함을 찾아와서 평화조약을 맺자고 하는 것도 그런 뜻이 실패하자 혹 이로 인한 어떤 해로움이 자기에게 미칠까 두려워하였기 때문이다.

하나님 나라라고 하는 측면에서 보면 아브라함은 가장 귀한 손님이었다. 아브라함이 아비멜렉의 땅으로 왔다는 것은 하나님을 알고 이를 통해 생명의 구원과 모든 복된 은혜를 누릴 수 있는 기회를 얻은 것이었다. 하나님은 당신이 살아계신 신이요 인간의 모든 것을 다스리는 창조주인 것을 아비멜렉에게 직접 체험하도록 해주셨다. 그리고 아브라함이 하나님의 선지자로서 당신의 사자라는 사실을 알려주시고 그의 기도를 통해 실제 삶 속에서 증거를 보여주기까지 했다. 그런데도 그는 아브라함을 선대하여 가까이 하지는 못할망정 반대로 쫓아내고자 하였다. 신앙의 인식이 없는 아비멜렉의 입장에서 본다면 당연한 것이었겠지만 오늘 우리들의 눈으로 볼 때 참으로 안타까운 일이라 하지 않을 수 없다.

모든 것을 내 이익의 관점에서 보고 판단하는 아비멜렉이었다. 자기의 즐거움과 유익을 생각하여 다른 사람의 아내를 빼앗았고 그녀를 돌려주어야 할 때도 자기가 당할 희생을 최소화하려고 고단한 잔꾀를 부렸다. 자기에게 있을지도 모르는 부담을 없애려고 종들을 시켜 아브라함을 쫓아내려고 시도하였고 또 혹 닥칠 불이익을 두려워하여 이번에는 그를 찾아와 서로 화평하자고 타협을 모색하고 있다. 모든 행동과 삶이 오직 자기 이익에 의해서만 만들어지는 그러한 자였다. 그러기에 가장 소중한 존재를 옆에 두고서도 그 소중함을 알지 못한 채 이렇듯 부산하다.

예수님께서 거라사 지방에 가셨을 때 거기 군대 귀신 들린 자가 있었다. 그 때 그의 안에 있던 귀신들이 근처에 있던 2천 마리의 돼지 떼에게로 들어갔고 그 돼지들이 바다로 뛰어들어 몰사하였다. 한 생명을 살리기 위해 돼지 이천 마리를 희생시킨 것이었다. 하지만 이를 본 그 지역 사람들은 예수님께 자기들에게서 떠나가도록 요구하였다. 또 다른 무엇을 잃게 되지나 않을까 염려한 때문이었다. 결국 돼지도 잃고 예수님도 잃고 자신들의 생명도 포기해버린 불쌍한 자들이었다.

오늘 나를 죽이는 것이 무엇인가? 남의 손에 들려진 총이나 칼이 아니라 내 속에 있는 이기심과 욕심이라는 것을 알아야 한다. 내 이익을 잃지 않을까 하는 두려움과 근심들이 또한 나를 생명 없는 길로 내몰고 있다는 것을 알아야 한다. 진실을 보지 못하고 진리를 따라 행할 수 없는 한 누구나 다 동일하다.

약속이 분분하나 (창 21:26-27)

아비멜렉이 평화조약을 맺자고 할 때 그 이면에는 아브라함이 자기의 땅에 거하는 것을 심히 부담스러워하여 그를 쫓아내려고 시도하였던 배경을 가지고 있었다. 누가 말하지 않고 증거가 없을지라도 이는 분명했고 아브라함 또한 이를 간파하고 있었기에 자기를 찾아와 화평을 요청하는 아비멜렉에게 이 문제를 제기하는 것이었다. 이럴 때 중요한 것은 아브라함이 이 사건을 끄집어내는 목적이 무엇인가 하는 점이다. 단순히 통보하는데 뜻이 있는 것은 아니라고 할 때 그것은 당연히 이에 대한 아비멜렉의 사과와 재발 방지에 대한 약속이다.

"아비멜렉이 가로되 누가 그리하였는지 내가 알지 못하노라 너도 내게 고하지 아니하였고 나도 듣지 못하였더니 오늘이야 들었노라"(:26)

만일 아비멜렉이 진정 이웃을 생각하고 그들과의 선하고 화평한 삶을 생각하였다면 지금 아브라함이 이러한 사실을 말할 때 어떻게 반응해야 하는 것일까? 당연히 심각하고 진지하게 받아들여야 했다. 아브라함이 왕과의 관계에서 그의 종들이 행한 것을 말하는 것은 그들의 행위가 자기의 삶에 대단히 심각한 위협을 가하는 중대한 사건이었기 때문이다. 그러므로 아비멜렉은 자신의 행위에 대해 정중하게 사과해야 했고 또 설혹 자신은 몰랐다고 할지라도 지금이라도 그런 못된 짓을 한 종들을 찾아내어 그들을 처벌할 것을 약속하고 용서를 구하는 것이 마땅했다. 그리고 그 입은 피해에 대해서는 합당한 보상을 약속해야 했다. 종들에 대한 관리 감독의 책임이 주인에게 있기 때문이다.

하지만 그는 **"누가 그리하였는지 내가 알지 못하노라"**라고 답한다. 이는 누가 그런 짓을 했는지 밝힐 의사도 없고 그런 짓을 한 종들을 벌할 생각도 전혀 없다는 말이다. 곧 아브라함의 추궁에 대한 아비멜렉의 이러한 반응 속에는 종들에 대한 처벌이나 아브라함에 대한 사과가 전혀 없다. 나아가 자기는 전혀 몰랐기 때문에 자신이 책임져야 할 일은 없다고 하는 책임 회피에 급급한 말이다. 더군다나 **"너도 내게 고하지 아니하였고"**라는 말은 왜 이 일을 사건이 있을 당시에 내게 말하지 아니하고 지금에 와서야 말하는 것이냐 하는 뜻이다. 곧 이미 지나간 사건인데 뭘 지금 와서야 따지는 것이냐 하는 핀잔이기도 하다.

만일 사람이 자기의 잘못을 알고서도 그것을 인정할 마음이 전혀 없고 오히려 부인하거나 또 자기가 져야 할 책임을 회피한다면 그는 화평을 지킬 힘이 없는 자이다. 그런 자라면 오히려 자기 이익을 위해서는 스스로 화평을 깨는 짓을 서슴없이 행할 사람이다.

아비멜렉은 화평을 목적으로 아브라함을 방문하여 그 언약을 요구하면서도 이전의 잘못에 대해 인정할 마음이 전혀 없다. 그러므로 사과할 뜻도 없고 그러한 일의 재발을 방지할 수 있는 적절한 조치도 약속하지 않는다. 종들이 어떠했든지 간에 자기는 몰랐으니 책임이 없다고 하는 식의 책임 회피로 일관한다. 너도 왜 그 일이 있을 때 말하지 않고 지금에 와서야 말하는 것이냐 하는 말로 그 책임의 일부를 아브라함에게 슬쩍 떠넘겨 이 곤란을 면하고자 한다. 정말 몰랐다고 한다면 주인으로서 종들의 이런 악한 행위를 몰랐다는 것 자체가 주인으로서의 직무유기이다. 종들로 하여금 밖에 나가 남에게 그러한 짓을 저지르기까지 미리 교육시키고 단속하지 않은 그 책임은 더 크다.

이는 지금 그가 아브라함과 화평을 말하지만 화평을 위해 자신이 져야 할 책임과 의무를 부담하고자 하는 의지가 없는 사람이라는 것을 나타낸다. 그러므로 이는 화평을 말하는 목적이 전적으로 자기의 안전과 자기의 유익을 위한 것이라는 사실을 가르쳐주고 있다. 즉 그가 화평을 요구하는 것은 여러 가지 이유들로 자기가 아브라함을 이길 수 없고 오히려 아브라함이 자기에게 위협을 가할 수도 있는 강한 존재로 보여지고 있기 때문이었다. 만일의 경우를 예방하여 자기를 지키고자 하는 자기방어의 목적으로 아브라함에게 화평을 강요하는 것이었다. 그러므로 이는 아비멜렉에게 보다 유리한 방향으로 힘의 균형이 깨지는 날 이 화평도 언제든지 깨질 수 있는 것임을 알려주고 있다.

새로운 관계는 언제나 과거에 대한 철저한 성찰과 남김 없는 자기반성을 필요로 한다. 과거의 잘못된 삶과 관계를 정확하게 인식하고 새롭게 살아보겠다는 확고한 다짐 위에서 출발한다. 왜냐하면 이는 미래에 대한 담보이기 때문이다. 그러므로 이러한 다짐은 과거의 잘못에 대해 진심으로 사과하고 그러한 잘못이 반복되지 않도록 하는 실질적인 조치들이 뒤따라야 한다. 그것이 스스로의 의지와 다짐을 표현하고 약속하는 것이고 앞으로의 관계에 대한 보장이기 때문이다. 만일 이것이 없다면 그가 어떤 약속을 어떻게 하든 새로운 관계 새로운 삶은 기대할 수 없다.

우리가 하나님과의 신앙 관계 안에 들어가게 될 때에 하나님께서 가장 먼저 진실한 회개를 요구하시는 것도 바로 이러한 사실에 그 뜻이 있다. 이전의 삶에 대한 진지한 성찰과 자기반성이 있을 때 새로운 삶에 대한 신앙의 요구를 받아들일 수 있기 때문이다. 만일 이전의 삶 속에서 범한 잘못들을 돌아보고 돌이킬 수 있는 눈과 마음이 없다면 앞으로의 삶도 이전의 삶과 전혀 다를 바가 없을 것이라는 사실은 굳이 설명할 필요가 없다.

더불어 신앙 안에서 내가 이웃과 정말로 진실한 화평을 원한다면 나의 잘못에 대해 언제든 가장 진실한 마음과 태도로 사과하고 결과에 대해 어떤 대가라도 달게 받겠다는 책임의식이 요구된다. 이것이 신앙인으로서의 삶이다. 정말로 진실한 신앙의 관계에 있고 싶다면 가장 예민한 눈으로 나의 삶을 살피는 지혜가 요구된다. 하나님께서 피조물인 우리 인간에게 처음 원하셨던 것을 알지 못하면서, 나아가 하나님께서 원치 않는 삶을 살고 그 분이 싫어하는 일을 행하면서도 나는 하나님과 화평한 관계에 있다고 말할 수는 없는 것이기 때문이다.

아비멜렉은 아브라함과 화평하자고 요구하지만 과거 자신의 잘못을 인정하지도 않고 이에 대한 사과나 재발방지를 위한 어떤 조치도 하지 않는다. 그러므로 이 화평은 진실이 결여된 것이며 단순히 자기 자신의 현실적인 안전을 확보하기 위한 지극히 이기적이고 위장된 평화전술이다.

"아브라함이 양과 소를 취하여 아비멜렉에게 주고 두 사람이 서로 언약을 세우니라"(:27)

아비멜렉은 어떤 사과의 뜻도 표명하지 않았고 재발 방지를 약속하지도 않았다. 상대와의 관계에서 대단히 불성실한 태도를 나타내는 것이었다. 아브라함이 진정 올곧고자 하는 자였다면 당연히 그의 요구하는 바 평화조약도 거절하는 것이 마땅했다. 가장 기본적인 신뢰 관계도 구축함이 없이 자손대대에 영향을 미치는 이런 중요한 언약을 맺는다는 것은 기만일 뿐이기 때문이다. 그럼에도 아브라함은 이 언약에 임한다. 왜일까?

그것은 아비멜렉의 요구를 그가 외면할 수 없었기 때문이요, 이를 거절하는 것을 두려워하였기 때문이었다. 그러므로 이 언약은 아브라함 스스로가 아비멜렉의 요구에 굴복한 불평등 언약이었고 언제든 깨어질 수 있는 부질없는 것일 뿐이었다. 아브라함이 아비멜렉에게 더 이상 의미 있는 존재가 아닌 순간이 올 때 이 약속도 의미를 상실하게 될 것이었다.

이것은 훗날 아브라함의 아들 이삭이 가나안에 기근이 들자 이를 피하여 아비멜렉에게 왔을 때 그대로 드러난다. 그 때 이삭은 아버지 아브라함과 아비멜렉이 맺은 오늘의 언약에 기초하여 도움을 요청하지만 보기 좋게 거절당한다. 그리고 도움은 커녕 그 땅의 백성들로부터 거듭 거듭 우물을 뺏기며 쫓기는 상황을 겪는다. 아비멜렉으로부터 도움은 고사하고 오히려 문전박대를 당하는 것이었다.

응할 수 없는 약속이 있고 약속을 맺지 말아야 할 상대가 있다. 힘으로 맺는 약속, 힘에 굴복하여 두려운 마음에서 나온 약속, 그리고 신실치 못한 자와 분별력 없이 맺은 약속, 오로지 나의 이익을 추구하는 이기심에서 나온 약속들이 그것이다. 오늘도 세상은 적절히 타협하며 살아간다. 수많은 약속들이 여러 가지 형태로 맺어지지만 인간의 진실함이 깃든 진정한 화평의 약속은 없다. 내가 약할 때는 잠시 숨을 틈을 얻기 위해 약속을 맺으나 시간이 지나 그 약속이 내 이익에 방해가 될 때는 어떤 이유로라도 깨버리는 철면피한 약속들이 난무한다. 남을 곤경에 빠뜨리기 위한 약속, 나의 죄를 합리화하기 위한 약속, 남의 것을 거저 빼앗아 먹기 위한 약속들이 난무하다.

오늘 신앙인으로서 나의 사회적 언약 관계는 어떠한지 살펴보아야 한다. 과연 진실함이 있는지, 증인이신 하나님 앞에서 양심에 부끄러워해야 할 것은 없는지 돌아보아야 한다. 하나님 앞에서 진실한 신앙인이 되기를 원한다면, 그러한 마음은 사람들과의 관계에서 진실한 모습으로 나타나야 하기 때문이다. 역으로 사람들과의 관계에서 불성실하고 진실이 결여된 모습들이 있다면 그것은 곧 그의 신앙이 그렇게 불성실하고 진실이 결여되어 있음을 의미한다는 것을 알아야 한다.

더불어 우리가 신앙 안에서 하나님을 대해 맺은 약속들이 있다. 그 다짐과 서원의 약속들이 어떠한 상태에 있는지 점검해 보아야 할 때다. 사람과의 약속도 어기는 것을 심히 꺼려하건만 천지의 주인이신 하나님과의 약속을 쉽게 여기고 나를 합리화하는데 익숙해져 있는 우리는 아닌지.

아브라함의 우물 (창 21:28-30)

지나간 날의 일에 대해 책임을 인정하고 이를 진솔하게 사과하고자 하는 뜻이 없는 아비멜렉이었다. 자기에게 손해날 일은 하려고 하지 않는 자였다. 이런 자와의 약속이 과연 의미가 있는 것일까? 분명 앞으로도 지금 맺은 약속을 위태롭게 하는 사건들이 우연찮게 발생할 수 있다. 그 때 책임 소재를 분명히 가려 사과할 것은 사과하고 보상할 것을 보상하여 오늘의 약속이 깨지지 않도록 해야 하는 것은 언약에 임하는 자들이 가져야 할 책임 의식이다. 그런데 오늘 이런 식의 태도를 보이는 아비멜렉이 과연 성실하게 그러한 책무를 수행할 수 있는 것일까? 정말로 아브라함은 이런 상대방과의 언약을 신뢰하고 이를 진지하게 받아들이는 것이었을까?

언약은 자신의 삶에 대해 책임 있는 의식을 갖고 있는 자라야 서로 믿고 맺을 수 있다. 불성실한 자, 자신의 책임을 인정하려고 하지 않는 자, 자기의 이익만을 중요하게 여기는 자와의 언약은 이미 부도난 수표와 같다. 요리조리 눈치나 살피고 요령이나 피우며 적당히 거짓말도 하면서 늘 자기 입장만 생각하여 인생을 쉽게 쉽게 살아가려고 하는 자들과 중요한 일을 의논하고 결정하는 것은 스스로 화를 자초하는 것과 다름이 없다.

"아브라함이 일곱 암양 새끼를 따로 놓으니 아비멜렉이 아브라함에게 이르되
이 일곱 암양 새끼를 따로 놓음은 어찜이뇨"(:28-29)

아브라함은 서로 평화하기로 아비멜렉과 언약을 맺는다. 그런데 그는 암양 새끼 일곱 마리를 따로 또 준비하여 놓는다. 이는 방금 맺은 약속 외에 또 다른 약속이 있다는 것을 의미하는 행동이다. 그러자 아비멜렉은 놀라 그에게 묻는다. 이 암양을 따로 취하여 놓는 것은 무엇 때문이냐고. 아비멜렉의 말 속에는 지금 우리가 자손대대 평화하기로 언약하였는데 암양을 따로 취하여 또 다른 언약을 준비하는 것은 어찌된 일이냐고 하는 의아함이 들어가 있다.

특히 여기서 우리는 아브라함이 또 다른 언약을 위해 따로 취한 암양 일곱에 대해 생각해 본다. 당시 유목민들이 목축하는 주요 대상은 양이었고 아브라함 또한 양이 재산의 중요한 부분이었다. 그럴 때 특히 암양 새끼는 아주 중요하게 여겨진다. 왜냐하면 이것들이 새끼를 번식하여 재산을 늘려가게 하는 중요한 수단이기 때문이다. 그러므로 이처럼 귀하게 취급되는 암양 새끼 일곱을 따로 놓는 것은 이제 아브라함이 맺고자 하는 언약이야말로 보다 중요한 것이라는 의미를 제시해준다. 앞서의 언약이 언약 예물의 양을 직접 명시하지 않고 있는 것인데 반해 두 번째의 언약을 위해서 준비한 예물에 대해 종류와 수량을 정확하게 기록해 놓은 것은 분명 이러한 의미를 나타내기 위해서이다.

"아브라함이 가로되 너는 내 손에서 이 암양 새끼 일곱을 받아 내가 이 우물 판 증거를 삼으라 하고"(:30)

아브라함은 지금 이 곳에서 자기가 판 우물에 대해 자신의 소유권을 인정해달라고 한다. 이 우물은 내가 판 우물이라고 하는 것을 확인하고 또 다시 이전처럼 우물을 빼앗고자 해서는 안 된다는 것을 이 자리에서 약속해 달라고 하는 것이었다. 그 증거로 내가 주는 이 암양 새끼 일곱을 받고 이것이 아브라함의 것이라는 사실을 여기 많은 사람들 앞에서 확증해 달라는 요구였다.

블레셋 왕 아비멜렉에게는 암양 새끼 일곱 정도는 아무것도 아니었다. 있어도 그만 없어도 그만이요 그런 것을 얻기 위해 여기 온 것도 아니었고 얻었다고 크게 좋아할 것도 없는 것이었다. 나아가 우물 하나가 아브라함처럼 들에서 목축하는 자에게는 목숨처럼 소중한 것일지 모르지만 한 나라의 왕에게는 그리 크게 여길 만한 것이 아니었다. 그런데 아브라함은 아비멜렉에게 우물의 소유권을 인정해달라는 약속을 청원하고 있다. 한 나라의 왕과 자손대대로 평화하기로 하는 크고 중요한 언약을 맺는 자리에서 그것에 비해 너무나 사소하다고 할 수 있는 작은 우물 하나의 소유권을 인정받고 싶어 하는 것이었다. 이는 아브라함 스스로 우물 하나에 연연해하는 일개 평범한 유목민의 자리로 자기를 낮추는 행위이다.

여기서 우리는 아브라함에 관해 두 가지 사실을 볼 수 있다. 첫째 이미 자손대대에 이르기까지 서로 선대하기로 한 앞의 약속이 있었지만 아브라함은 그 약속의 실효성에 대해 큰 의미를 두지 않고 있다는 점이다. 자손대대에까지 서로 선대하자고 하는 약속은 이 우물뿐만이 아니라 그의 삶의 영역과 그 속에 포함된 모든 것들에 대해 서로 존중해주기로 하는 것이었다. 왕과 그러한 언약을 맺었다는 것 자체로 이 땅에서 아브라함이나 그의 우물을 건드릴 사람은 아무도 없게 되는 것이었다. 그럼에도 그것과는 별도로 이미 그 속에 다 들어가 있는 내용을 또 다른 언약으로 맺고자 하는 것은 앞서의 언약을 실제 아무 의미 없는 것으로 치부해 버리는 마음이 아브라함의 속에 있었다는 것을 보여준다.

그렇다면 그는 왜 의미 없는 것이었는데도 그 언약을 맺은 것이었을까? 그것은 언약을 요구하는 자가 힘을 지닌 왕이었기 때문이다. 그러므로 그의 이 언약은 권세에 두려워하여 굴복한 언약이었고 이는 아브라함의 마음속에 권력을 지닌 자에 대한 두려움이 있다는 것을 보여주는 증거이다. 그를 더 압박하거나 거절해서 불편한 상황을 만드는 것이 아브라함 자신에게 불리하다고 판단한 때문이었고 또 언약 그 자체가 자기에게 해로운 것도 아니라고 판단한 때문이었다.

이런 식이라고 한다면 만일 이 땅에서 신앙인으로서의 자기 정체성에 도전을 가해오는 어떤 요구가 있다고 할 때 그것이 자기를 두렵게 하는 어떤 요소를 가지고 있다면 과연 그것을 거부할 수 있는 것일까? 오늘 아비멜렉에게 자기가 원하는 것을 당당히 요구하고 관철하지 못한 채 그의 뜻에 대해서는 신뢰할 수 없는 요인이 있다는 것을 알고서도 상대의 높은 권세 때문에 어쩔 수 없이 수용하는 그의 태도는 그런 가능성을 부정하게 한다. 즉 그는 앞으로도 자기보다 강한 힘을 가지고 자기에게 다가오는 모든 주변 요인들에 대해 신앙인으로서의 자존심을 지킬 수 있는 단호하고 결단력 있는 태도로 임할 수 있는 가능성은 거의 없다고 볼 수 있다. 오히려 쉽게 무릎 꿇는 편을 택할 것이다.

이러할 때 여기서 나타나는 아브라함의 두 번째 모습은 그가 우물과 같은 이 땅에서의 크고 작은 생존 요소들에 얼마나 집착하고 있는가 하는 점이다. 물론 그가 유목민으로 살아가는 한 우물이 절대적으로 중요한 것은 사실이지만 지금 아비멜렉 왕 앞에서 그가 나타내 보여야 하는 것은 이것이 아니었다. 왜냐하면 아비멜렉이 이 곳에 올 때 아브라함의 존재는 왕인 자기가 함부로 오라 가라 할 수도 없을 만큼 대단히 위엄 있는 존재로 여겨졌었다. 그는 아브라함이라는 존재를 신의 대리인으로서 두려워하고 있었고 지금 그가 아브라함과 평화조약을 맺으려고 하는 것도 아브라함에 대한 이 두려운 마음 때문이었다.

특히 아비멜렉의 입장에서 볼 때 이 언약은 대단히 크고 중요한 약속이었다. 왕의 체면에도 불구하고 자신이 먼저 찾아와 아브라함에게 요구할 때는 그 일이 그만큼 시급하고 중요하게 여겨졌기 때문이었다. 그런데 이런 중요한 자리에서 왕의 신분을 지닌 자를 상대로 우물의 소유권을 인정해달라고 요구하는 아브라함의 행위는 그 자신에게는 중요하고 시급했는지 몰라도 이 자리와는 격이 안 맞는 처신이었다. 결국 지금 아비멜렉의 눈에 비쳐지는 아브라함은 우물 하나에 목숨을 걸고 사는 하찮은 유목민에 불과할 뿐이었다.

하나님은 그를 블레셋 왕일지라도 쉽게 여기지 못하도록 존귀하고 두려운 존재로 세워놓았다. 하지만 아브라함은 스스로 자신을 아무것도 아닌 일개 유목민으로 낮추어 버렸다. 그의 삶에서 하나님의 선지자라고 하는 위엄과 권위는 찾아볼 수 없었다. 곧 하나님께서 부여해 준 존재 가치와 자신의 삶 속에서 나타내 보이는 자의식 사이에는 상당한 괴리가 존재하고 있었다. 아브라함의 현재 삶 자체가 하나님의 선지자가 아니라 한 유목민으로서의 입장에 중심을 놓고 있었기 때문이다. 그저 힘들게 판 우물이나 잃지 않고 지키려는 철저히 땅에 속한 사람이었다는 것을 알려준다.

아브라함은 본래 이 땅의 권세 가진 자들도 두려워해야 하는 하나님의 선지자였다. 모든 권세를 압도하고 그것들 앞에서 당당해야만 하는 존재였다. 오만함이 아니라 하나님의 권세를 그들 앞에 보여주어야 하는 자이기 때문이다. 더불어 땅에 속한 것들에 대해서는 초연해야 하는 자였다. 하지만 그는 여전히 권력 앞에서 주눅 들고 그 권세의 요구에 대해 무릎을 꿇는 자였으며 우물과 같은 땅에 속한 것들을 소중히 여기는 속된 인간에 불과할 뿐이었다.

오늘도 소심한 늙은이에 불과한 선지자, 소인배에 지나지 않는 신앙인들이 득시글한 하나님의 나라이다. 땅에 있는 것들에 목을 매고 사는 지극히 높은 하나님의 나라이다. 나에게 주어진 삶을 통해 하나님의 사람으로서 그 내면을 준비하고 미래의 열매를 가꾸어가지 못한다면 지금 내게 무엇이 있은들 그것이 무슨 유익이 있겠는가?

우물의 하나님 (창 21:31-34)

"두 사람이 거기서 서로 맹세하였으므로 그곳을 브엘세바라 이름하였더라"
(:31)

위의 말씀에서 아브라함과 아비멜렉이 맹세하였다고 하는 것은 아브라함이 파서 현재 소유하고 있는 우물이 아브라함의 것이라고 하는 것을 아비멜렉이 인정하는 맹세였다. 앞으로 아무도 이 우물을 늑탈할 수 없다는 것을 왕의 권위로 보증해주는 것이었다. 이 언약이 아브라함에게 가져다주는 중요한 결과는 더 이상 누구로부터 위협당할 일이 없어졌고 쫓겨 도망 다닐 일도 없어졌으며 이 땅에서 그의 삶이 안전하게 확보되어졌다고 하는 사실이다.

우리는 여기서 이 31절의 맹세를 27절의 언약과 비교해본다. 27절에서 먼저 맺은 언약은 아비멜렉과 아브라함이 자손대대에 이르기까지 서로 적대하지 않고 언제나 선대하여 화평한 관계를 유지하기로 하는 언약이었다. 그리고 그 뒤에 맺은 31절의 맹세는 아브라함이 소유한 우물을 왕인 아비멜렉이 아브라함의 소유로 인정해주는 것을 중심 내용으로 하고 있다. 왕이 인정한 이상 어느 누구도 이 우물을 빼앗을 수 없고 아브라함의 삶을 간섭하거나 괴롭힐 수 없다는 것을 선언하는 것이었다.

먼저 두 언약의 성격을 놓고 보면 이미 앞에서 본 것처럼 31절의 맹세는 27절의 언약에 이미 포함되어 있다. 왜냐하면 27절 언약에서 왕과 아브라함이 서로를 선대하기로 한 것은 서로가 위기에 처하였을 경우 상대방을 도와주는 것까지 포함하고 있다. 그러므로 이 속에는 상대의 재산에 손상을 가하는 것과 같은 행위는 어떤 경우에도 금지되고 용납될 수 없다는 것이 당연히 들어가 있기 때문이다. 따라서 만약 27절의 언약이 서로에게 신뢰할 수 있는 것으로 받아들여졌다면 31절의 맹세는 불필요한 것이었다. 그렇기 때문에 31절의 맹세가 따로 맺어지고 있다는 것은 어느 한 쪽이 앞서의 포괄적인 언약에 별 큰 의미를 두지 않았다는 것을 드러내고 있다. 이것이 아브라함에 의해 주도된 것이라고 할 때 결국 아브라함은 그 언약을 별로 신뢰하지 않았다는 것을 알려주는 증거이다.

더군다나 앞서의 약속이 더 포괄적이고 중요한 모든 내용을 담고 있는 것임에도 그 약속을 '**언약**'이라고 표현하고 있다. 반면 우물을 놓고 맺은 약속은 보다 하위적이고 부분적인 내용을 갖고 있음에도 '**맹세**'라고 하는 단어를 사용하고 있다. 이 또한 아브라함이 우물에 대한 약속을 얼마나 더 중시하였는가 하는 것을 보여주는 증거이다. 특히 두 번째의 언약을 맹세한 다음 그 곳 이름을 '**일곱 마리 어린 양의 우물**'이라는 뜻으로 '**브엘세바**'라고 명명한다. 이는 오늘 이후 이 곳을 지나다니는 모든 사람에게 이 날 있었던 왕과 아브라함의 우물에 관한 약속을 알려주는 의미가 있다. 곧 사람들은 여기를 지나게 될 때 아브라함이 아비멜렉 왕과 맺은 두 가지 언약 중 우물에 관한 언약만을 듣고 기억하게 되는 결과를 가지고 있다. 그러므로 이는 앞으로 만나게 되는 누구에게든지 이 사실을 알려 우물에 대한 소유권을 아주 튼튼하게 하기 위한 아브라함의 의도가 들어가 있는 이름이다.

이는 역으로 27절의 언약의 의미가 약화되고 31절의 맹세가 더 크게 강조되는 결과를 가지고 있다. 곧 아브라함에게 오늘의 만남은 31절의 맹세를 통해 우물의 지배권을 확보하였다는데 중요한 의미가 있는 것이지 아비멜렉이 본래 의도하였던 27절의 더 크고 중요한 언약은 오히려 무시되고 간과되고 있었다는 것을 드러낸다.

아비멜렉은 아브라함에 대한 두려움을 갖고 있었다. 신의 선지자로서 감히 범할 수 없는 어떤 위엄과 권세가 보여졌기 때문이었다. 그가 사라의 일로 아브라함을 직접 경험하였던 것이나 그의 가나안에서의 행적에 대해 알아본 모든 자세한 정황으로 보나 아브라함은 함부로 대할 수 없는 사람이었고 자칫 그를 잘못 대했다가는 엄청난 화를 자신에게 가져다 줄 수 있는 인물로 판단되어졌다. 그러므로 만일의 경우 아브라함으로 인해 자신에게 닥쳐올 수도 있는 화를 미리 막기 위해 자신이 먼저 그에게 찾아와서 평화조약을 요청한 것이었다. 미리 방패막이를 쳐놓고자 하는 의도였다.

그런데 결과를 놓고 보니 반대로 아브라함 자신이 아비멜렉으로부터 자기가 판 우물을 보장받기 위해 그에게 목을 매는 모습을 보여 왔다. 곧 아브라함이 무슨 대단한 뜻을 품고 살아가는 비범한 인물로 알고 두려워하여 찾아왔는데 와서 보니 겨우 우물 하나에 목을 매고 사는 아주 평범한 그야말로 시시한 유목민에 불과하였던 것이다.

오늘의 사건을 아브라함의 입장에서 생각해본다면 오늘은 하나님의 은혜를 마음껏 느낄 수 있는 무척이나 은혜로운 날이었다. 지금까지 자기가 우물로 인해 고생을 해왔고 이것을 자기 것으로 확고히 하기 위해 많은 고민을 해 왔다. 우물이 확보되지 못한 상태에서는 이 땅에서의 삶도 불안하고 도전받는 것이기 때문이었다. 그렇기 때문에 어떻게 하면 이 우물을 완전히 내 것으로 확정짓고 이 곳에서의 삶을 확보할 수 있을까 하는 것이 최대 과제였다. 그런데 전혀 뜻밖에 왕 아비멜렉이 먼저 자기에게 찾아와 서로 평화하자고 악수를 내미는 것이었고 그에게서 이 우물에 대한 소유권까지 확고하게 약속받은 것이었다.

왕이 자기를 먼저 찾아왔다는 것도 놀라운 일이었다. 그 왕이 먼저 화해하고 평화롭게 지내자고 요청한 것도 쉽게 생각할 수 없는 엄청난 사건이었다. 그런데 거기다가 그토록 노심초사하던 우물에 대한 소유권을 인정받고 그것을 통해 이 땅에서 살아갈 안전한 조건을 확보하게 되었으니 얼마나 더 놀라운 일이었겠는가? 아브라함은 속으로 무척이나 신기해하며 하나님께 감사하고 또 감사했으리라. 오늘의 모든 일은 자신의 능력으로는 감히 있을 수 없는 일이었기에 하나님의 은혜라고 밖에는 할 수 없었다.

하지만 아비멜렉의 입장에서 생각해 본다면 오늘 아브라함과의 대면은 그에 대해 품고 있었던 신비함이 깨져버리는 결과를 가지고 왔다. 동시에 하나님에 대한 신비감과 두려움도 사라져버리는 결과를 가지고 있었다. 멀리서 볼 때는 거기에 대단한 뭔가가 있는 것 같았지만 와서 보니 아무것도 없었던 것이다. 그저 왕인 자신에게 우물 하나 인정받으려고 안달하는 하찮은 늙은이가 거기에 있을 뿐이었다.

"그들이 브엘세바에서 언약을 세우매 아비멜렉과 그 군대장관 비골은 떠나 블레셋 족속의 땅으로 돌아갔고"(:32)

아브라함을 떠나가는 아비멜렉과 그의 군대장관 비골은 오늘의 일에 대해 무슨 말을 주고받으며 돌아가고 있었을까? 아브라함을 만나기 위해 이곳으로 올 때와 지금 만나고 돌아갈 때 그들의 마음과 느낌은 어떠했을까? 올 때는 조금 긴장도 하고 여러 가지를 계산하며 왔으리라. 아브라함이 자기들의 뜻을 순순히 받아들여 준다면 좋겠지만 만일 이 제안을 거절한다면 어떻게 해야만 하는 것일까, 혹 아브라함을 쳐서 자기들의 땅에서 쫓아낸다면 전에 사라의 때에 겪었던 것과 같이 신이 진노하는 재앙을 겪게 되지는 않을까 하는 등등 복잡한 마음으로 왔을 것이다.

또 한편 아브라함이라는 인물에 대한 기대감도 있었을 것이고 그가 섬기는 하나님에 대한 신비감도 있었을 것이다. 혹 아브라함을 가까이 사귀고 그의 하나님을 믿어볼까 하는 생각도 머리 한 쪽에 있었을지도 모르는 일이었다. 하지만 돌아가는 그의 마음에는 내가 겨우 이런 인간 하나를 놓고 그렇게 많은 생각을 하고 그를 두려워했단 말인가 하는 허탈함이 있지 않았을까? 신비감도 기대감도 다 깨어지고 왕으로서의 체면과 권위를 스스로 무너뜨리고 이렇게 달려왔던 자신의 행동에 대해 심히 불쾌하게 느끼는 감정이 배어나왔을 수도 있다.

"아브라함은 브엘세바에 에셀 나무를 심고 거기서 영생하시는 하나님 여호와의 이름을 불렀으며 그가 블레셋 족속의 땅에서 여러 날을 지내었더라"(:33-34)

아비멜렉이 돌아간 이후 아브라함은 우물 곁에 에셀 나무를 심고 거기서 영생하시는 여호와 하나님의 이름을 부른다. 에셀 나무를 심었다는 것은 사람들이 어떤 중요하고 의미 있는 날에 나무를 심어 그 날을 기념하듯이 이 날 아비멜렉과의 만남과 결과에 대해 하나님께 얼마나 감사했는지 그 마음을 표현하는 증표이다. 이 때 그가 특히 기념하고 감사하고자 한 것은 우물을 얻게 되었다는 것과 우물을 얻게 해주셨다는 것이었다. 그리고 거기서 영생하시는 하나님의 이름을 불렀다고 하는 것은 이 날의 사건을 특별히 기억하고 이 사건을 사람들에게 나팔을 불 듯 알렸다고 하는 것을 나타내고 있다. 그에게 하나님은 왕의 권세를 깨고 복종케 하신 하나님이 아니라 우물 얻게 해주신 브엘세바의 하나님, 우물의 하나님이었다. 그리고 이 곳을 이제 자신이 죽는 날까지 살아갈 터라고 여겼다는 것도 알 수 있게 한다.

하나님은 어떠셨을까? 당신의 선지자로서의 모든 권위를 그에게 더해주셨고 아무도 함부로 대하지 못하도록 그에 대해 모든 은혜를 베풀어 놓으셨다. 이것이 사람들 눈에 보여져 이 땅의 왕일지라도 그를 두려워하는 마음으로 찾아오게 되었다. 그렇다면 아브라함은 선지자의 권위, 신앙인으로서 잃지 말아야 할 품위를 유지하고 있어야만 했다. 그럴 때 하나님의 은혜는 은혜 그대로 조금도 손상됨이 없이 아브라함의 삶에 임하게 되는 것이었고 정말로 놀라운 결과를 그에게 가져다주는 것이었다.

하지만 아브라함은 이 모든 것을 우물 하나와 맞바꿔버렸다. 우물 하나 얻는 것으로 감사 감격하였고 그 속에서라야 이런 결과를 맺어주신 하나님과 그의 은혜를 다시 바라볼 수 있었다. 자신을 하나님의 사람으로 불러주시고 선지자로 높여주신 하나님은 보지 못하고 자기의 먹을 것 얻게 해주신 하나님만 보여질 뿐이었다.

오늘도 우리는 내 삶의 어떤 부분이 크게 되고 실제적인 유익이 있다면 감사 감격한다. 그것이 실제로는 하나님과 상관이 없을지라도 하나님이 그렇게 해 주셨다고 굳게 믿는다. 그리고는 세상에 나팔을 불어 이런 속된 하나님을 알린다. 하지만 나를 불러주신 하나님, 나를 당신의 종으로 삼아주신 하나님에 대한 본래적인 감사는 없다. 그러기에 이 땅에서 누릴 무엇을 받은 자로서의 경박한 감사는 있어도 참 신앙인으로서 몸과 마음에 지녀야 하는 속 깊은 곳에서 우러나오는 권위와 위엄과 겸손함은 없다.

아브라함은 자기를 만나고 돌아가는 아비멜렉이 오늘 자기의 말과 행위를 어떻게 여기며 돌아가고 있을지 조금이라도 생각할 수 있었을까? 오늘 나로 인해 저가 나의 믿는 하나님을 어떻게 여기게 되었을지 약간이라도 생각해볼 수 있었을까?

모리아산에서

| 창세기 22장 |

제2부 모리아 산으로 가는 3일 간

거듭남은 무엇을 의미하는 것일까? 이삭을 끌러 단에서 내려 안은 아브라함은 저 멀리 달아나 있던 그의 의식이 다시 돌아옴을 느낀다. 자기 자신의 죽음보다 더 고통스런 죽음으로부터 풀려난 것이었다.

시험 (창 21:34-22:1)

"그가 블레셋 족속의 땅에서 여러 날을 지내었더라"(:34)

하나님은 소돔의 멸망으로 가나안을 떠나 블레셋 땅으로 내려온 아브라함에 대해 그가 하나님의 선지자로서 정체성을 잃지 않고 또 회복할 수 있도록 모든 조치들을 다 취하셨다. 하지만 정작 아브라함은 자신이 신앙을 보존하고 이어갈 선지자로 세움 받은 자라는 사실을 인식하지 못한 채 살아가고 있었다. 그저 소와 양떼를 돌보고 키우는 유목민의 의식만을 지니고 있을 뿐이었다. 어떻게 하면 내 자신의 우물을 확보하여 안정된 삶의 터전을 세워갈 것인가 하는 것만이 그의 관심사였다. 곧 소돔의 멸망 이후 블레셋 땅에서 그가 보여주는 삶은 신앙인으로서의 자기를 완전히 포기한 채 남들처럼 그저 편하고 안정된 삶을 추구하며 살아가고자 하는 것이었다.

특히 성경은 아브라함이 아비멜렉과 우물을 놓고 맺은 맹세의 언약 이후 **"그가 블레셋 족속의 땅에서 여러 날을 지내었더라"** 라고 기록하고 있다. 그 만남과 언약 이후 그는 어떤 삶을 살아가고 있었던 것일까? 한 마디로 말한다면 그것은 철저히 언약의 삶이었다. 물론 이 때의 언약은 오래 전 하나님께서 그에게 주신 신앙의 언약이 아니라 아비멜렉과 맺은 언약이다. 곧 현재 아브라함이 소유하고 있는 우물을 그의 소유라고 왕이 확약해준 것과 왕과 화친하여 자손대대로 화평하기로 한 언약이었다. 이 언약은 아브라함에게 그가 현재 살아가고 있는 땅에 대한 주권을 인정한 것이었고 또 블레셋의 어느 누구로부터도 부당한 대우를 받지 않고 안전하게 살아갈 수 있는 근거를 제공해준 것이었다.

그러므로 그후 아브라함의 삶은 이 언약에 근거하여 블레셋 사람 누구로부터도 간섭과 방해를 받지 않는 편안한 삶이었다. 모든 사람이 자신이 왕과의 언약관계에 있는 자라는 것을 알 수 있도록 가능한 조치를 다 취해놓았다. 왕과 언약을 맺은 우물에는 **'일곱 양의 우물'**이라는 의미로 **'브엘세바'**라고 이름하여 지나다니는 모든 사람들이 그 언약을 알 수 있도록 하였다. 또 에셀나무를 심어 왕과의 언약에 대한 기념물이자 증거물로 세워놓았다. 자기는 왕과의 언약을 맺은 사람이요 그러므로 건들지 말라고 하는 메시지를 모든 사람에게 전하고자 하였다.

왕과의 언약을 자기 삶에 유리하도록 이용하고자 한 것이었고 또 이 언약이 힘이 있었던 것은 왕의 권위가 거기에 더해져 있었기 때문이다. 그러므로 언약 사건 이후 블레셋 땅에서 여러 날을 지내었다고 하는 성경의 증거는 그 언약에 기초하여 지금까지 쫓겨다니던 불안한 생활을 끝내고 브엘세바에 정착하여 아주 편안하고 만족스러운 삶을 영위하였다고 하는 사실을 알려주고 있다.

하나님과의 언약은 아예 망각된 채 대신 그 자리에 인간과 맺은 언약이 굳게 자리하고 있었다. 천국으로 인도해가는 하나님과 그의 언약에 대해서는 어떤 신뢰도 기대도 갖지 못한 그가 우물 하나를 놓고 맺은 인간과의 언약과 그 언약자의 권위에 대해서는 이렇게 신뢰하고 의지하는 삶을 살고 있었다. 그러므로 그가 브엘세바에서 영생하시는 하나님의 이름을 부르고 그에게 감사하며 경배하였지만 그 때의 하나님은 당신의 언약을 통해 자기를 천국으로 인도해 가는 하나님이 아니었다. 그저 이 땅에서 이렇게 만족하게 살아갈 수 있도록 은혜를 베풀어주신 하나님일 뿐이었다.

이러할 때 그의 삶에서 생각하게 되는 중요한 것이 있었다. 그것은 하나님께서 언약의 표징으로 사라에게 태어나게 하신 이삭의 존재이다. 곧 이삭은 하나님의 언약을 삶에 담고 이 언약 신앙을 자손대대에 이르기까지 후세에게 전하는 사명을 지니고 태어난 아들이었다. 그렇다면 이삭은 아버지 아브라함으로부터 그 언약에 대해 철저히 교육 받고 온전한 언약의 사람으로 자라날 수 있어야 했다. 그럴 때 이삭을 아브라함에게 보내신 하나님의 뜻이 온전히 이루어지는 것이었고 그의 존재가치 또한 온전할 수 있는 것이었다.

그런데 아브라함이 이렇게 망가져 버렸다. 지금까지 하나님의 모든 은혜에도 불구하고 스스로 자신을 하나님의 뜻과 은혜에 맞도록 새롭게 세울 의지를 갖지 못하였다. 또한 오늘처럼 철저히 인간의 언약에 의지해 살아가는, 신앙은 그저 들러리요 장식물에 불과한 자로 무너져 버린 것이었다. 아브라함의 처지가 이러할 때 이삭과 관련한 결과도 이와 동일할 수밖에 없었다. 물론 사라가 이삭의 곁에 있어 신앙을 교육시키고 이삭은 어머니 사라의 신앙에 영향을 받으며 양육되고 있었다. 하지만 그것은 보편적인 삶에 관한 신앙의 내용일 뿐이었다. 하나님의 언약의 열쇠는 아브라함이 가지고 있었기 때문에 언약과 관련된 신앙의 내용은 있을 수 없고 언약이 요구하는 정확한 책임의식 또한 이삭에게 전달될 수 없었다.

하나님은 이러한 아브라함을 어떻게 해야 하는 것일까? 인간에게 할 수 있는 모든 것을 다해 아브라함을 언약의 사람으로 세우려고 하였지만 결과는 이러했다. 아브라함 스스로 이에 응답하는 삶을 살려고 하지 않는 이상 오늘의 자리를 피할 수는 없었다.

오늘 이 땅의 하나님 신앙과 하나님 백성도 4000년 전 저 브엘세바의 아브라함의 신앙과 삶에 뿌리를 대어 이어져가고 있지 않은가? 하나님의 언약이 아니라 이 땅에 살아가는 사람들과의 관계에서 존재하는 숱한 사회적 언약에 자신을 맡기고 살아간다. 지극히 사소한 유익을 가져다줄 뿐인 그리고 또 언제 깨어질지도 모르는 타인과 맺은 사소한 언약도 굳게 신뢰하여 지키려고 애를 쓰며 그 위에 자신의 집을 지어간다. 하지만 훨씬 더 중요한 하나님의 언약이 기억되고 삶의 선택과 결정에 영향을 미치는 면은 거의 없고 또 있어도 지극히 미미하다. 그러기에 남기는 것은 언약의 신앙이 아니라 그저 브엘세바의 우물일 뿐이요 자녀 또한 언약의 자녀가 아니라 인간의 자녀를 만들어 땅으로 내보낼 뿐이다.

"그 일 후에 하나님이 아브라함을 시험하시려고 그를 부르시되 아브라함아 하시니 그가 가로되 내가 여기 있나이다"(22:1)

아비멜렉과의 언약 사건 이후 그 언약에 의지하여 블레셋 땅에서 여러 해를 편안히 살아가고 있던 브엘세바의 아브라함에게 하나님께서 다시 찾아오셨다. 왜 찾아오신 것이었을까? 성경은 이 방문의 목적에 대해 하나님이 아브라함을 시험하기 위해서였다고 기록하고 있다. 여기서 시험이라고 하는 것은 어떤 의미를 지니고 있는 것일까? 일반적으로 시험이라고 하는 것은 어떤 사실이 그러한가 그렇지 않은가 하는 것을 확인하기 위한 목적을 가지고 있다. 특히 이 시험이 사람을 대하여 행해질 때에는 그가 전적으로 신뢰받는 사람이 되지 못하고 있다는 것을 나타내고 그러므로 그를 다시 한 번 확인하고자 하는 의도에서 행해진다. 만일 그가 신뢰받는 인물이라고 한다면 그를 시험해야 하는 일은 있을 수 없다. 그러므로 시험은 시험의 대상에 대해 어떤 한 가지 사실을 놓고 최종적 판단을 내리는 성격을 가지고 있다. 곧 이 시험 결과에 따라 그를 신뢰할 것인가 아니면 제외할 것인가 하는 것을 최종적으로 결정하게 되는 것이다.

오늘 이전 하나님께서 직접 혹은 사자를 통해서 아브라함을 여러 번 찾아오셨지만 단 한 번도 그를 시험하신 적은 없었다. 어떤 경우에도 언약에 대한 확신을 심어주어 그로 하여금 하나님의 언약을 수행해가는 언약의 사람이 되기를 원하셨다. 그리고 당신 자신이 그의 든든한 삶의 버팀목이 되어주고자 하실 뿐이었다. 그의 부족한 것이 있을 때는 권면하고 때론 책망하시며 오래도록 그를 참고 기다려 오신 것이 하나님과 아브라함의 관계였다. 곧 하나님은 언제든 아브라함을 당신께로 더 가까이 하여 당신의 은혜를 주시려고 할 뿐이었지 당신에게서 끊고 멀리하려고 하신 적은 없었다.

하지만 그럴수록 아브라함은 언약의 본질로부터 점점 멀어져 가기만 하였다. 하나님의 책망조차도 그리 심각하게 받아들여지지 못했다. 그리고 오늘 이 시점에 와서는 그나마 있던 하나님 선지자로서의 명분마저도 잃어버리고 인간의 언약에 의지하여 살아가는 처지에까지 이른 것이었다. 그에게는 아이를 잉태할 수 없었던 아내 사라가 낳은 아들 이삭이 하나님의 언약의 증거로 눈 앞에 보여지고 있었다. 하지만 그 기적의 아이, 초월적 권능의 아이조차도 그저 여느 평범한 한 아들에 불과할 뿐이었다. 또한 자신의 몸에도 언약의 증거로 할례의 흔적을 지니고 있었지만 그것 또한 오늘에 와서는 거의 의미가 없었다.

이런 그에게 오늘 하나님께서 시험하려고 찾아오셨다. 이전에 있었던 많은 하나님의 방문과는 차원을 달리하는 것이었다. 이제는 이 시험의 결과에 따라서 아브라함과의 관계가 정리될 수도 있는 것이요 어쩌면 완전히 잊혀지는 사람이 될 수도 있는 순간이었다. 곧 최종 담판과도 같은 성격을 지니고 있는 것이라고 할 수도 있었다. 그러므로 이 만남은 그만큼 심각했고 아브라함에게는 마지막 기회이기도 했다.

아브라함에게는 하나님께서 한 번도 징벌을 가하신 적이 없었다. 언제나 그가 하나님과의 관계에서 얻어 누린 것은 은혜일뿐이었다. 그것이 오히려 아브라함으로 하여금 하나님을 두려워 않고 하나님의 은혜를 가볍게 여기도록 하여 이 자리까지 이르게 한 것이었을까? 오늘 자신을 시험하려고 오신 하나님 앞에 **"내가 여기 있나이다"**라고 하는 아브라함의 대답은 과연 이러한 심각성을 인식하고 있는 것이었을까? 어쩌면 또 무슨 은혜를 주시려나 하는 기대일 수도 있었다. 자신이 얼마나 중대한 기로에 서 있는가 하는 것을 알지 못한 채.

언제나 내 편할 때 내 원하는 것을 위해 만나고 또 언제까지나 기다려주시는 하나님을 기대하는 우리다. 하지만 하나님의 찾아오심이 이러한 목적과 의미를 가지고 이루어질 수도 있다는 것을 알고 있는가? 오늘 아브라함에게 임한 이러한 만남이 어쩌면 우리에게는 이미 지나가버린 사건일 수도 있다.

아브라함의 이삭 (창 22:2)

아비멜렉 왕과의 언약을 통해 아브라함은 브엘세바에서 평안하고 만족한 날을 보낸다. 그러던 어느 때 하나님이 그를 시험하기 위해 다시 찾아오셨다. 시험하겠다고 하실 때는 시험해서 확인해야 할 만큼 그의 삶과 신앙이 단단히 잘못되었다고 하는 증거였다.

오랜 세월 아브라함을 대해 끝없이 기다리며 다만 은혜만을 더해 오신 하나님이셨다. 그 기다림의 기간 동안 하나님은 당신의 언약이 제시하고 있는 신앙의 바른 자리로 들어올 것을 계속해서 권면하셨다. 언약 곧 말씀을 망각한 지금 있는 자리가 잘못된 자리라는 것을 깨우치는 것이었고 이를 위해 할 수 있는 모든 방법을 다 사용하셨다. 그러나 그 끝은 아브라함을 시험하게 되는 자리였다. 이 시험은 정말로 네가 하나님을 믿고 있느냐, 하나님을 믿는다면 그 믿음이 진실하냐 하는 것을 묻는 것이었고 그 모든 하나님의 권면에도 불구하고 아브라함은 자신의 자리를 고치지 않았다는 것을 입증하는 것이었다.

이 시험은 하나님이 아브라함을 몰라서가 아니라 아브라함 스스로 자기 믿음의 자리를 확인할 수 있도록 하심이었다. 그리고 아브라함의 입장에서 본다면 이 시험의 결과에 따라 하나님과의 관계가 계속될 것인지 아니면 끊어지고 잊혀진 존재가 될지 결정될 것이었다. 그러므로 이 시험은 아브라함의 남은 모든 시간과 삶을 결정짓는 너무도 중요한 것이었다. 그렇다면 하나님의 인간을 대한 시험은 어떤 형태로 나타나는 것이었을까?

"여호와께서 가라사대 네 아들 네 사랑하는 독자 이삭을 데리고 모리아 땅으로 가서 내가 네게 지시하는 한 산 거기서 그를 번제로 드리라"(:2)

기절초풍할 노릇이다. 아니 사람을 그것도 아비가 자기의 아들을 직접 죽여 몸을 태워 번제로 드리라니 세상에 이런 일이 어떻게 있을 수 있단 말인가? 비록 원수의 아들일지라도 어린 아이를 죽인다는 것은 감히 행할 수 없는 잔인하고 고통스러운 일인데 어떻게 아비 된 자가 자기 손으로 아들을 죽일 수 있단 말인가? 이것은 신앙을 떠나 사람으로서 차마 할 수 없는 일이었다.

더군다나 이 아들은 아브라함이 원해서가 아니라 하나님이 아브라함에게 은혜로 주신 아들이었다. 아브라함은 이미 얻은 아들 이스마엘로 만족하고 있었고 다른 아들을 별로 기대하지도 않았다. 그런데 일방적인 은혜로 주셨고 자손을 하늘의 별과 같이 많게 하리라고 하는 언약의 표징으로 주신 아들이었다. 이 아들을 통해 셀 수도 없이 많은 자손들이 생겨나게 해 주시리라고 하신 약속의 아들이었다. 그리고 그로 인해 먼저 있던 아들 이스마엘을 집에서 내쫓기까지 하였었다. 그런데 이 아들을 죽여 번제로 바치라니, 이는 차라리 주지 아니한 것보다 더 못한 일이었다. 일의 결과가 이러할진대 그렇다면 이 요구는 도대체 어떤 의도에서 나온 것이었을까?

여기서 먼저 현재의 아브라함에게 이삭이 어떤 의미를 지니고 있는지 살펴본다. 이삭은 그가 100세 되던 해에 얻은 자식이었다. 자신의 가장 사랑하는 아내 사라가 낳은 아들이었다. 이 아들을 위해 이미 성인이 되었던 큰 아들 이스마엘을 빈 손으로 그 어미와 함께 쫓아내기까지 하였다. 아비로서 차마 하기 힘든 어려운 결정이었다. 하지만 이삭을 지키기 위해 어쩔 수 없이 취한 조치였다. 이삭은 그렇게 해서 얻은 아들이었다. 이제 그야말로 자신의 모든 것을 걸고 있는 유일한 혈육이자 그의 모든 것을 이어받을 후사였다. 그의 삶에 있어서 그 어떤 것도 이삭보다 더 소중한 존재는 있을 수 없었다. 그러므로 **"네 아들 네 사랑하는 독자 이삭"**이라는 말씀은 하나님도 이를 다 알고 있음을 나타낸다.

더군다나 아내 사라에게 있어서 이삭은 그녀의 전부였고 절대적인 존재였다. 자신의 목숨보다 더 귀한 것은 물론이고 남편 아브라함보다도 더 소중하게 느껴지는 존재였을 것이다. 아이를 키우는 기쁨, 아이가 자라가는 것을 바라보는 즐거움, 이 아이의 장래에 대한 기대와 소망 등 이삭은 그녀의 삶의 전부였다. 이삭이 있음으로 해서 아내 사라가 즐거워하고 있으며 이삭으로 인해 아브라함도 자신의 모든 것을 염려 없이 맡기고 의지할 소망이 생긴 것이었다. 집안의 사람들 또한 그들대로 이 아들이 주인 내외에게 얼마나 귀한 아들인지 아는 만큼 그를 무척 귀여워하며 사랑으로 보살폈을 것이다. 이삭 하나로 인해 아브라함 집의 모든 사람들이 평안하고 서로 화목할 수 있었다.

그러므로 이삭을 번제로 바치라고 하는 것은 인간적 육정으로도 할 수 없는 일이었지만 사라에게는 생명을 빼앗는 것보다 더 큰 고통을 안기는 것이었다. 이 집 모든 사람들에게도 다시 한 번 절망에 빠지도록 하는 것이었다. 아버지가 아들을 죽이고 그 몸을 불태워 제물로 바치는 일은 이유가 어떠하든지 명분이 무엇이든지 간에 누구에게도 설명될 수 없는 일이었다. 더군다나 이 아이가 하나님의 은혜로 주어진 아이라고 들어 알고 있는 이 집 사람들이었다. 그런데 아이를 아비의 손으로 죽여 불태우라 하시며 아비는 또 그를 그렇게 죽여 제물로 바친다고 할 때 이는 신앙이 어떠하든지 간에 도저히 상상할 수 없는 일이었다. 그러므로 이 일이 아브라함 집의 전체 공동체에 미칠 결과는 충격적인 것이었다. 아브라함이 사라를 왕의 아내로 준 것보다 더 이해할 수 없는 일이 될 것이었다.

따라서 이 일은 아브라함이나 사라나 그 집 사람들 모두를 절망과 혼란으로 내모는 것이었고 아브라함 집의 모든 것을 빼앗는 것이었으며 아브라함이 현재 누리고 있는 모든 것을 쑥밭으로 만들어 버리는 결과를 가지고 있었다. 그의 삶 전체를 철저히 무너뜨리는 것이었다. 왜 하나님은 이런 일을 명령하시는 것이었을까? 이삭을 번제로 바치라는 것은 하나님이 아브라함에게 주신 것을 다시 취하는 것이었다. 그런 점에서 하나님께서 아브라함에게 이삭을 주신 이유가 무엇이었는지, 그가 현재 아브라함에게 어떤 존재로 인식되고 있고 어떤 사람으로 키워지고 있는 것인지 그를 주신 최초의 목적과 현재의 결과를 비교하여 살펴봄으로써 오늘 이삭을 번제로 바치라는 말씀의 이유를 밝혀본다.

하나님께서 아브라함에게 그의 나이 100세나 되어서야 아들을 주신 것은 그에게 대를 이을 아들이 없어서가 아니었다. 아브라함의 대를 잇는 것이라면 하갈에게서 태어난 큰 아들 이스마엘이 이미 있었고 그 아들 하나로도 충분했었다. 또 사라의 자녀 없는 설움을 달래기 위해 주신 것도 아니요 이들 부부가 노년에 자식 기르는 즐거움을 누리라고 주신 것도 아니었다.

이 아들은 하나님의 살아계심의 증거였다. 사람에게는 불가능하게 보일지라도 하나님께는 불가능이 없다는 것을 보이는 것이었고 무엇보다도 아브라함에게 주신 약속을 반드시 이루어 가신다고 하는 증표였다.

그러므로 아브라함은 이 아들을 보며 자신의 대를 이을 아들이 아니라 하나님의 언약을 기억할 수 있어야 했고 그 언약이 요구하는 바의 삶을 살 수 있어야만 했다. 그리고 아들에게도 이 언약을 가르치고 언약의 삶을 전해주어 이삭 또한 언약을 계승하고 전달하는 자로서의 사명을 감당할 수 있도록 해야만 했다. 곧 아들 이삭은 아브라함과 사라의 아들로 태어났지만 저들의 자녀가 아니라 이 세상의 구원을 위한 하나님의 자녀가 되도록 양육되어져야 했던 것이다.

하지만 이 아들이 아버지 아브라함을 통해 본 것은 무엇이었고 그의 귀에 들려진 것은 무엇이었을까? 그리고 이 집에서 그에게 기대되어진 역할은 무엇이었을까? 아들 이삭의 눈에 보여진 아브라함은 신앙의 사명을 이어가고 전해주는 하나님의 사람, 하나님의 선지자로서의 의연한 모습이 아니었다. 어떻게든 이 땅에서 살아갈 터를 얻으려고 노심초사하는 초라한 늙은이에 지나지 않았다. 왕의 권력에 기대어 그와의 언약을 통해 얻은 우물 하나에 만족하며 그 땅에 모든 것을 걸고 살아가는 일개 유목민에 불과할 따름이었다. 그러므로 하나님께서 이 아들을 주신 목적은 전혀 이루어지지 않았고 아브라함 자신의 뜻을 이어받을 사람의 아들로 자라났다. 다만 그의 개인적인 기쁨이자 소망이 될 뿐 하나님과는 거의 상관없는 자가 되고 말았다.

그러므로 이삭을 번제로 바치라고 하는 것은 이 아들을 통한 하나님의 뜻이 전혀 이루어지지 않았기 때문이기도 하지만 이는 아브라함 스스로 그를 생명의 길이 아니라 생명을 죽이는 길로 인도해 온 때문이었다. 지극히 거룩해야 할 아들을 아주 속된 아들로 자라나게 하고 있었던 것이다. 결국 이삭을 번제로 바치라고 하는 것은 지금까지 아브라함 스스로 이 아들을 이렇게 죽음의 길로 인도해 왔다는 것을 드러내는 의미를 지니고 있다.

그러므로 이는 하나님이 주신 아들을 하나님이 다시 취하겠다는 뜻이다. 아브라함과 이전에 맺은 모든 언약을 취소하겠다는 것이다. 이 아들을 통해 아브라함에게 베풀어주신 모든 은혜도 거두어들이겠다는 뜻의 표현이다. 곧 아브라함과의 만남의 관계를 최종적으로 결정짓겠다고 하는 의미가 담겨져 있는 것이었다. 아브라함과 사라 그리고 이 집 사람들에게 있었던 기쁨 즐거움 소망 그리고 평안이 한 순간에 절망으로 변해져 버릴 것이었다. 물론 이러한 요구를 성경이 시험이라고 기록하고 있는 것은 이러한 하나님의 뜻이 확정된 것이 아니라 아브라함이 어떻게 반응하느냐에 따라 그 결과가 결정될 것임을 뜻하고 있다. 이 방법 외에 더는 아브라함을 변화시킬 다른 도리가 없었기 때문이다.

과연 아브라함은 이에 어떻게 응답할 것인가? 한 인간으로서도 그렇지만 아비와 아들로서의 인간적인 정을 생각해 본다면 도저히 실행 불가능한 일이었다. 그러므로 이 요구는 하나님의 존재가 그의 사고와 삶에 있어서 어떤 것보다도 최우선 되지 않는다면 감히 순종을 생각할 수 없는 것이었다. 어떤 경우에도 하나님의 말씀을 어길 수 없다는 의식이 없이는 불가능한 일이었다. 하나님의 말씀은 인간에게 고통과 어려움과 불행을 가져다주는 것이 아니라 당장에는 어렵고 힘들게 보여도 최종적으로는 우리를 당신의 영원한 은혜 속으로 인도해 가는 것이라는 믿음이 없이는 응답할 수 없는 일이었다. 그러므로 이 일이 아브라함에게 시험으로 주어진 것이라고 할 때 이 시험을 통해 하나님께서 원하는 것이 있다면 바로 이러한 하나님과 하나님의 말씀에 대한 믿음이라는 것을 나타내고 있다.

지금의 아브라함에게 브엘세바의 우물을 얻은 것과 블레셋 땅에서 왕의 권세에 의지하여 편히 살아가는 것이 그의 삶의 전부였고 그것이 지금까지의 모든 삶의 끝이었다면 그래도 좋았을 것이다. 그런데 그것이 아니었다. 그것 때문에 전혀 생각지 못했던 더욱 중요한 것을 놓쳤고 결국 그것으로 인해 그의 인생에 상상도 할 수 없는 가장 소중한 아들을 잃어야 할 지경에 처하였다.

이 시대 많은 사람들도 아브라함이 브엘세바에 자리 잡게 되는 것처럼 그렇게 편안한 삶을 꿈처럼 바라본다. 하나님을 믿는 사람들은 그것을 아주 특별한 하나님의 은혜라고 생각한다. 하지만 그것 때문에 다른 비교할 수 없을 만큼 더욱 소중한 무엇을 잃고 살게 된다면 어떻게 될까? 아브라함이 하나님의 사람, 하나님의 선지자로서의 정체성을 잃게 되고 끝내는 가장 소중한 이삭을 스스로 죽여야 하는 것처럼 말이다.

거역할 수 없는 (창 22:3)

"아브라함이 아침에 일찌기 일어나 나귀에 안장을 지우고 두 사환과 그 아들 이삭을 데리고 번제에 쓸 나무를 쪼개어 가지고 떠나 하나님의 자기에게 지시하시는 곳으로 가더니"(:3)

자신의 유일한 적자로서 모든 것을 이어받을 후사였고 100세나 되어서야 얻은 외아들 이삭이었다. 그러했기에 아브라함의 삶에 있어서 이삭보다 더 소중한 것은 없었다. 하지만 하나님은 아브라함의 가장 소중한 이 아들을 죽이고 그 몸을 불에 태워 제물로 바치라고 한다. 하나님 앞에 선 한 신앙인으로서 또 한편 육신의 정을 지닌 아비로서 더 나아가 한 인간으로서 하나님의 이러한 요구를 아브라함은 어떻게 받아들여야 하는 것이었을까?

만일 오늘 우리라면 이런 요구를 하시는 하나님을 이해할 수 있겠으며 감히 이러한 요구를 받아들일 수 있을 것인가? 차라리 아들을 위해 아비 된 내가 죽는 것이라면 모를까 아들을 내 손으로 죽이고 그 몸을 불태워 없애는 이것이 조금이라도 가능한 것인가? 만일 이러한 요구가 하나님을 믿는 우리의 신앙 안에 어떻게든 존재할 수 있는 것이라면 과연 하나님을 믿을 자가 누가 있겠으며 믿다가도 하나님을 떠나게 되는 것이 오히려 당연할지도 모른다.

물론 아비로 하여금 제 아들을 죽여 번제로 바치라고 하는 이러한 일은 한 생명을 온 천하보다도 더 귀히 여기시는 하나님 신앙 안에서는 있을 수 없는 일이다. 그럼에도 오늘 아브라함에게 이 일이 임한 것은 아브라함 자신으로 말미암아 생겨난 일이었다. 세상 어떤 것보다 중요한 영혼의 생명은 간과해버렸고 또 그 아들의 인생에 부여된 언약 신앙의 사명도 망각한 것이기 때문이었다. 그는 최선을 다해 아들을 사랑하였지만 당연히 전해주어야 할 이러한 요인들이 빠져버렸다. 대신 세상을 살아가는 데만 유익할 뿐인 것들로 채워놓았다. 그러므로 그 사랑은 자신의 아들을 생명 없는 사막으로 내모는 잘못된 사랑이었다. 아들을 번제로 바치라고 하는 하나님의 요구는 아브라함 자신의 이러한 결과를 반영하고 있는 것이었다.

사람은 누구나 자신의 몸에서 태어난 자녀들을 사랑한다. 세상 어떤 것보다도 더 소중히 여기고 사랑한다. 하지만 그 안에 반드시 들어 있어야 하는 가장 중요한 것을 잃어버린 사랑이라면 그것은 온전한 사랑이 아니다. 영혼의 생명에 대한 가치와 생명 구원의 사명을 심어주지 못한다면 그 사랑은 허무한 사랑일 뿐이다. 자기 자녀를 멸망으로 내모는 비참한 저주를 사랑이라는 고귀한 그릇에 담아 전해주는 것과 같다. 오늘 이 땅의 많은 부모들이 이러하다는 것을 누구라야 듣고 알 수 있을까?

아브라함일지라도 육신의 정을 지닌 한 인간이었을진대 어찌 하나님의 이러한 명령을 쉽게 받아들일 수 있겠는가? 그 뜻을 거두어달라고 매달릴 수도 있겠고 도저히 그럴 수 없다고 스스로 거부할 수도 있으며 하나님을 더 이상 믿지 않겠노라고 할 수도 있는 일이었다. 어쩌면 이런 모습이 더 인간적이며 정상적이라고 할 수 있었다. 혹 이것이 자신의 지나온 날에 대한 징계라고 느껴진다면 자신의 잘못을 인정하고 다시는 그러지 않겠다고 다짐하며 차라리 자신을 죽일지언정 이것만은 거두어 달라고 함이 그 아들을 위한 아비의 모습으로 옳을 수도 있었다.

하지만 아브라함은 그 말씀이 들려진 바로 다음 날 아침 일찍 길을 떠난다. 번제에 쓸 나무를 싣고 두 하인과 이삭을 데리고였다. 하나님께서 요구하신 대로 그 명령을 수행하기 위해서 길을 나서는 것이었다. 이는 또 어찌 된 일인가? 먼저 망설이며 괴로워하는 모습을 보이는 것이 정상이 아닌가? 오래도록 지체하며 이 일에 대한 이유라도 알고자 깊이 고민하는 것이 합당하지 않은가? 그런데 바로 다음 날 아침 일찍 길을 나서는 아브라함의 모습은 어찌 된 것인가? 아들을 번제로 바치는 것이 저에게는 염소 새끼 한 마리 바치는 것인 양 아무렇지도 않았단 말인가?

아들을 번제로 바치라는 하나님의 말씀이 얼마나 서릿발 같이 준엄한 것이었는지, 그리고 그 말씀을 남긴 하나님과의 만남이 얼마나 짧고 차가운 것이었는지 알려준다. 그 말씀을 받아든 인간에게 다른 생각을 가질 만한, 조금의 타협의 여지도 없는 냉정한 만남이었다는 것을 알게 한다.

아브라함은 하나님의 명령을 받아든 후 아침이 되기까지 숱한 생각을 하며 번민하였으리라. 모진 어려움 속에서도 늘 자기의 힘이 되어주셨던 하나님, 단 한 번도 자기를 실망시킨 적이 없이 언제나 은혜를 더해주셨던 하나님이 왜 오늘 이토록 가혹한 요구를 하시는지 그는 깊이 생각해 보았으리라. 그리고 이삭을 바치라고 할 때 그가 자기에게 어떤 존재인지, 90세나 되어 임신이 불가능한 사람에게서 어떻게 태어날 수 있었는지 그리고 그가 하나님께는 또 어떤 의미를 지닌 존재인지 비로소 그는 처음부터 깊이 더듬어 살펴보았으리라.

그 결과 그는 이삭이 언약의 증표로 약속되던 처음부터 그를 통한 하나님의 언약 말씀이 자기에게서 얼마나 철저히 무시되어져 왔는지 깨달을 수 있었으리라. 이삭 또한 오늘까지 어떤 사람으로 양육되어져 왔는지 확인할 수 있었을 것이다. 그러므로 이삭을 번제로 바치라는 하나님의 요구가 바로 그러한 자신의 삶과 결코 무관하지 않다는 사실도 인식할 수 있었을 것이다. 아니 하나님이 그로 하여금 그렇게 자기를 살펴 깨달을 수 있도록 해 주셨을 것이다. 하나님께서 이삭을 번제로 바치라고 명령하신 것은 정말로 그를 번제로 받고 싶어서가 아니라 바로 이 부분 아브라함의 신앙과 삶을 돌이켜보도록 하는데 중심이 있었기 때문이다.

나아가 그는 이 명령은 거부되어질 수 없는 자신을 대한 마지막 명령이라는 것과 여기에 자신의 모든 것이 달려있다고 하는 것도 그 짧고 차가운 만남 속에서 분명하게 인지할 수 있었을 것이다. 이것이 아니라면 하나님과의 만남이 있었던 바로 다음 날 아침 이른 시간에 이삭을 번제로 바치려고 길을 떠나는 것은 감히 있을 수 없는 일이다.

이 새벽 이삭을 데리고 길을 떠나려는 아브라함에게 사라는 의아해하며 어디에 왜 가는 것이냐고 물었을 것이다. 번제목까지 챙겨가는 것을 보았기에 어떤 제사를 어디 가서 드리려느냐고 또 물었으리라. 이것이 자기 생명보다 귀한 아들 이삭을 죽여 번제로 바치기 위함이라는 것을 그녀는 꿈에라도 짐작할 수 없었다. 아브라함도 자세한 내용을 말하지 않았을 것이고 그저 하나님께서 말씀하신 것이 있어 저 멀리 가서 제사를 드리고 오겠노라고 말하였을 것이다.

사라는 어쩌면 지금까지 단 한 번도 자기의 곁에서 멀리 떠나보낸 적이 없었을 어린 아들이기에 매우 불안하였을 수도 있다. 하지만 아비 아브라함이 데리고 떠난다 하기에 말릴 수는 없었다. 다만 떠나는 이삭에게 아버지 말씀 잘 듣고 몸조심하여 무사히 잘 다녀오라고 당부하며 그를 떠나보냈으리라. 그리고 아들에게 필요한 모든 것을 정성껏 챙겨주었으리라. 염려되는 것이 있었다면 두 하인들에게 아이를 잘 돌봐달라고 신신당부하였을 것이다.

이삭을 떠나보내는 사라의 모습과 어쩌면 생전 처음 어미와 떨어지는 것일 수도 있는 아들이 어미와 헤어지는 것을 보며 아브라함은 어떤 마음으로 지켜보았을까? 하나님의 명령을 따르고자 하는 자신의 발길이 사라에게서 이삭을 빼앗는 것이요 그녀에게 영원히 지울 수 없는 슬픔과 고통을 주는 것이라는 사실을 그는 어떤 눈으로 보고 있었을까? 자신이 이삭을 죽여 번제로 바친 것을 사라가 알게 될 때에는 사라마저도 잃게 되리라는 것을 그는 분명히 알 수 있었을 것인데 말이다.

그렇다. 이삭을 번제로 드리라는 하나님의 명령은 아버지로서 아들을 죽여야 되는 처참함도 있었지만 아브라함 자신의 가장 소중한 두 사람 모두를 잃는 것이었고 자신의 삶을 송두리째 없애버리는 것이라는 사실을 그는 이 아침 사라가 이삭을 못내 안타까이 떠나보내는 모습 속에서 볼 수 있었다. 아무것도 모른 채 아버지와 함께 먼 길 떠나는 이삭을 바라보며 어미로서의 정을 이기지 못해 몹시도 안타까워하는 사라의 모습 속에서 이삭의 죽음을 알게 되었을 때의 사라의 죽음도 그는 볼 수 있었다. 마찬가지로 천진스럽게 엄마의 품 속에서 지내다가 곧 비참하게 죽을 수도 있는 이삭의 모습 속에서 그는 자기가 죽는 것보다도 더 고통스러운 아픔과 슬픔을 느껴야만 했다.

그러므로 이 명령은 결국 아브라함에게 자기의 죽음 그 이상의 처절한 회개를 요구하는 것이었다. 무엇이 어디서부터 잘못되었는지 왜 이런 결과가 온 것인지 그리고 그 잘못이 이삭뿐만이 아니라 자신과 사라까지 파멸로 몰고 가는 길이었다는 것을 깨닫도록 하는 것이었다. 하나님의 말씀을 가볍게 흘려듣고 또 쉽게 무시하고 잊어버린 것들이 결국 얼마나 무서운 결과를 자기 자신에게 초래하는 것이었는지 깨달을 수 있어야 했다. 아브라함 자신의 신앙이 잘못 되고 사신의 삶이 본질에서 어긋났을 때 사랑하는 아내와 아들 모두를 처참한 죽음의 길로 내몰아 왔고 자기에게도 자신의 죽음보다 더 고통스러운 결과를 가져다 준 것이었음을 그는 두 눈으로 볼 수 있어야 했다.

그렇다. 보통의 인간에게 때로는 마지막이라고 여겨지는 최후의 상황이 되기까지 결코 깨달을 수 없고 또 알지라도 쉽게 꺾여지지 않는 고집이 있다. 자신이 잘못되었다는 것을 인식하기 싫어하고 알면서도 그것을 차마 인정하기 싫어하는 악한 근성이 있다. 자신의 죽음과도 같은 어떤 절박한 위기를 겪게 될 때라야 인정하고 털어놓을 수 있는 그러한 고집이자 근성이다.

"내가 토설치 아니할 때에 종일 신음하므로 내 뼈가 쇠하였도다 주의 손이 주야로 나를 누르시오니 내 진액이 화하여 여름 가뭄에 마름 같이 되었나이다 (셀라) 내가 이르기를 내 허물을 여호와께 자복하리라 하고 주께 내 죄를 아뢰고 내 죄악을 숨기지 아니하였더니 곧 주께서 내 죄의 악을 사하셨나이다(셀라)"(시 32:3-5)

여기 시인 또한 종일 신음하고 뼈가 마르는 것 같은 괴로움을 겪으면서도 자기 입으로 토해내고 싶지 않은 죄를 가지고 있었다. 그것이 분명 죄임에도 불구하고 전혀 인정하고 싶지 않고 거부하고자 하는 쇠고집 같은 근성을 가지고 있었다. 물론 시인의 죄는 자기 스스로의 허물로 말미암은 것이 아니라 도저히 견딜 수 없을 만큼 간악한 무리들로 말미암은 것이고 저들이 여전히 발호하고 있는 상황이기에 인간적으로 차마 인정하고 싶지 않은 아니 일부러라도 거역하고 싶은 측면을 가지고 있었다. 그러나 그 또한 여름 가뭄에 바짝 말라 죽어버린 것 같은 자신을 경험하면서 결국은 그 죄를 토설하게 된다.

어쩌면 오늘 우리들은 이처럼 깊은 죄인식의 자리에까지 내려갈 수 있는 신앙의 깊이가 없기에 이러한 죄의 고백을 전혀 이해할 수 없을지 모른다. 하지만 아브라함이 이삭을 죽여야 하는 그 죽음을 앞에 두고서야 터져나오게 되는 죄의 고백은 적어도 어느 정도는 이해할 수 있을 것이다. 그냥 일상의 삶에 묻혀 대수롭지 않게 지나가고 잊혀져버린 죄들이 어느 날 아브라함이 아들을 자기 손으로 죽이고 그리고 평생을 헌신해 온 아내마저도 죽음에 이르게 하는 것 같은 결과로 나타날 수 있다는 것을 우리는 알아야 한다. 그 때 터져나오는 죄의 고백은 더 얼마나 비참하고 처절하겠는가?

오늘 이삭의 죽음이라는 상황에 부딪쳐서야 이삭이 내게 어떤 존재인지, 하나님께서 또 어떤 존재이며 하나님께서 그를 내게 주신 이유가 무엇인지 생각할 수 있는 아브라함이었다. 이삭을 내 손으로 죽여 제물로 바쳐야 하는 파멸적 상황 속에서라야 내가 오늘까지 어떻게 살아왔는지 내 인생의 주인이신 하나님을 어떻게 대해 왔는지 돌아볼 수 있었다. 어쩌면 오늘의 우리들도 결코 피할 수 없는 신앙의 현실인지도 모르겠다.

3일 길 (창 22:4)

아들을 번제로 바치라고 하신 하나님의 명령을 따른다고 하는 것은 보통의 아버지들이라면 감히 꿈도 꿀 수 없겠지만 아브라함은 즉시로 응답한다. 언뜻 보면 그의 믿음이 특별한 것 같아 보이고 또 실제 그렇게 이해하고 있지만 실상은 그것이 아니었다. 그 명령이 인간의 자의적인 판단을 전혀 용납하지 않는 지극히 엄한 것이었기 때문이다. 또한 이를 피할 수도 거역할 수도 없는 이유가 아브라함 자신에게 있기 때문이었다. 어찌 보면 참으로 냉혹한 하나님 같아 보이지만 실체를 놓고 생각해 본다면 한 인간에 대한 최고의 사랑의 표현이었다.

이렇게 해서라도 잘못된 길을 끝내 바르게 돌려놓으시려는 섭리가 거기에 있기 때문이다. 오늘 우리도 비록 냉혹할지라도 이런 사랑의 대상이 될 수 있다면 감사해야 하겠지만 어쩌면 어떤 사랑의 표현도 더 이상 아무런 의미도 없고 느낄 수도 없는 자리까지 물러나와 있는 것인지도 모른다.

"제 삼일에 아브라함이 눈을 들어 그곳을 멀리 바라본지라"(:4)

하나님께서 아브라함에게 이삭을 번제로 바치라고 하신 모리아산은 그가 살던 브엘세바에서 북쪽으로 3일이나 걸리는 멀리 떨어진 곳이었다. 하나님은 집 가까운 곳을 두고서 왜 이렇게 먼 곳을 정하여 3일 간의 긴 여행을 하게 한 것이었을까? 굳이 이렇게 멀리 가지 않더라도 브엘세바 근처에도 번제를 드릴만한 산은 얼마든지 있었을 것인데 말이다. 무언가 원하시는 의도가 있다는 것이 분명해 보인다.

바로 여기서 하나님이 왜 굳이 아브라함으로 3일 길을 가게 하신 것일까 하는 그 뜻을 염두에 두고 아브라함의 3일 길을 생각해 본다면 지금의 이 길은 아무 생각 없이 막연히 갈 수 있는 길이 아니었다. 즐거운 마음으로 웃고 떠들며 갈 수 있는 길이 아니었고 또 낮의 계속된 여행이 피곤하다고 그냥 잠에 골아 떨어질 수 있는 길도 아니었다. 보통의 사람들은 약간의 긴장된 일이 있어도 초조한 마음을 갖게 되는 것이 일반적이다. 특히 아브라함에게 있어 이 길은 시간이 지나가고 여행길이 계속될수록 아들 이삭을 자기 손으로 죽여 번제로 바쳐야 하는 일이 점점 더 가까워져 오고 있음을 의미했기 때문이다.

그러므로 아브라함에게 이삭을 번제로 드려야 하는 것이 심각한 사실로 받아들여지고 있었다면 이 길은 피를 말리는 그리고 속이 새까맣게 타들어가는 길일 수밖에 없었다. 하나님의 요구는 결코 가볍게 여겨질 수 있는 것이 아니었고 감히 거역할 수 없는 위엄과 권위로 들려진 말씀이었기 때문에 더욱 그러하였다. 그러므로 이삭을 번제로 바치라고 하면서 굳이 3일이나 걸리는 먼 곳을 번제의 장소로 택하였는지 이해하기 위해서는 아브라함이 이삭과 동행할 때 이 길에서 그가 어떤 생각들을 하였고 또 어떤 대화를 나누었을까 하는 것이 그 이유를 파악할 수 있는 중요한 내용들이다.

지금 이 길은 이삭을 번제로 바치기 위한 한가지 목적을 가지고 가는 길이었다. 아들과 함께 하는 마지막 시간들이었고 아들 또한 다시는 돌아올 수 없는 죽음의 길을 가는 것이었다. 지금의 아브라함에게 이것이 혹 취소되거나 변경될 수도 있을 것이라는 일말의 막연한 기대가 있었다 할지라도 절대 가벼운 길은 아니었다. 주어진 분명한 사실은 그를 죽여 번제로 바치라고 하는 것이었기 때문이다. 따라서 우선 중요한 것은 이삭에게 직접적이지는 않더라도 곧 닥칠 번제의 사건과 관련하여 그가 이해하고 받아들일 수 있는 의미 있는 얘기를 들려주는 것이었다. 아무 얘기도 없이 꿀 먹은 벙어리처럼 아버지와 아들이 묵묵히 길을 가거나 쓸데없는 잡담이나 한가로이 나누며 갈 수 있는 길이 아니었다. 만일 이 길이 침묵이나 잡담 외에는 어떤 의미 있는 대화도 없는 길이었다면 3일 길을 정하신 하나님의 의도 자체가 아무 의미 없는 것이기도 하다.

먼저 아브라함은 아들에게 무엇을 말하기 이전에 나귀를 타고 길을 가며 도대체 왜 오늘 이런 상황에까지 이르러야만 했는지 자기 자신의 삶의 과정에 대해서 다시 한 번 조용히 돌이켜 보았으리라. 특히 왜 하나님이 당신의 초월적 섭리로 주신 이 아들을 다시 취하기 위하여 번제로 바치라고 하신 것인지 이삭과 관련된 사실들에 대해서 그는 더욱 깊이 생각해 보았으리라. 단지 아들을 취하기 위한 것이라면 병이 들게 하거나 어떤 사고로 죽게 하실 수도 있는 것이기에 말이다.

이럴 때 그가 가나안으로 오고자 한 때부터 지금까지 거쳐 왔던 모든 삶의 순간들이 마치 눈 앞의 사실처럼 그의 기억을 헤집고 일어나지 않았겠는가? 극적인 순간들이 연속된 참으로 험난했던 길이었지만 골이 깊었던 만큼 하나님의 은혜는 더욱 크게 차올랐던 것을 그는 떠올릴 수 있었을 것이다. 그리고 이삭의 존재가 하나님의 언약과 더불어 증표로 약속되던 때부터 이 아들의 탄생과 그가 자라난 모든 과정을 기억 속에서 추적해 보았으리라. 그리고 하나님이 왜 오늘 이토록 두렵고 고통스러운 명령을 내린 것인지 그 이유를 찾으려고 노력했을 것이다.

어쩌면 아브라함은 밤에 길가에 누워 잠을 자려고 하다가 문득 보이는 밤하늘과 거기 있는 수많은 별들을 보았으리라. 그리고 오래전 하나님께서 헤브론의 까만 밤하늘을 올려다보게 하시고 그 곳에 펼쳐진 수많은 별들을 가리키며 네 자손이 저 별들처럼 많고 아름답게 되리라고 말씀해 주셨던 순간을 떠올렸을 수도 있다. 또 어느 순간에는 밤의 캄캄한 적막 속에서 두려워 떨며 경험하였던 한 줄기 불꽃으로 임하신 하나님과의 언약을 기억해 낼 수도 있었겠다. 너무나도 놀라운 축복의 언약이었고 결코 변개될 수 없는 하나님의 의지를 그렇게 보여주신 것이었다. 아브라함을 대해서는 오직 한 가지 이것을 의심하지 말고 믿으라고 하는 믿음의 요구를 담고 있을 뿐이었다. 이 언약이 그의 삶 속에서 중심을 이루고 흘러가기를 원하면서.

그런 속에서 그는 이제 곧 번제로 바쳐야 할 자기의 어린 아들 이삭을 품에 가만히 안아보았으리라. 이 아들은 그 때 헤브론의 밤하늘을 수놓았던 수많은 별 무리들을 가슴에 안고 이 땅에 임한 천사와도 같은 아들이었다. 그런데 오늘 그를 자기 손으로 죽여야만 하는 것이었다. 어쩌면 이 거친 가나안 땅에서 살아가려면 강하게 자라나야 한다고 일부러라도 아버지의 자상함을 감추고 냉정하고 엄하게 대하여 왔을 수도 있는 아들이었다. 그러했기에 지금까지 한 번도 오늘처럼 품 안에 안고 잠들어 본 적이 없었을 수도 있고 그래서 이 밤 아들의 작은 가슴에서 나는 여린 심장 소리가 더욱 아프게 들려 왔을 것이다. 이제 곧 자기 손으로 죽여야 하는 아들의 죽음이 사실로 느껴질수록 그는 아버지로서의 사무치는 정을 억제할 수 없었을 것이다. 혹 잠든 아들의 얼굴을 내려다보며 속으로 삼킨 무겁고 무거운 아버지의 울음을 울지는 않았을지.

어쨌거나 그는 이삭이 잠들기 전 그에게 자신이 오늘까지 살아온 날들을 마치 관조하듯 조용한 음성으로 들려주었으리라. 그리고 이삭의 탄생과 관련된 비밀스런 신앙의 메시지들도 말해주었을 것이다. 어쩌면 그는 이렇게 얘기를 들려주는 가운데 자기 자신이 잊어버렸던 하나님의 언약에 대한 구체적 내용들을 떠올릴 수 있었겠다. 인간의 이성으로는 불가능하다고 여겨졌기에 그것을 그렇게 쉽게 생각하고 기억 속에서 흐려지게 만들었던 자신의 불찰을 더욱 또렷하게 깨달을 수 있지 않았겠는가?

그렇기 때문에 이 3일 길은 아브라함 스스로 자신의 삶과 신앙을 깊이 돌아보는 시간이었다. 자기의 실수와 잘못을 아프게 기억해내는 시간이었다. 하나님이 그렇게 깨달을 수 있도록 해주셨을 것이다. 해서 그는 아들과 하인들이 잠든 깊은 시간에 자신의 목소리가 들리지 않을 저 멀리 떨어진 곳으로 가서 무릎을 꿇고 가슴을 뜯는 부르짖음으로 하나님께 참회의 기도를 올렸으리라. 차라리 자신의 생명을 거두되 이 아들의 목숨만큼은 살려달라고 눈물로 간구하는 시간을 가졌으리라. 사랑하는 아들을 내 손으로 죽여야 하는 순간을 앞에 놓고 아비 된 자로서 어찌 단 한 순간이나마 그 눈에 잠이 오게 할 수가 있었겠는가?

그러므로 그는 처음으로 죄가 무엇인가 하는 것을 심각하게 느껴볼 수 있었을 것이다. 먼 훗날을 보게 하시는 하나님의 언약을 주목치 못한 것이 우리를 어떤 삶의 자리로 이끌어 내리는지, 공의와 선을 알려주시는 하나님의 말씀을 어긴다는 것이 얼마나 무서운 죄인지, 그리고 그 죄가 얼마나 두려운 죽음의 결과를 만들어내는지 그는 생생하게 경험할 수 있었을 것이다. 소돔과 고모라의 사람들이 불구덩이 속에서 그토록 비참하게 죽어갈 때도 인식하지 못했던 죄의 실상과 죄가 초래하는 죽음의 고통과 두려움을 그는 아들 이삭의 죽음을 앞에 놓고서야 비로소 알 수 있었을 것이다.

회개란 나의 죽음보다 더 무서운 죽음의 결과를 놓고 통곡하는 심정으로 토하는 죄에 대한 뉘우침인 것을 아브라함은 이 3일 길의 시간들을 통해서 깨닫게 되었으리라. 죄란 무엇인지 죄를 뉘우치는 회개란 어떤 자리에서 어떻게 행하여지는 것인지 그는 이러한 신앙의 정수들에 대해 처음으로 느낄 수 있었을 것이다. 지금까지 열심히 하나님을 섬긴다고 섬겨왔지만 이러한 것이 없을 때 그 섬김이 얼마나 주변적인 허망한 것이었는지도 똑똑히 볼 수 있었을 것이다.

아브라함의 3일 길은 바로 이러한 길이었다. 소풍 가듯 가벼운 마음으로 행하는 길이 아니었다. 아무 생각 없이 침묵하며 가는 길도 아니었다. 무엇을 먹고 입고 살 것인가를 염려하며 가는 길도 아니었다. 브엘세바의 삶에 그저 만족하고 감사하는 길은 더더군다나 아니었다. 아무에게도 말할 수 없는 오직 하나님만을 향한 참으로 뼈저린 회개의 길이었고 죄가 무엇이고 그 죄의 실상이 어떠한지 일찍이 알지 못했던 것을 뼈가 녹아내리는 심정으로 깨닫고 배우는 길이었다. 처음으로, 진정 처음으로 그의 신앙이 놓여져야 할 자리에 놓여지는 극적인 순간이었다. 참으로 먼 길을 돌고 돌아 통곡하며 오게 된 자리였다.

오늘 우리에게도 이 아브라함의 3일 길이 있어야만 하지 않겠는가? 모든 것을 쉽게 쉽게 생각하고 신앙조차도 그렇게 가볍게 여기고 살아온 날들을 돌아볼 수 있어야 하지 않겠는가? 어딘가에 분명하게 매여진 삶에 대한 정확한 근거도 없이 닻줄 끌러진 배 마냥 거친 바다 한 가운데를 위태롭게 떠다니는 오늘 우리들의 삶을 본래 있어야 할 이 아브라함의 자리로 돌이킬 수 있어야 하지 않겠는가? 돈에 뿌리를 두고 살아가지만 그것이 얼마나 허망한지, 한 순간에 재로 변해버릴 수 있는 것들에 기대어 살아가는 우리의 삶인 것을 알 수 있어야 하지 않겠는가?

그 누가 자녀를 품에 안고 의미 있는 생명의 얘기를 들려준 적이 있는가? 그 누가 자녀에게 생명의 길 전해주지 못한 것을 놓고 가슴 아파한 적이 있는가? 낮의 뜨거운 여행에 지쳐 잠이 든 이삭의 얼굴을 내려다보는 아브라함의 심정으로 오늘 나의 잠든 얼굴을 내려다보자. 브엘세바의 삶을 바라고 허덕이며 살아가다가 내가 누군지도 모른 채 죽어갈 나의 지친 얼굴을 가만히 한 번 내려다보자. 그리고 우리의 사랑과 관심을 필요로 하는 나의 자녀들과 또 누군가의 얼굴들을 가만히 바라보자. 내가 나에게 그리고 나의 자녀들과 그들에게 무엇을 해 왔는지를 볼 수 있을 것이다.

전혀 다른 경배 (창 22:5)

마침내 이삭을 번제로 드려야 할 모리아산까지 도착했다. 집을 떠나 이곳에 오기까지 지난 3일 간 아브라함의 속은 시커멓게 타 있었을 것이다. 아들을 죽여 번제로 바치라는 하나님의 명령이 자기를 떠보기 위한 실없는 소리로 들려지지 않았고 거역할 수 없는 하나님의 권위가 느껴지고 있었다면 이 길은 그의 지나온 인생 중 가장 길고 힘든 길이었음에 틀림없다. 어쩌면 혹시라도 하나님의 명령이 취소될 수 있을까 기대하며 발걸음을 최대한 늦추었을 것이다. 속으로는 쉴 새 없이 아들을 살릴 수 있게 해달라는 간구가 하나님께 드려졌을 것이다. 자기의 삶을 돌아보며 무엇이 어디서부터 잘못되었는지 성찰하고 그 잘못을 회개하는 회개의 기도도 끊임없이 솟아올랐을 것이다. 그러나 마침내 산이 보여지기 시작하였지만 현재의 상황을 변화시킬만한 어떤 징조도 나타나지 않았다.

"이에 아브라함이 사환에게 이르되 너희는 나귀와 함께 여기서 기다리라 내가 아이와 함께 저기 가서 경배하고 너희에게로 돌아오리라 하고"(:5)

산이 멀리 보이는 곳에서 아브라함은 데리고 간 사환 둘을 그곳에 머물게 한다. 아비가 아들을 죽여 번제로 바치는 장면을 차마 저들에게 보여줄 수 없다고 생각한 때문이었을 것이다. 아마 사환들에게는 이 여행이 이상한 것이 한 둘이 아니었을 것이다. 번제를 드린다고 하면서 굳이 이 먼 곳까지 와야 했던 것도 의아했을 것이고 또 오는 도중 아브라함의 말이나 태도도 평소와는 전혀 달랐기에 더 그러했을 것이다. 또 번제를 드리기 위해 장작까지 준비해 왔으면서도 정작 번제로 드릴 짐승을 준비하지 않은 것도 무척이나 이상하게 보여졌을 것이다. 그러므로 사환들에게는 아이와 함께 저기 가서 경배하고 오겠다는 아브라함의 말이 너무나 이상하게 들려질 수도 있었다.

그런데 이것은 아브라함에게도 마찬가지였다. 내가 가장 사랑하는 내 목숨보다 소중한 아들의 생명을 바쳐 드리는 제사였다. 이 아들이 자기의 모든 것을 이어받을 후사였고 자신의 미래와 소망이 그에게 달려있었다는 점에서 아들의 죽음은 자신의 미래까지도 송두리째 날려버리는 것이었다. 그러할 때 그의 지나온 날도 아무 의미가 없어지는 것이었고 이는 지나온 삶과 앞으로의 남은 모든 삶까지 바치는 뼈가 저리도록 아픈 참회의 제사였다.

아무것도 없이 철저히 홀로 하나님과만 대면하게 되는 시간이었다. 그가 많은 노력을 기울여 소유하게 된 브엘세바의 우물과 땅과 많은 재산이 있었지만 아들을 번제로 바쳐야 하는 이 순간 그 모든 것이 아무것도 아니라는 것을 느낄 수 있게 하는 제사였다. 정작 소중한 것을 버려두고 너무 허망한 것에 매달려 살아온 인생이었다는 것을 충분히 깨달을 수 있게 해주는 제사였다. 아무것이 없어도 그저 하나님께서 주신 아들과 함께 살아갈 수만 있다면 그것 자체가 가장 큰 행복이고 가장 소중한 것이라는 사실도 그는 느낄 수 있었다.

지금까지 아브라함은 하나님을 향해 수많은 예배를 드려왔지만 이런 예배는 감히 생각해보지 못하였다. 많은 짐승을 번제로 바쳐 제사를 드려 왔지만 그 짐승의 죽음으로는 가장 사랑하는 아들을 죽여야 하는 것과 같은 인간의 죄가 만들어내는 처참한 결과를 떠올릴 수 없었다. 분명 하나님께서 짐승을 죽여 각을 떠서 번제로 바치라고 할 때는 그 제물을 받고 싶어서가 아니라 그처럼 잔인하고 무서운 죽음의 결과를 안고 우리의 죄를 회개하라고 하신 것이었는데 말이다.

그러기에 인간의 죄에 대한 심각하고도 정확한 인식과 이에 따른 가슴을 치는 절절한 회개가 사라져버린 예배에서 만일 회개가 있었다면 그저 인간의 윤리적 차원에 근거한 형식적인 회개나 일반적인 뉘우침만이 있었을 뿐이었다. 또 만일 그 예배에 기쁨이나 감사가 있었다면 그것은 죄를 용서받은 은총에 대한 감사, 생명이 다시 살아난 것으로 인한 기쁨이 아니라 다만 이 땅에서 누리는 것들을 얻게 된 것을 감사하고 기뻐하는 예배였다.

그러므로 그 예배가 남긴 결과가 있다면 죄와 사망에서 벗어난 거듭남이나 죄로부터 멀어지고자 하는 거룩함에 대한 열망이 아니라 이 세상에서 어떻게 살 것인가 하는 땅에서의 삶에 대한 소망뿐이었다. 혹 타인과 이 세상에 존재하는 죄를 놓고 그것들이 사라질 수 있게 해 달라는 소원의 제사를 드릴 수도 있었겠지만 그 죄에 대한 의식은 지극히 피상적일 수밖에 없었다.

오늘과 같이 자기 자신의 죄에 대한 뼈저린 참회를 담은 제사는 처음이었다. 인간의 자기 죄에 대한 인식과 참회 그리고 이로 인해 새롭게 거듭나는 사건이 없이는 모든 존재하는 것과 소유한 것이 철저히 허무하다는 것을 깨닫고 그 허무한 것을 위해 허무하게 살아온 삶을 고백하는 것도 처음이었을 것이다. 그러므로 이전의 예배가 자신에 대한 진지한 성찰 없이 수동적이고 소극적이며 피상적으로 드리는 낮은 차원의 감정적인 것이었다면 지금 아브라함의 입에서 나오는 경배라는 말은 지난 3일 간의 깊은 참회를 담고 생명을 담보로 하여 드리는 깊고 무거운 것일 수밖에 없었다.

인간이 하나님께 드린 최초의 제사가 있었다. 그것은 아담이 에덴동산에서 쫓겨난 후 드린 제사였다. 한 순간 하나님의 말씀을 어기고 죄가 하나님의 나라에 틈타도록 한 그 결과를 안고 드리는 제사였다. 자신뿐만 아니라 자신의 모든 자녀들과 뒤에 올 모든 후손들에게까지 에덴의 은혜를 잃어버리게 하고 죄악의 고통 속으로 밀어 넣은 자신의 죄를 놓고 드린 제사였다. 뼈저린 참회가 있을 수밖에 없었다. 다시 에덴으로 돌아갈 수 있기를 원하는 마음이 간절하면 할수록 그의 참회는 더욱 깊고 진하였다. 그러기에 그의 예배는 행복하고 편안한 삶을 꿈꾸는 간구가 아니라 죄가 인간의 삶 속에서 제거되기를 위해 간구하고 다짐하는 예배였다.

그후 가인과 아벨이 예배드릴 때에 아벨은 아담과 마찬가지로 에덴을 잃어버릴 수밖에 없었던 그리고 인간의 속에 들어와서 인간과 인간의 관계, 인간과 피조물과의 관계들을 파괴하고 황폐화시키고 있었던 죄의 참담한 결과를 놓고 참회의 제사를 드렸다. 반면 가인의 제사는 인간의 죄를 놓고 드린 참회의 예배가 아니었다. 에덴 밖에서의 삶이 너무 힘들기에 에덴으로 돌아갈 수 있게 해 달라는 그리고 오늘의 고통스런 현실에서 벗어나 보다 편한 삶을 갈구하는 마음으로 예배를 드렸다. 그러했기에 아벨에게 있어 지금의 힘들고 어려운 현실은 우리의 죄로 인해 생긴 결과였기에 그 벌로써 기꺼이 감당해야 하는 것이었다. 그러나 가인에게 있어 고통스런 현실은 어떻게든 벗어나야 할 것으로 밖에는 여겨지지 않았고 불평과 불만의 대상일 수밖에 없었다. 가인에게서 나타나는 아벨을 향한 분노와 살인 그리고 이를 묻는 하나님을 향한 거짓과 그후 그가 만들어내는 잔인한 삶의 결과들은 이러한 내용들을 증거하고 있다.

오늘 우리들의 예배는 어떠한지 돌아보게 한다. 아브라함이 오늘 이전 다만 현실의 삶만을 놓고 드렸던 소극적이고 피상적인 예배인가 아니면 오늘 아들 이삭의 번제와 더불어 깊은 참회로 드리는 생명의 제사인가? 현실의 고통스런 삶을 인간의 죄의 결과로 받아들이고 내 삶에서 죄가 제거되는 것을 더욱 중요한 신앙의 과제로 삼았던 아벨의 제사인가 아니면 인간의 죄는 보지 못한 채 현실에 대한 불평 불만과 이 고통에서 어떻게든 벗어나고자 하는 마음에서 드렸던 가인의 제사인가? 오늘 우리들의 예배도 아브라함이 이삭의 번제 이전에 드렸던 제사 그리고 아벨보다는 가인이 드렸던 제사의 자리에 있다고 하는 것이 정확할 것이다.

내 삶의 형통함과 평안을 위해 또 형통하고 평안케 된 것을 인해 그리고 그 형통함과 평안을 잃지 않기 위해 드리는 예배가 거의 전부이다. 또 있다면 하나님을 알지 못하는 타인들이 하나님을 알 수 있게 해 달라는 것과 나라가 평안하고 이웃들이 서로 화목할 수 있게 해 달라는 지극히 피상적인 차원의 예배이다. 정작 중요한 나의 삶에 대한 깊은 성찰이 없다. 나를 성찰할 수 있는 도구로서의 말씀에 대한 깊이 있는 이해가 없기 때문이다. 말세에 기갈할 때가 오리니 마실 물이 없어서가 아니라 들을 말씀이 없어 기갈할 때가 오리라는 말씀이 그대로 이루어지고 있는 역사의 현장이다(**"주 여호와께서 가라사대 보라 날이 이를찌라 내가 기근을 땅에 보내리니 양식이 없어 주림이 아니며 물이 없어 갈함이 아니요 여호와의 말씀을 듣지 못한**

기갈이라" (암 8:11)).

아브라함에게 아들 이삭의 죽음을 놓고 드린 참회가 있었다면 오늘 우리에게는 하나님의 아들 예수 그리스도의 죽음을 놓고 드리는 참회의 제사가 있다. 인간이 얼마나 하나님의 말씀에 무지했고 인간의 죄가 얼마나 잔인한 결과를 잉태하였는지 십자가에 달린 그의 죽음은 그대로 증언하고 있다. 이를 안다면 오늘 모리아산의 아브라함보다도 더 깊은 참회가 우리에게 나타나야만 한다. 그러함에도 오래 전 이스라엘이 짐승 한 마리를 죽여 드리는 속죄의 제사보다도 더 못한 참회가 이루어짐은 어찌된 일인가?

그러기에 아브라함이 브엘세바의 우물을 소중히 여기고 그곳에서의 안정된 삶을 꿈꾸고 도모해온 것처럼 내가 얼마나 허무한 것에 매달려 살아왔는가 하는 것에 대한 깨달음이 없다. 이삭처럼 소중한 것을 내가 얼마나 무관심하게 방치한 채 살아왔고 거기에 내가 얼마나 헛된 가치관을 주입해 놓았는지에 대한 깨우침이 없다. 때문에 이삭의 생명을 살려달라고 하는 것 같은 정말로 간절한 생명에 대한 간구도 없다.

가까이 하기에는 너무 먼 (창 22:6-7)

"아브라함이 이에 번제 나무를 취하여 그 아들 이삭에게 지우고 자기는 불과 칼을 손에 들고 두 사람이 동행하더니"(:6)

참으로 이해하기 힘들고 받아들이기도 어려운 장면이다. 인간의 역사상 가장 비극적인 장면이 있다면 이보다 더한 것이 있었을까? 아버지와 아들이 동행하는데 아버지가 아들을 죽이기 위해 간다. 아들은 나무 짐을 등에 졌는데 그 짐은 바로 자신을 죽여 태울 화목이었다. 아비는 손에 불과 칼을 들고 가는데 칼은 아들을 찔러 죽일 칼이었고 불은 아들의 몸을 태우기 위한 불이었다. 아들은 자기의 등에 진 나무가 자기를 태워 죽일 불쏘시개 나무인 줄을 전혀 알지 못한 채 무거운 짐을 산꼭대기까지 져 나르기 위해 있는 힘을 다한다. 아버지는 아들의 등에 진 무거운 나무 짐을 보면서도 그것을 대신 들어줄 생각을 않은 채 그냥 보면서 간다. 미워해서가 아니었다. 가장 사랑하는 아들이었고 희망이었으며 그의 마지막 의지가 되는 아들이었다.

왜 아버지 자신은 가벼운 칼과 불을 들고 아들의 등에는 무거운 나무 짐을 지게 한 것이었을까? 아버지가 무거운 짐을 지고 아들이 가벼운 칼과 불을 드는 것이 더 합당하지 않은가? 어쩌면 이삭이 무거운 나무 짐을 지겠다고 억지로 자청한 것은 아닌지, 늙은 아버지에게 무거운 짐을 지울 수 없다는 효심이 이삭으로 하여금 나무 짐을 지게 한 것은 아닌지 모르겠다. 만일 그러했다면 아들의 그 마음이 아버지의 마음을 더 크게 울렸으리라. 아비는 자신의 무지와 실수로 아들을 죽음에 이르게 했고 자기의 손으로 죽여야만 했는데 아들은 그런 아버지의 등을 가볍게 하기 위해 아들로서의 도리를 다하고자 온 힘을 다하고 있는 것이었다. 아버지로서 아들이 힘들어하는 것을 보는 것만도 괴롭고 힘든 일인데 아들의 도움이 되지는 못할지언정 죽음으로 내몰았으니 그 심정이 오죽하겠는가?

혹 이삭이 번제목을 진 것이 아버지 아브라함의 뜻이었다면 이는 아들이 지치고 힘이 없어지기를 원해서였으리라. 죽음을 조금이라도 쉽게 받아들이도록 그의 몸의 기력을 소진시키기 위해서였으리라. 이것 말고는 달리 이유를 찾기 어렵다. 이 또한 몹시도 가슴 아픈 것은 아버지로서 아들을 살리는 것이 도리요 아들의 짐을 가볍게 해주는 것이 그의 원하는 마음일진대 아들을 이토록 힘들게 해서 죽음에 이르게 해야 했으니 그 속은 오죽 하겠는가 말이다. 그를 죽이기 위해 기진맥진 녹초가 되게 해야 했으니 세상에 이런 몹쓸 아버지가 또 어디 있겠는가 말이다.

이 번제목을 아들이 원해서 졌든 아버지가 지운 것이든 자기를 불사를 무거운 나무 짐을 지고서 산을 힘겹게 오르는 아들과 아들을 죽일 칼과 불을 들고 뒤따르는 아버지의 모습은 처절하기까지 하다. 콩죽 같은 땀을 쏟으며 산을 오르는 아들과 피눈물을 속으로 쏟으며 함께 산을 오르는 이 산의 광경은 보는 것 자체가 너무 고통스럽다. 차라리 하나님께서 그냥 이 아들의 생명을 취하여 가신다면 오히려 덜 고통스러울 텐데 아버지로서 자식의 죽음에 대해 경험할 수 있는 가장 비극적인 고통이요 슬픔이다.

하지만 이것이 아브라함이 맺은 삶이었다. 아브라함 스스로 자기도 알지 못한 채 이런 결과를 향해 달려왔다. 눈에 보이지 않기에 알지 못했을 뿐 하나님께서 주신 가장 귀한 선물인 아들 이삭을 이렇게 비참한 죽음의 길로 인도해 온 것이었다. 그 귀한 아들에게 다만 하나님의 언약을 등에 지도록 해야 했으나 오히려 죽음에 이르게 하는 무거운 죄악의 세상 짐을 얹어주었던 것이다. 모든 사람을 유익하게 할 하나님의 언약과 그것이 가지고 있는 공의롭고 선한 삶을 가르쳐야 했으나 반대로 죽고 죽이는 생존경쟁의 가치관만을 심어놓은 것이었다. 하나님은 아브라함으로 하여금 이러한 결과를 뼈에 사무치도록 느끼게 하시는 것이었다.

이 시대도 우리가 우리의 자녀들에게 지워준 짐이 이 같은 것은 아닌가? 공의롭고 선한 삶에 대한 신앙의 멍에가 아니라 치열한 생존경쟁의 짐을 지고 가면서 자녀들에게는 그보다 더 무거운 짐을 지우는 것이 오늘 우리의 현실이 아닌가? 저들의 짐이 너무 힘겨운 것이라는 것을 알면서도 어찌할 도리 없이 그저 지켜만 보고 있다. 그러기에 오늘 우리들이 자녀들을 바라보며 갖게 되는 심정도 번제목을 지고 올라가는 이삭을 바라보는 아브라함의 심정이 아닌지 모르겠다. 다만 아브라함은 지금의 결과가 자신이 그에게 만들어놓은 죄의 결과라는 것을 알고 참회하는 마음으로 가는 길이지만 오늘 우리는 내 탓이 아니라 세상을 탓하며 가는 것이 그 차이라고 할 수 있다.

"이삭이 그 아비 아브라함에게 말하여 가로되 내 아버지여 하니 그가 가로되 내 아들아 내가 여기 있노라 이삭이 가로되 불과 나무는 있거니와 번제할 어린 양은 어디 있나이까"(:7)

번제 나무를 등에 지고 산을 오르는 이삭은 도무지 이상하다고 생각한다. 번제 나무가 있고 또 불과 칼도 있으며 그리고 이제 번제 드릴 장소에도 거의 왔는데 가장 중요한 번제물이 없기 때문이다. 그러기에 그는 불도 나무도 있는데 번제에 쓸 어린 양은 어디 있느냐고 아버지에게 묻는다. 왜 이삭은 지금에서야 이를 묻는 것일까? 번제로 드려야 할 제물이 어린 양이라면 이는 집에서부터 준비했어야 하는 것이었다. 그런데도 집을 떠날 때부터 없었으니 그 때 이미 물었어야 하지 않았겠는가? 아니면 오는 도중에라도 물어야 하는 것이었다. 그런데 오늘 7절과 8절 본문의 대화가 나타내는 분위기는 이삭의 질문이 이 여행에서 처음 제기되는 것으로 보게 한다.

이삭은 왜 아버지에게 앞서 이것을 물어보지 못한 것이었을까? 혹시 말을 붙이기도 힘들만큼 너무 어렵게만 느껴지고 있었던 아버지는 아니었을까? 혹시 100세를 훌쩍 넘긴 아버지와 어린 아들 사이에는 무언가 묻고 싶고 말하고 싶어도 쉽게 다가갈 수 없는 어떤 벽이 존재했던 것은 아닐까?

훗날 이삭의 실제 삶을 대해보면 그는 대단히 소심하고 우유부단한 사람이라는 것을 알 수 있다. 모친 사라가 127세의 나이로 죽었을 때 그의 나이 37세였다. 이미 결혼을 해야 했고 성인이 되고도 남음이 있는 때였다. 곧 어머니를 잃은 슬픔은 충분히 스스로 극복할 수 있는 나이였다. 하지만 그는 40세에 아내 리브가를 맞이하기까지 어미를 잃은 슬픔을 이겨내지 못하고 있었다. "이삭이 리브가를 인도하여 모친 사라의 장막으로 들이고 그를 취하여 아내를 삼고 사랑하였으니 이삭이 모친 상사 후에 위로를 얻었더라"(24:67).

그후 홀로 족장이 되어 공동체를 다스릴 때에도 누가 와서 우물을 빼앗아도 한 번이라도 그것을 지킬 생각을 않고 물러나기만 할 뿐이었다. 집안의 중요한 문제에도 리브가가 주도권을 행사할 뿐 이삭이 분명한 주관을 갖고 일을 처리한 적은 별로 없다. 이삭에 대한 성경의 중요한 기록도 창세기 족장사에 등장하는 4인 중 아브라함 야곱 요셉과 달리 26장 단 한 장에서 짧게 언급되고 있을 뿐이다. 그는 다만 아브라함에서 야곱으로 옮겨가는 과정의 과도기적인 인물로만 묘사되고 있다.

이삭에 대한 이러한 전체적인 기록으로 볼 때 그는 대단히 겁 많고 소심하고 우유부단한 사람이었다는데 대해서는 의심의 여지가 없다. 그렇다면 그는 왜 이렇게 된 것이었을까? 사람의 기질과 성품은 천성적인 것도 있지만 성장 과정의 요소들을 통해 만들어지는 것이 더 크다고 할 때 그의 성장 과정에서 요인을 찾는다면 그것은 무엇일까? 아브라함의 유일한 적자였고 아브라함 공동체의 모든 것을 이어받을 후사였기에 누구도 그의 기를 죽일 사람은 없었다. 어머니 사라 또한 이삭을 그렇게 만들 수 있는 존재는 아니었다.

그렇다면 번제물이 없는 것에 대해 모리아산에 오기까지 3일 동안을 침묵하고 있다가 이제야 묻는 것을 보면 우리는 그의 소심함이 아버지 아브라함으로 말미암아 만들어진 것은 아니었을지 생각해보게 된다. 곧 이삭에게 있어 아버지 아브라함은 어쩌면 가장 가까우면서도 너무 먼 사람은 아니었는지 모르겠다. 아버지와 아들로서 편하고 친근하게 대하며 사랑과 신뢰와 존경을 쌓아가는 관계가 아니라 무조건 엄하기만 한 아버지는 아니었는지 말이다.

정상적이었다면 아버지 아브라함은 아들 이삭을 늘 가까이 대하며 많은 것을 가르쳐 주어야 했다. 자상함으로 돌보며 아들이 아버지를 가장 가까이 대하고 충분한 사랑을 느낄 수 있도록 정성을 기울여야 했다. 때로 엄할 수도 있지만 그것이 아버지에게 말하고 싶은 것을 억제하고 숨겨야 하는 결과로 나타나서는 안 되는 것이었다. 늘 가장 편한 대화 상대, 무엇이든지 묻고 답할 수 있는 아버지와 아들이 되어야 했다. 만일 아브라함과 이삭이 그런 관계였다면, 이삭에게 아브라함이 가부장적 권위에 사로잡힌 엄격한 아버지가 아니라 인생의 스승이요 좋은 교사로 느껴졌다면 오늘 이러한 의문을 이제서야 표현하는 일은 있을 수 없는 것이 아닌가?

아버지는 한 집안의 울타리로서 경제적 삶을 책임지는 역할 뿐만 아니라 태어난 자녀들의 인생을 바르게 지도해갈 교사로서의 역할도 있다. 이 둘 다 중요하지만 더 중요한 것, 어떤 경우에도 간과되어져서 안 되는 것은 교사로서의 역할이다. 인생의 바른 가치를 심어주고 공의와 선을 저버리지 않고 어떤 어려움에도 꿋꿋이 이겨나갈 수 있는 내면의 힘을 길러주는 것이야말로 아버지로서의 가장 중요한 기능이다.

아브라함은 아들의 외적 울타리가 되어 주는 데는 성공했다. 악착같이 브엘세바의 삶을 획득함으로써 가족과 공동체의 모든 사람이 편히 살아갈 수 있는 입지는 확보하였다. 이삭에게 물려줄 많은 재산도 가지고 있었다. 그러나 그는 이보다 훨씬 중요한 교사로서의 기능은 완전히 실패했다. 아브라함에게 하나님이 부여해 놓으신 중요한 기능은 바로 이것이었다. 이삭에게는 하나님의 언약과 그것이 가지고 있는 삶의 내용을 가르쳐 믿음의 후사로서 선한 가치를 이어가는 중심 역할을 수행할 수 있도록 해야 했다. 공동체의 식구들에게도 마찬가지로 이 언약을 가르치고 주위의 모든 사람들에게 선하고 의로운 삶을 보여줌으로써 그들에게 좋은 영향력을 끼치도록 해야 하는 것이었다.

그런데 그는 이삭에게 믿음의 언약을 가르치는데 실패했다. 공동체의 모든 사람들에게도 언약에서 나오는 동일한 믿음의 가치들을 전달하는데 실패한 것이었다. 그저 세상을 살아가는데 필요한 지식과 능력 외에는 보여주고 가르친 것이 없었다. 이것이 이삭으로 하여금 언제든 가까이 다가와 묻고 답할 수 있는 선생으로 느끼도록 하는데 실패케 한 요인이었다. 의미 있는 대화자로서의 관계를 만드는데 실패한 것이었다. 아브라함이 이삭에게 요구한 것이 있었다면 오직 하나 거친 가나안 땅에서 아버지가 이루어 놓은 모든 것을 이어받아 지켜갈 수 있는 능력이었다. 강한 기질을 갖도록 가르쳐졌고 이를 위해 아브라함은 의도적으로 엄하게 대하며 길렀던 것이다.

하나님의 언약이 가지고 있는 믿음의 삶을 위한 많은 가르침들은 그 자체가 우리 인생의 가장 귀한 교훈이다. 더불어 이것이 부모와 자녀의 관계에서 전달하고 전달받는 사건이 일어날 때 존경과 사랑을 불러일으킨다. 강요하고 꾸며낼 필요도 없이 가슴 밑바닥에서부터 우러난 존경과 사랑을 만들어준다.

오늘 날 좋은 가르침이 사라져버린 아버지와 아들의 관계, 그 속에서 우러날 수 있는 사랑과 존경과 신뢰가 사라져버린 부모와 자녀의 관계, 육신의 아버지와 어머니요 육신으로 낳은 아들 딸이기에 혈육으로서의 정과 사랑은 있을지언정 참고 의미 있는 가르침을 전하고 전달받는 좋은 대화자로서의 관계는 사라지고 말았다. 그러기에 작은 유혹에도 쉽게 흔들리고 작은 어려움에도 크게 무너지는 자녀들이 오늘 우리의 자녀들이다. 얼짱 몸짱에는 정신을 팔면서도 내면을 성찰하고 힘을 키워가는 일은 저들과는 너무도 먼 일이 되고 말았다. 몸은 커졌으나 정신은 왜소해져버린 저들은 과연 누구의 책임인가?

죽음 (창 22:8-10)

소심하고 우유부단한 이삭의 모습은 이것 자체가 아브라함의 삶이 잘못되었다고 하는 것을 말해주는 증거이다. 만일 하나님의 언약이 가지고 있는 신앙의 내용을 분명하게 가르쳤다면 정확하고 바른 생각과 세상의 어떤 어려움도 이겨낼 만큼 겸손하면서도 올곧은 기개가 있어야 했다. 그 눈동자에는 빛이 있어야 했고 불의에 저항할 힘이 있어야 했으며 누구에게라도 자기의 뜻을 정확하게 표현할 수 있는 능력이 갖추어져 있어야 했다. 그러므로 소심하고 무기력한 이삭의 모습은 아브라함이 그를 제대로 교육시키지도 아니했고 사려 깊게 돌보지도 아니했다는 것을 알게 한다. 또 가부장적인 엄한 모습만을 보여왔을 것이라는 사실도 생각하게 한다.

"아브라함이 가로되 아들아 번제할 어린 양은 하나님이 자기를 위하여 친히 준비하시리라 하고 두 사람이 함께 나아가서"(:8)

"번제할 어린 양은 하나님이 자기를 위하여 친히 준비하시리라" 이 말은 번제할 어린 양은 어디 있느냐고 묻는 이삭의 물음에 대해 사실을 사실대로 말해줄 수 없는 상태에서 적당히 둘러댄 말이다. 하지만 우리는 여기서 오늘 이전 아브라함이 어떤 관점에서 번제를 대해왔는가 하는 것을 생각해보게 된다.

번제는 본래 제사를 드리는 자 자신을 위한 것이다. 곧 짐승을 죽이고 불태우는 과정을 통해 자신의 죄를 돌아보고 다시는 그와 같은 죄를 짓지 않겠으며 하나님의 말씀에 철저히 순종하겠다고 다짐하는 것이 번제가 가지고 있는 본질적인 성격이다. 이를 통해 결과 되어지는 것은 죄와 멀어진 보다 거룩해지는 삶이다. 즉 번제는 번제 드리는 자 자신의 구원을 위한 신앙의 행위이지 하나님을 위한 것이 아니다. 하나님이 짐승의 고기를 먹고 싶고 혹은 짐승의 고기 태우는 냄새를 좋아해서 번제를 원하시는 것은 아니다(**"여호와께서 말씀하시되 너희의 무수한 제물이 내게 무엇이 유익하뇨 나는 수양의 번제와 살진 짐승의 기름에 배불렀고 나는 수송아지나 어린 양이나 수염소의 피를 기뻐하지 아니하노라"(사 1:11)**).

오늘 이전 아브라함도 충실히 번제의 제사를 드렸다. 그런데 그의 제사는 자신의 죄를 인식하고 회개하며 삶이 더욱 거룩하게 되는 그런 제사가 아니었다. 왜냐하면 그에게는 처음부터 하나님의 말씀인 언약이 망각되었으므로 자신의 죄를 깨닫거나 회개하는 사건이 일어나지 않았기 때문이다. 하나님께서 그토록 여러 번 그의 잘못된 자리를 지적하셨을지라도 그것이 무엇 때문인지 전혀 알지 못했었다. 이런 상태에서 만일 회개가 있었다면 그것은 인간의 윤리적 도덕적인 차원의 뉘우침 반성이었지 신앙의 본래적인 회개는 있을 수 없었다.

이럴 때 그가 하나님을 향해 드린 번제의 제사는 하나님 앞에 서게 되는 나를 위한 것이 아니라 인간이 하나님을 향해 드리는 정성으로 밖에는 인식될 것이 없었다. 따라서 이런 제사의 결과로 그가 얻게 되는 것은 내가 하나님께 좋은 예물 바쳤다고 하는 의식과 자신에게 하나님을 믿는 신앙이 있다고 믿게 되는 것 그리고 하나님이 자신을 위해 복을 주시리라고 하는 기대이다. 필연적일 수밖에 없다. 그에게서 하나님은 이미 그와는 별 상관없는 자리로 멀어지고 있었는데도 말이다.

그런데 하나님은 지금 그에게 짐승의 번제가 아니라 그가 낳은 아들 이삭을 번제로 드리는 제사를 요구하고 있다. 그리고 이 번제의 결과는 이미 아브라함 자신에게서 자신의 죄를 기억나게 하고 그 죄를 처절한 참회를 통해 씻게 하는 것으로 나타났다. 번제의 제사가 가지고 있는 본질적인 의미들이 실현되어진 것이다. 그러므로 하나님께서 아브라함에게 번제의 제사를 드리라고 하심으로 나타난 중요한 결과 한 가지는 바로 이 번제의 본질적인 의미가 그에게서 회복되어졌다고 하는 것이었다.

번제할 어린 양은 하나님이 자기를 위하여 친히 준비하시리라고 하는 그의 말은 공허하기 이를 데 없는 말이었다. 아브라함 자신도 이 말이 가지고 있는 허구를 잘 알고 있다. 이미 번제물은 준비되어 있었고 가장 참담한 제사가 그를 기다리고 있다는 것을 그는 알고 있었다. 번제의 제사가 어떤 것인지 하나님이 자기를 위해 받고자 하는 것이 아니라는 것과 인간이 자기의 죄를 놓고 가장 아픈 심정으로 통렬하게 죄를 고백하고 회개하는 것이라는 사실을 그는 이미 충분히 깨닫고 있었다. 그 결과 하나님의 말씀을 절대적인 것으로 받아들이고 이에 순종토록 하여 우리 삶 속에서 하나님이 원하시는 본래의 형상을 회복해 가도록 하는 것이 본질적 의미였다. 하지만 이를 이삭에게 말해줄 수 없었다. 하나님이 자기를 위해 번제물을 준비하시리라고 밖에는 달리 대답할 것이 없었다. 그 본질을 말해줄 수 없는 가슴을 찌르는 아픔과 참담함이 그에게 있는 것이었다.

인간이 드리는 어떤 예배도 하나님을 위한 것이 아니라는 사실을 우리는 알아야 한다. 예배드리는 자 자신을 위한 것이라는 사실, 그가 끊임없이 자신의 죄를 깨닫고 회개하여 깨끗하게 되는 것이 예배를 통해 일어나야 하는 본질이다. 하나님이 받으시는 영광은 그런 예배의 외적 형식이 아니라 예배를 통해 인간이 깨끗하게 변화될 때 즉 날마다 거듭나게 될 때 바로 거기서 일어나는 결과라는 사실을 우리는 알아야 한다.

최초의 예배자인 아담의 예배가 그러했고 아벨의 예배가 그러했다. 나의 죄를 씻는 것, 다시는 죄를 나에게 용납하지 않고자 하는 것이 그들의 예배였다. 내가 여전히 죄를 안고 사는 추한 자요 여전히 죄의 종노릇하며 살고 있는데 무슨 화려하고 장엄한 형식을 가졌다고 해서 거기서 하나님이 기뻐할만한 일이 만들어지는 것은 아닌 것이다. 바로 가인의 제사였고 오늘의 교회가 착각하고 있는 중요한 부분이다.

> "하나님이 그에게 지시하신 곳에 이른지라 이에 아브라함이 그곳에 단을 쌓고 나무를 벌여놓고 그 아들 이삭을 결박하여 단 나무 위에 놓고 손을 내밀어 칼을 잡고 그 아들을 잡으려 하더니"(:9-10)

하나님이 번제를 드리라고 지시하신 모리아산 꼭대기에 마침내 다다르고 말았다. 아브라함은 그곳에 말없이 단을 쌓는다. 이미 피멍이 든 가슴을 안고 단을 쌓는다. 어쩌면 이삭도 아비의 단을 쌓는 작업을 돕고자 했으리라. 주변의 흩어진 무거운 돌들을 부지런히 주어다 날랐으리라. 그 단이 자기를 태워 죽일 단이라는 것은 꿈에도 생각지 못한 채 다만 늙은 아버지의 하는 일을 도와야 한다고 생각하여 열심히 했으리라. 이삭의 도움으로 단이 다 쌓여지고 그리고 그 위에 번제물을 태울 나무를 벌여놓는다. 이삭은 이 모든 일에 함께 참여하며 여전히 번제물에 대한 궁금함을 떨쳐버릴 수 없었을 것이다.

그런데 번제단이 만들어지고 그 위에 번제를 태울 나무 단까지 다 쌓여진 뒤에 어느 한 순간 아버지 아브라함이 이삭을 자기 곁으로 부른다. 그리고 준비해 온 질긴 끈으로 그를 묶는다. 아들이 요동을 칠지라도 풀리지 않도록 아주 단단히 이삭을 결박한다. 이삭은 놀랐으리라. 아버지가 왜 이러는지 전혀 알 수 없었다. 이유와 뜻을 알지 못하였기에 그는 거의 저항하지 못하고 잠자코 아버지의 손길에 자기를 맡겼다. 이유를 알았다고 할지라도 이미 소심한 이 아들은 감히 아버지의 뜻을 거역하고 저항할 생각을 할 수 없었을 것이다. 자기의 죽음을 알게 되었을 때에도 다만 죽음에 대한 공포로 온 몸을 떠는 것 외에 어떤 몸짓도 어떤 말도 할 수 없었을지 모른다. 도살자의 손에 잡힌 어린 양이 잠자코 있는 것처럼.

아브라함은 단을 쌓고 이삭을 묶어 그 위에 올려놓는 과정을 어떤 마음으로 수행할 수 있었을까? 하나님이 받으실만한 보다 좋은 번제를 드리겠다고 정성을 쏟고 힘을 기울일 수 있는 것이었을까? 또 이삭을 죽이려고 칼을 든 순간 두려움에 가득 차 바라보는 아들의 눈망울을 그는 어떻게 보았을까? 칼을 빼들어 아들의 목숨을 끊으려고 하는 순간 아들에게 어떤 말을 들려주고자 했다면 무슨 말을 해줄 수 있었을까? 차라리 아들이 죽지 않으려고 발버둥치고 저항하였다면 나을 수도 있었을 텐데 전혀 그럴 수 있는 아들도 아니었다.

아들을 죽이려고 칼을 뽑아든 순간 아브라함 자신도 이미 죽어있었다. 거기 묶여 누워있는 자는 이삭이 아니라 자기 자신이었다. 자기가 죽어있지 않고서는 아비가 아들을 자기 손으로 죽인다는 것은 있을 수 없는 일이었다. 어떤 아비라도 이런 순간을 맞이하게 된다면 차라리 아들의 몸을 껴안고 울부짖으며 도저히 이 일만은 할 수 없다고 해야 하는 것이 정상이고 또 당연한 결과이다. 어떤 이유로든 아들을 죽이겠다고 손에 칼을 들 수 있는 아비는 있을 수 없다. 아브라함도 정상적인 아비의 심정을 가지고 있을진대 그 또한 그러해야 하는 것이 마땅했다.

그럼에도 불구하고 그가 실제 칼을 들고 아들의 몸을 겨눈다고 하는 것은 이 이전에 먼저 자기의 삶을 포기했다는 것을 말해준다. 그의 모든 의식과 판단능력까지도 이미 죽어 있는 것이었다. 아들을 불 태워 죽일 단을 쌓고 그를 단단히 묶어 번제 나무 위에 눕히고 그를 향해 칼을 높이 들어 내리치려고 하는 이 전체 과정은 이미 자기의 죽음을 경험한 상태에서 이루어진 것이었다. 자기의 손으로 아들을 죽인 아버지가 그후에 아무 일도 없었다는 듯 전과 같이 자기의 삶을 살아갈 수 있다고 생각하는 것은 그 자체가 넌센스이다.

물론 하나님의 뜻은 아들을 죽이는 것이 아니었다. 그러나 하나님은 아브라함이 자기의 아들을 죽이기 위해 칼을 빼드는 마지막 순간까지 오게 하셨다. 왜인가? 그것은 자신의 죽음보다 더 고통스런 아들의 죽음을 통해 아들의 죽음이 아니라 자기 자신의 죽음을 가장 극적으로 경험토록 하신 것이었다. 죽음이 어떤 것인지 뼛속까지 느끼도록 하신 것이었다. 모리아산 꼭대기에서 자기의 아들을 자기 손으로 죽이려고 하는 이 순간 오늘 이전의 아브라함이라는 존재는 이미 죽어 없어졌다고 하는 것을 피보다도 더 붉게 마음에 새기도록 하는 것이었다. 완전히 새로 태어나는 것, 과거의 나를 완전히 벗어버리도록 하는 것이 오늘 아브라함의 번제 자리였던 것이다.

하나님께서는 왜 이런 죽음의 자리를 우리 신앙 안에 마련해 놓으신 것인가? 왜 반드시 이러한 과정이 아브라함에게 필요한 것이었을까? 그것은 내가 죽지 않으면 새 사람이 될 수 없기 때문이다. 과거의 내가 가지고 있는 잘못된 사고방식과 가치관을 그대로 가지고서는 의롭고 선한 삶을 위한 신앙의 요구를 받아들일 수 없기 때문이다. 돈과 소유에 의해 길들여진 사고방식, 남을 지배할 수 있는 권력이나 물리적 힘을 추구하는 가치관, 보다 편안하고 쾌락적인 삶을 추구하는 생활습관 등 이전에 형성된 이러한 모든 것들이 절제와 인내와 희생과 온유와 겸손을 요구하는 신앙의 덕목들을 방해하는 것이다.

그러므로 오늘 이전의 내가 죽는다고 하는 것은 이전에 죄의 지배 아래에서 만들어진 이러한 모든 부정적인 삶의 요인들을 제거하는 것을 의미한다. 이 과정은 오늘 아브라함의 죽음과 같은 곧 내가 나를 죽이는 모진 결단과 각오가 없이는 불가능하기 때문이다. "만일 네 손이나 네 발이 너를 범죄케 하거든 찍어 내버리라 불구자나 절뚝발이로 영생에 들어가는 것이 두 손과 두 발을 가지고 영원한 불에 던지우는 것보다 나으니라 만일 네 눈이 너를 범죄케 하거든 빼어 내버리라 한 눈으로 영생에 들어가는 것이 두 눈을 가지고 지옥 불에 던지우는 것보다 나으니라"(마 18:8-9)는 주님의 말씀이 바로 이를 의미한다.

애굽을 벗어나 가나안을 향하던 이스라엘이 왜 광야에서 다 죽었는가 하는 것도 바로 이러한 이유에서였다. 애굽에서의 생활습성과 왜곡된 가치관을 버리지 못했고 그러한 것들을 고집했기 때문이었다. 이러한 것들이 하나님께서 제시하시는 새로운 삶의 가치들이 이스라엘에게로 들어오는 것을 방해하였기 때문이다. 과거 죄의 지배 아래 있을 때의 내가 죽지 않고 여전히 살아있었기 때문이었다. 결국 그들은 자신들의 죄로 인해 스스로 죽음의 무덤을 파고 말았다.

　우리의 예배는 오늘 이전의 나는 죽었다고 하는 것을 선포하는 의식이다. 이후의 나는 새로운 사람으로 다시 한 번 거듭났다고 하는 것을 확인하는 자리이다. 그러나 나의 죽음도 새로운 거듭남도 전혀 경험할 수 없는 것이 오늘 우리가 드리는 예배의 실상이다. 이것이 없기에 희미한 결단이나마 그것마저 작은 현실 앞에서도 깨끗이 쓸려 사라지고 마는 것이 예배드리는 우리들이다. 나를 버린다고 하는 것 과거의 나로부터 벗어나 새로운 사람이 된다고 하는 것은 내가 나를 죽이는 것과 같은 모진 아픔과 결단을 통해서만이 가능하다고 하는 것을 알지 못하기에 생겨나는 결과이다.

경외함 (창 22:11-12)

"여호와의 사자가 하늘에서부터 그를 불러 가라사대 아브라함아 아브라함아 하시는지라 아브라함이 가로되 내가 여기 있나이다 하매"(:11)

아브라함이 단을 쌓고 그 위에 번제목을 벌여놓았다. 이 단은 아들을 불태워 죽일 단이었다. 그러므로 여기에 하나님께 제물을 바칠 제단이므로 정성껏 잘 쌓아야지 하는 것과 같은 생각이나 의도가 들어갈 여지는 없었다. 정성껏 제사를 드리고 나면 하나님이 나에게 어떤 은혜를 내려주시겠지 하는 기대나 또 무언가를 바라는 기도 그리고 이후 어떻게 살아가야지 하는 그런 의식들도 있을 수 없었다. 중요하게 여겼든 그렇지 않았든 그의 삶 속에 존재하는 모든 것들과 그리고 이전의 모든 삶의 내용과 과정들까지 전혀 무의미한 것들로 돌려질 수밖에 없었다.

그의 속에 견고하게 버티고 서서 하나님의 언약 말씀이 들어올 자리를 가로막고 있었던 선험적인 지식과 자아까지도 이미 완전히 허물어지고 없었다. 어쩌면 이 순간의 아브라함은 아들을 불쌍히 여기고 그를 살리고 싶어 하는 애틋한 아버지의 부정마저도 사라져버린 상태인지도 모른다. 이삭의 죽음 이전에 먼저 아브라함 자신의 완전한 죽음이 이루어져 있기 때문이다.

그런데 단 위에 올려진 이삭을 향해 칼을 들어 막 그의 몸을 내리치려고 하는 순간이었다. 여호와의 사자가 나타나 그의 이름을 부른다. '**아브라함아 아브라함아**' 사자는 그의 이름을 한 번만 부르는 것이 아니라 두 번에 걸쳐 연속해서 부른다. 급하게 그의 행동을 제지하고자 하였기 때문이리라. 곧 여호와의 사자가 아브라함에게 임한 것은 그의 손에 든 칼이 아들 이삭의 몸을 내리치려는 결정적 순간이었다는 것과 아들을 죽이려는 그의 동작이 취소될 수 없는 것으로 확인되어진 때였다는 것을 알게 한다.

하나님은 보고 계셨다. 아들 이삭을 번제로 바치라고 명령하신 이후 지금 이 순간까지 그의 행동과 생각과 마음을 면밀하게 지켜보아 오셨다. 그가 어떻게 하는지 또 어떤 마음으로 이 말씀에 반응하는지 단 한 순간도 놓치지 않고 보아오셨다. 그리고 이 속에서 당신이 원하는 결과가 일어나고 있는지 주목하셨다. 그렇다면 하나님이 아브라함에게 보고자 하셨던 것과 또 이 사건을 통해 그에게 만들어가고자 하셨던 것은 무엇이었을까?

"사자가 가라사대 그 아이에게 네 손을 대지 말라 아무 일도 그에게 하지 말라 네가 네 아들 독자라도 내게 아끼지 아니하였으니 내가 이제야 네가 하나님을 경외하는 줄을 아노라"(:12)

이 모든 과정을 지켜보신 하나님은 그의 사자를 통해 말씀하신다. "**그 아이에게 네 손을 대지 말라 아무 일도 그에게 하지 말라**" 이 말씀은 이삭을 번제로 바치라는 말씀을 통해 하나님이 원하신 것은 이삭의 번제 자체가 아니었다고 하는 사실을 가리킨다. "**이제야 네가 하나님을 경외하는 줄을 아노라**" 곧 보고자 하셨던 것은 바로 아브라함이 하나님을 경외하고 있는가 하는 그것이었다는 사실을 알려준다. 바로 이것을 보기 위해 오늘 이 자리까지 아브라함을 이끌어 오신 것이었다.

그렇다면 하나님을 경외하는 것의 실질적인 내용은 무엇일까? 과연 하나님은 모리아산 번제 사건에 임하는 아브라함의 어떤 것을 보시고 그가 당신을 경외하는 증거로 삼으신 것이었을까? 하나님을 경외한다고 하는 것은 우리 신앙의 핵심 중에서도 핵심일진대 하나님 자신이 의미하는 바 경외함의 실체는 무엇인 것일까?

이삭을 번제로 바치라는 명령이 있은 후 지금 이 자리에 오기까지 아브라함에게 일어난 전 과정을 살펴본다면 먼저 자신을 깊이 돌아보는 성찰의 시간이 있었다. 오늘 왜 이러한 일이 자신에게 일어난 것인지, 하나님이 왜 이러한 요구를 하신 것인지 자신이 지나온 길을 통해 그 이유를 성찰하는 것이었다. 그리고 이어 그에게 일어난 것은 뼈아픈 회개였다. 하나님의 언약을 얼마나 무시해 왔는지 그것 때문에 언약의 자손으로 주신 이삭이 어떤 자리에 이르게 되었는지를 깨달은 데서 온 것이었다. 그리고 자기의 생명보다 더 귀한 아들을 번제로 바치는 사건을 통해 자기의 죽음을 경험하였다. 곧 참된 회개에서 나온 번제는 이전의 자기를 부인하는 곧 자기가 죽었다고 하는 사실을 확인하는 결과로 나타났다. 단 위에 죽어 각이 뜨인 채 놓여지고 태워지는 번제물이 죄가 인도해가는 자기 자신의 마지막 자리라는 것을 그는 볼 수 있었다.

그런데 중요한 사실이 있다. 그것은 이 모든 과정들이 아브라함 스스로 의도해서 일어난 것이 아니라고 하는 점이다. 그가 한 가지 하나님의 요구를 이루고자 할 때 그의 의사와는 전혀 상관없이 경험하게 된 결과적 측면일 뿐이었다. 곧 이삭을 번제로 바치라고 하신 하나님의 명령을 수행하는 과정에서 생겨난 결과들이었다. 따라서 이 모든 결과를 만들어낸 것은 이삭을 바치라고 하는 하나님의 말씀이 그 핵심 요인이었다. 그 다음 아브라함 자신에게 있었던 가장 중요한 요인은 이 명령의 말씀을 지켜 준행하고자 하였던 마음 하나였다.

그런데 문제는 말씀을 순종한다는 것이 결코 쉬운 일이 아니었다고 하는 점이다. 아버지가 아들을 죽이는 일은 어떤 이유로든 상상할 수 없는 것이기 때문이다. 그러므로 그는 이삭을 번제로 바치라고 하는 말씀을 도저히 받아들일 수 없는 것으로 여겨 외면해 버릴 수도 있었다. 이 명령을 회피하기 위해 많은 이유를 붙이며 다만 아들의 생명을 더 소중히 여겨 그를 살리려고 하는 여러 시도들만 행할 수도 있었다. 설혹 순종하고 싶어도 두려워하고 망설이며 시간만 보낼 수도 있는 일이었다. 그것이 오히려 가능성이 높은 일이었다. 만일 그러했다면 아브라함이 지금까지 경험한 이 모든 일들은 절대 일어날 수 없었다.

물론 아브라함의 속에는 거절하고 싶은 마음도 있었다. 피할 길을 찾고자 하는 마음도 있었다. 없을 수 없는 일이었고 오히려 이러한 마음이 그의 마음 속에 훨씬 강하게 자리하고 있었을 것이다. 그만큼 말씀에의 순종은 너무도 어려운 일이었다. 따라서 이 일을 이루려 함에는 가장 먼저 자기를 버리는 것이 필요하였다. 나를 부인하고 나를 먼저 죽이는 것이 요구되었다. 결국 아브라함은 아들을 죽여 번제로 바치는 것이 아비 된 자로서 도저히 행할 수 없는 일이었지만 그는 차라리 자기를 죽이는 길을 택하였다. 하나님의 말씀을 거역할 수 없었기 때문이다.

왜냐하면 거역한다는 것은 그것으로 하나님과의 관계가 끝난다는 것을 알고 있었기 때문이다. 나를 살리기 위해 하나님의 말씀을 버릴 수도 있었지만 그는 최종 순간에 하나님을 포기할 수 없어 나를 죽이는 길을 걸었던 것이다. 그리고 결국 몸과 마음과 뜻을 다해 말씀에 순종코자 하였고 이러할 때 지금까지의 모든 과정들이 아주 중요한 신앙의 요인들로서 그에게 경험되어질 수 있었던 것이다. 앞서간 신앙인들이 죽음을 앞에 두고 두려움에 떨면서도 죽음을 피하기보다는 자기를 죽이는 길을 선택하였던 것도 바로 이런 이유 때문이었다. 주를 부인하여 살 수 있었지만 그것으로 인해 하나님과의 관계가 끊어지는 것이었기 때문이다.

그러므로 오늘 이 순간에 이르기까지 아브라함에게 있었던 단 한 가지 중요한 요인을 든다면 그것은 자기의 모든 것을 포기하고 자기를 부인한 채 목숨을 걸고 하나님의 말씀에 순종한 것이었다. 이삭을 바치는 것으로 인해 사라의 목숨도 죽은 목숨이요 자기의 지나온 삶과 앞으로 살아갈 날도 그리고 자신이 소유한 공동체와 그 안의 모든 것도 다 의미 없게 되는 것을 알았다. 하지만 오직 한 가지 이와 같이 모든 것을 잃게 될지라도 말씀만은 어길 수 없다고 하는 의식이 빚어낸 결과였다.

따라서 하나님께서 아브라함을 대해 **"네가 이제야 나를 경외하는 줄 알겠노라"**라고 말씀하실 때 아브라함에게 있었던 경외함의 실체는 바로 이것이었다. 곧 내 목숨보다도, 나의 이전과 이후의 삶보다도, 내가 소유한 어떤 것보다도 더 하나님의 말씀을 소중히 여기고 이를 지켜 이루고자 함이었다.

하나님은 오늘 모리아산의 사건 이전 아브라함에게 여러 번 당신의 언약을 전하셨고 또 이삭의 탄생을 말씀하시며 공동체의 모든 남자들에게 할례를 행할 것을 명령하기도 하셨다. 소돔과 고모라의 멸망까지도 그에게 미리 말씀해 주셨었다. 하지만 어느 것도 아브라함에게 의미 있게 받아들여지지 못하였다. 할례를 행할지라도 할례가 가지고 있는 언약의 내용에 대한 설명은 생략되어졌고 이삭의 탄생은 사라에게도 숨겨졌던 것이 현실이었었다. 하나님의 말씀은 그에게서 거의 무시되어졌던 것이다.

그럴 때 그에게서는 의미 있는 회개가 전혀 일어나지 아니했고 번제 또한 거의 본질을 상실하고 있었다. 그의 삶의 변화 또한 요원하기만 했다. 곧 하나님의 말씀이 그의 의식과 삶의 중심에 들어오지 못하였을 때는 어떤 의미 있는 믿음의 결과들도 일어나지 않았다. 그런데 오늘 모리아산까지 오는 길과 번제 직전까지 그에게 일어난 모든 중요한 결과들은 오직 한 가지 이삭을 번제로 바치라고 하는 하나님의 말씀을 삶의 어떤 것보다 우선하고 내 몸과 마음과 뜻과 정성을 다하여 지키고자 함으로써 생겨난 것이었다. 곧 하나님 경외의 실체는 하나님의 입에서 나온 말씀을 하나님과 동일시하여 지켜 행하고자 하는 것이었고 바로 그 자리에서 하나님을 경외하는 실제적 결과가 만들어진 것이다.

회개란 하나님의 말씀을 떠나서는 생겨날 수 없는 일이다. 하나님의 말씀을 알지 못하고서는 회개를 가능케 하는 죄에 대한 인식 자체가 불가능하기 때문이다. 그리고 하나님의 말씀을 들어 안다고 할지라도 온 몸과 마음을 다해 지키고자 하는 의식이 없이는 참된 회개가 일어날 수 없다. 그리고 결과적으로 하나님이 요구하시는 바 삶의 진정한 변화 또한 기대할 수 없다. 쉽게 말씀의 요구를 무시하고 살아가는 사람에게서 의미 있는 회개와 변화를 기대한다는 것은 있을 수 없는 일이다.

훗날 광야 40년의 세월을 마친 이스라엘을 대해 모세는 이렇게 외친다. **"이스라엘아 들으라 우리 하나님 여호와는 오직 하나인 여호와시니 너는 마음을 다하고 성품을 다하고 힘을 다하여 네 하나님 여호와를 사랑하라"** (신 6:4-5). 바로 이 가르침이 지금 아브라함에게서 일어난 하나님을 경외하는 신앙의 실체이다. 마음을 다함이 없이는, 성품을 다함이 없이는, 힘을 다함이 없이는 하나님을 사랑하는 일이 불가능하기 때문이다. 그 입에서 나온 말씀을 듣고 청종하는 일은 불가능하기 때문이다.

하나님께서 아브라함이 신앙의 외적인 표지들을 가지고 있음에도 결국 이러한 하나님 경외의 자리까지 인도해 오신 이유는 무엇이었을까? 이러한 신앙이 없이도 구원이 가능하다면, 죄와의 싸움과 승리가 가능하고 또 성공적으로 믿음을 이루어갈 수 있다면 굳이 이런 과정과 이런 경외함의 믿음이 반드시 필요한 것이었을까? **"아비나 어미를 나보다 더 사랑하는 자는 내게 합당치 아니하고 아들이나 딸을 나보다 더 사랑하는 자도 내게 합당치 아니하고 또 자기 십자가를 지고 나를 좇지 않는 자도 내게 합당치 아니하니라 자기 목숨을 얻는 자는 잃을 것이요 나를 위하여 자기 목숨을 잃는 자는 얻으리라"** (마 10:37-39). 우리의 주님이신 예수님의 육성 증언이다.

큰 잔치 (창 22:13-14)

꽁꽁 묶여 번제단 위에 놓여진 채 아버지가 칼을 들어 자기를 죽이려는 모습을 공포에 질린 눈으로 보고 있던 이삭이었다. 그에게는 지금의 사건이 상상할 수 없는 사건이었고 또 조금도 이해할 수 없는 일이었다. 왜 아버지가 나를 죽이려고 하는 것인지, 왜 자신이 죽어야만 하는 것인지 도무지 알 수 없었다. 아버지에 대해 무엇을 잘못했는지, 하나님께는 또 무슨 죄를 지었는지 그가 알 수 있는 것은 아무 것도 없었다. 그러므로 아버지가 자기를 향해 칼을 높이 든 마지막 순간 아들이 아버지를 향해 할 수 있는 말이 있었다면 다만 '아버지 왜 이러세요 아버지 살려주세요' 라는 말을 반복해서 외치는 것뿐이었을 것이다. 어쩌면 '아버지 내가 잘못했어요 내가 잘 할게요 살려주세요' 라는 다급한 외침으로 살고자 발버둥쳤을지도 모를 일이다. 아들은 자기가 무슨 큰 잘못을 저질러서 아버지가 이러는 것이라고 생각했으리라.

그렇지 않아도 소심한 아들이었다. 겁이 많은 아들이었다. 얼마나 큰 두려움이었겠는가? 얼마나 큰 충격이었겠는가? 비록 이 순간의 공포에서는 헤어나게 될지라도 아버지가 자기를 죽이려고 칼을 든 오늘의 경험을 그는 어떻게 기억하게 될 것인가? 그의 성장 과정에 심리적으로 어떤 영향을 미치게 되겠는가? 결코 쉽게 잊어버릴 수 있는 작은 일이 아니었다. 아무렇지도 않게 넘어가버릴 수 있는 사소한 일이 아니었다. 훗날 장성해서도 보여지는 이삭의 유약함과 우유부단함은 어쩌면 오늘의 사건으로 인해 더 크게 강화되어졌을 수도 있고 아니면 오늘의 사건이 가장 큰 요인이 되었을 수도 있는 일이다.

아브라함이 이삭을 죽이려고 칼을 그의 몸에 내리치려는 순간 하나님의 사자가 나타나 그 아들에게 아무 일도 행하지 말라고 명령한다. 이 명령에 따라 조용히 손에 든 칼을 내리고 단 위에 묶여 누워있는 아들을 풀어 가슴에 안는다. 어쩌면 저 멀리 달아나 있던 그의 의식이 다시 돌아오는 순간이었을 것이다. 이 때 아브라함의 마음은 어떠했을까? 죽음에서 살아난 아들이었다. 아비가 아들을 자기 손으로 죽여야 하는 상황에서 놓여난 것이었다. 아들의 살아남이었고 자기 자신이 다시 살아난 것이었으며 그뿐만 아니라 사라를 비롯해 그의 모든 것들까지도 그에게서 다시 살아난 것이었다. 아들을 가슴에 안고 그는 얼마나 통곡했을 것인지. '감사합니다 하나님 감사합니다 하나님' 하는 외침이 얼마나 뜨겁게 그의 가슴 속을 북받쳐 올라왔을 것인지.

용서였다. 아들을 다시 살게 하신 것은 지금까지의 모든 실수와 불신앙을 용서해주신 것이었다. 그는 그렇게 용서받았고 죽음보다 더한 죄의 형벌에서 놓여났다. 어떤 심판보다도 더 무서운 하나님의 심판에서 풀려난 것이었다. 그러므로 용서가 감사했고 다시 얻은 아들의 생명이 감사했다. 모든 허물들을 깨닫게 해주신 것이 감사했고 자신의 어긋난 길을 이렇게 해서라도 돌이켜 생명의 길을 가게 해주시는 하나님의 사랑이 감사했다.

그렇다. 그가 지금까지 아들을 번제로 바치라고 하는 하나님의 말씀을 온 몸과 마음과 뜻을 다해 순종함으로써 얻은 마지막 결과는 용서의 은혜였다. 그리고 죽어야 할 목숨이 다시 살아나 생명을 얻은 기쁨이었고 이 모든 것에 대한 감사였다. 물론 그는 이삭을 번제로 바치라는 하나님의 요구를 따를 수 없는 것으로 여겨 거부하고 자신의 삶을 고집할 수도 있었다. 그러했다면 그는 지금과 같은 용서를 경험할 수 없었다. 생명을 다시 얻은 감격을 누릴 수 없었다. 하나님의 은혜가 얼마나 크고 오묘한지 하나님의 인도하시는 섭리가 얼마나 세밀한지 깨달을 수 없었다. 그리고 말씀을 불순종한 자신에 대한 부담을 끌어안고 평생을 어둡게 살아가야만 했을 것이다.

온 몸과 마음과 뜻을 다하여 하나님을 사랑하는 것, 마음과 성품과 뜻을 다하여 하나님의 말씀을 따르는 것은 나의 가장 사랑하는 아들을 죽여야 하는 것과 같은 자기를 죽이는 고통이 분명 있다. 그러나 혼신의 힘을 다해 그렇게 하나님을 섬기게 되었을 때 거기에는 아무도 알 수 없고 어떤 것을 통해서도 누릴 수 없는 기쁨과 감사가 있다. 죄가 용서받은 기쁨이요 생명을 다시 얻은 감사이며 이는 말씀을 깨닫고 순종한 자만이 누릴 수 있는 하늘나라의 비밀이다.

> "아브라함이 눈을 들어 살펴본즉 한 수양이 뒤에 있는데 뿔이 수풀에 걸렸는지라 아브라함이 가서 그 수양을 가져다가 아들을 대신하여 번제로 드렸더라"
> (:13)

아브라함은 오래도록 아들을 품에 안고 울었을 것이다. 그리고 얼마나 그렇게 울었을까 문득 눈을 들어 살펴보니 한 마리 수양이 수풀에 뿔이 걸린 채 꼼짝 못하고 있었다. 척박한 산에서 먹을 것을 찾아 헤매다가 이 산꼭대기까지 올라와서 수풀을 발견하고 그 속에 머리를 들이밀고 풀잎을 먹으려다 뿔이 걸려 꼼짝 못하게 된 것이었으리라.

수양에게는 그 먹을 것이 자기에게 죽음이 될 줄은 몰랐다. 암컷을 유인하기도 하고 적을 물리치는 무기로도 사용하는 잘생긴 뿔이 자기에게 죽음을 가져다 줄 줄은 전혀 몰랐으리라. 어쩌면 먹을 것을 찾아 산꼭대기에 이르러 자기의 뿔 때문에 걸려죽게 된 수양의 처지는 오늘까지 죽음의 길인 줄 모른 채 달려가다가 이 산꼭대기까지 이른 아브라함 자신의 삶을 나타내는 것일 수도 있는 일이었다. 아브라함은 수양을 취한다. 그리고 그것을 죽여 아들을 번제 드리려고 했던 번제단 위에 올려놓고 태운다. 짐승의 고기 타는 냄새와 기름 타는 냄새가 산 위를 진동했으리라.

물론 아브라함은 이전에도 이와 같이 양을 잡아 하나님께 번제를 드렸었다. 하지만 지금 이 산 위에서 드리는 번제와 이전의 제사들과는 과연 느낌과 생각이 어떠했을까? 이전에는 그저 많은 양떼 중에서 실하고 좋아 보이는 것을 골라 불에 태워 번제로 드렸다. 그 짐승의 죽음 속에서 특별한 어떤 의미를 생각해낼 수는 없었다. 의례적인 것이었고 제사 드리는 행위와 제사 자체가 하나님을 대한 자신의 신앙의 표현이었으며 제물은 하나님을 위한 예물이라고 여겨졌을 뿐이었다. 감사가 있었다면 삶 속에서의 지극히 일상적인 것들에 대한 감사일뿐이었다.

하지만 지금의 제사는 비록 수양의 몸을 태워 드리는 제사이나 이전의 자기를 죽이는 제사였다. 곧 오늘 이전의 자기가 죽었다는 것을 확인하는 제사였다. 무엇을 잘못했는지 죄에 대한 깨달음이 있었고 잘못 걸어온 지나온 삶의 내용이 보여지고 있었으며 생명을 저토록 비참하게 죽이는 죄의 실상이 또한 그려지고 있었다. 죄를 간과치 않고 심판하시는 맹렬한 불의 심판이 또 거기에 담겨져 있었다. 이 모든 것 뒤에 용서하심과 다시 살아남이 불꽃같은 은혜로 남겨지는 그런 제사였다. 다시는 그릇된 길로 가지 않겠다고 하는 다짐이 실려진 제사이기도 하였다.

아브라함은 오늘까지 수도 없이 많은 제사를 하나님께 드린다고 드렸겠지만 평생 처음 가장 진지하고 의미 있는 제사를 드렸다. 이삭을 품에 안고 혹은 손을 꼭 잡은 채 불에 태워지는 수양의 제물을 지켜보았다. 저것이 이삭이었다면 하는 전율이 그의 몸을 감싸고 흘렀을 것이다.

"아브라함이 그 땅 이름을 여호와이레라 하였으므로 오늘까지 사람들이 이르기를 여호와의 산에서 준비되리라 하더라"(:14)

이 말씀은 산에서의 제사를 마치고 돌아온 뒤의 결과를 설명하고 있다. 그는 그곳에서 돌아온 후 모리아산의 이름을 **여호와이레**라 칭한다. 그후 모든 사람들이 그 산의 이름을 이렇게 부르기 시작하였다. **여호와이레**라고. 이는 아브라함이 이 날의 사건을 혼자만의 경험으로 간직하고 지나친 것이 아니라 모든 사람에게 그 내용을 설명하였다는 것을 뜻한다. 곧 이삭을 번제로 바쳐야 했으나 이삭 대신에 수양이 바쳐지기까지의 모든 과정이 아브라함의 입을 통해 사람들에게 증거되어진 것이었다.

아브라함은 사람들에게 말했으리라. 자기가 얼마나 바보였는지, 자기가 얼마나 소경이었고 귀머거리였는지를. 하나님의 언약 말씀을 귀로 들으면서도 마음으로는 전혀 듣지 않았던, 그래서 하나님의 선지자 노릇하면서도 거짓선지자일 수밖에 없었던 자기의 무지를 솔직하게 인정하였을 것이다.

아브라함은 어떤 얼굴로 집으로 돌아왔을까? 그리고 모리아산의 사건을 말할 때 어떤 식으로 전하였을까? 먼 길 다녀온 자의 피곤한 얼굴이었을까? 별 일 아니었던 듯이 사람들에게 무덤덤히 그간의 사정을 전하였을까? 용서받은 자의 기쁨, 생명을 다시 얻은 자의 감사가 어떻게 표현되어졌을까? 당연히 커다란 잔치가 베풀어졌으리라. 다시 얻은 이삭을 품에 안고 이 아들이 어떤 아들인지 다시 한 번 새롭게 선포하지 않았겠는가? 아들을 다시 얻은 날이었고 자신과 아내와 모든 것이 다시 살아나고 새로운 의미를 가질 수 있는 날이었기 때문이다. 전혀 새로운 하나님의 은혜를 확인한 날이었기 때문이다. 물론 이삭을 번제로 바칠 뻔 하였다는 대목에서 사라는 대경실색하였겠지만 말이다.

이후 사람들은 하나님에 대해 전혀 새롭게 다가갈 수 있었을 것이다. 살아서 감찰하시는 하나님, 우리의 삶 속에서 역사하시는 하나님이 그들에게 알려졌다. 염소처럼 거역하는 우리들을 생명으로 인도하기 위해 쉬지 않고 세밀하게 섭리하시는 하나님의 은혜가 사람들에게 전해졌다. 그러므로 사람들은 모리아산을 보거나 지나게 될 때 아브라함의 사건을 전설처럼 떠올리며 아브라함의 남긴 말을 기억하게 될 것이었다.

죄용서 받은 기쁨과 생명을 얻은 감사 그리고 이웃을 향한 올바른 구원의 선포 이것이 모리아산의 사건을 통해 아브라함이 도달한 최종적인 신앙의 자리였다. 온전히 새로워진 거듭난 아브라함이 거기에 그렇게 놓여져 있었다.

회복과 기쁨 (창 22:15-18)

아브라함이 사라의 여종 하갈과의 사이에서 아들 이스마엘을 얻고 그로부터 13년이 지난 어느 때였다. 그가 99세 되던 해 어느 날 하나님께서 그에게 나타나셨다. 그리고 그의 행위가 온전치 아니함을 지적하시고 스스로 고칠 것을 명령하셨다. 그토록 애타게 기다리던 아들을 얻은 이후 13년 동안 본래 하늘에 속한 자이나 땅에 속한 자가 되었고 영원한 시간을 바라보아야 할 자이나 인생의 짧은 시간에 매인 자가 되었으며 하나님의 언약 말씀에 귀 기울여 살아가야 하는 자였으나 스스로의 생각대로 살아가는 자가 되었기 때문이었다. 그러므로 하나님은 그에게 당신의 계획하신 바를 언약으로 들려주시고 그에게 주어진 사명이 얼마나 큰지 그가 수행하여야 하는 역할이 얼마나 중요한지를 알려주셨다. 이 언약을 주목하고 이를 필생의 사명으로 인식하여 남은 삶을 헌신하는 자가 될 것을 요구하신 것이었다. 그리고 이 언약은 하갈이 낳은 이스마엘이 아니라 사라가 곧 그에게 낳을 아들을 통해 계승되어질 것이라는 사실을 분명하게 말씀하셨다.

하지만 아브라함은 하나님의 이러한 말씀에 별로 크게 신경 쓰지 않았다. 사라는 구십세요 자신은 백세인데 무슨 아들을 볼 수 있겠으며 무슨 크고 중요한 일을 감당할 수 있겠는가 하고 고개를 흔들며 그저 여종에게서 태어난 아들 이스마엘이나 잘 살게 되기를 원한다고 말한다. 지금 현재 누리고 있는 삶에 만족한다고 하는 것이었다. 나이에 매이고 육체에 매이고 세상의 가치에 매여 미래에 대한 그리고 하나님의 나라에 대한 꿈도 기백도 사라져버린 허망한 늙은이의 모습에서 벗어날 수 없었던 그였다.

이에 대해 하나님은 그의 불신앙을 크게 책망하시고 방금 들려주신 언약은 아브라함이 아니라 내년 이맘때에 사라가 낳을 아들 이삭과 세우리라고 말씀하시며 그를 떠나셨다. 아브라함과 언약을 세우겠다고 하는 뜻을 취소하시는 것이었다. 이것이 소돔과 고모라의 사건이 있기 전 아브라함에게 있었던 일이었다(창 17장). 그리고 곧 소돔과 고모라의 멸망을 경험한다. 자신이 마음으로 자랑하고 있었고 지금까지의 삶에 대해 스스로 자족하게 하였던 모든 것이 깨끗하게 사라진 것이었다. 자기가 굳게 마음에 붙잡고 있었던 믿음이 틀렸다고 하는 것을 그렇게 확인한 것이었다. 그리고 오늘 모리아산에서의 번제 사건 이후 하나님은 다시 아브라함에게 임하셔서 다음의 말씀을 들려주신다.

"여호와의 사자가 하늘에서부터 두 번째 아브라함을 불러 가라사대 여호와께서 이르시기를 내가 나를 가리켜 맹세하노니 네가 이같이 행하여 네 아들 네 독자를 아끼지 아니하였은즉 내가 네게 큰 복을 주고 네 씨로 크게 성하여 하늘의 별과 같고 바닷가의 모래와 같게 하리니 네 씨가 그 대적의 문을 얻으리라 또 네 씨로 말미암아 천하 만민이 복을 얻으리니 이는 네가 나의 말을 준행하였음이니라 하셨다 하니라"(:15-18)

언약의 회복이었다. 하나님이 이 땅에서 실행하실 모든 일들을 아브라함을 통해 이루어가겠다는 뜻을 밝히는 것이었고 하나님의 언약을 이루어갈 수 있는 중심적인 위치에 그를 다시 놓은 것이었다. 이를 아브라함의 입장에서 본다면 오래전 잃어버린 언약을 회복한 것이었고 하나님의 축복을 되찾은 것이었다. 그의 신앙이 하나님이 원하는 본래의 자리로 돌아왔을 때 주어진 사명을 감당할 수 있는 준비도 온전히 갖춰졌고 그러므로 그를 다시 당신의 종으로 부르시는 것이었다.

참으로 중요한 사실을 발견하게 된다. 아브라함은 하나님을 알고 있었고 스스로 하나님의 일꾼이 되어 신앙의 사역을 감당하고자 하며 자신의 모든 것을 버려두고 어디로든 떠나 자기를 희생할 수 있는 의지도 있었다. 하지만 그것이 그가 하나님의 사역자가 될 수 있는 조건이 완성되었음을 확인하는 충분조건은 아니었다. 그가 99세 되던 때에 나타나신 하나님께서 그와 맺겠다고 하셨던 언약을 스스로 거두고 떠나셨던 사건이 바로 이를 말해주는 사건이었다. 원인은 한 가지였다. 하나님의 세미한 말씀에 주목하지 못하는 바로 그것이었다. 이것이 없었기 때문에 그는 비록 열심히 수고하여 무언가 눈에 보이는 어떤 결과들을 만들어놓고 스스로 만족하고 대견스럽게 여기고 있었을지라도 다만 속이는 거품에 지나지 않을 뿐이었다. 소돔과 고모라의 멸망과 함께 깨끗이 사라져가고 말았다. 수고는 하였으나 아무런 열매도 맺지 못하였던 것이다.

그런데 오늘 그가 아들 이삭을 바치라고 하는, 인간의 성품으로는 도저히 따를 수 없는 하나님의 명령을 온 몸과 마음과 뜻과 정성을 다해 순종하는 자리에 이르게 되었을 때 하나님은 본래 그에게 주고자 하셨던 언약의 축복을 다시 내리시는 것이었다. 이제 이 언약을 이루어갈 준비가 되었고 하나님의 일꾼으로 일할 준비가 갖추어졌기 때문이다.

일꾼은 제 뜻대로 일하거나 자기를 위해 일하는 자가 아니다. 온 마음을 기울여 주인의 말을 듣고 그 뜻을 마음 깊이 되새겨 주인의 원하는 바를 온 몸으로 실천하는 자가 되어야 한다. 나를 염려함이 없이 주인의 뜻을 이루기 위해 혼신의 힘을 다할 수 있어야 한다. 주어진 과제가 아무리 작고 사소할지라도 소홀히 여김이 없이 정성을 다해 실행할 수 있어야 하고 또 혹은 어떤 크고 어려운 과제가 주어질지라도 있는 힘을 다해 완수할 수 있어야 한다. 그런 다음 그 결과를 주인이 기뻐할 때 주인의 기쁨을 나의 기쁨으로 즐거워할 수 있는 자여야 한다. 이러한 종이 될 때 그를 참으로 충성된 종이라고 할 수 있을 것이다. 주인이 그를 믿고 모든 것을 맡겨 그의 영광이 되게 하는 것은 그 다음의 당연한 순서이다.

아브라함은 오랜 세월의 시행착오를 거친 다음에 이제야 비로소 이 자리에 도달한 것이었다. 때로 나에게 죽음처럼 보여지는 것이 있을지라도 하나님의 말씀에 순종하게 되었을 때 거기에 생명이 살아나는 참으로 놀라운 은혜의 역사가 생겨날 수 있다는 사실을 그는 모리아산의 번제 사건을 통해 확인하고 배울 수 있었던 것이다.

오늘날 세상에 하나님의 일꾼이 되고자 스스로 나선 자가 차고 넘치지만 있어야 할 결과가 보이지 않고 참된 일꾼이라 보여지는 자가 없음은 왜인가? 하나님의 세미한 음성을 듣는 자가 없기 때문이다. 그러기에 주어진 작은 일에도 충성을 다하고 크고 중요한 일에 전 삶을 바치고자 하는 마음들이 없다. 일을 하고자 하나 내 자존심이 중요하고 내 뜻 내 생각 내 기분이 중요하며 내가 차지할 자리와 결과를 놓고 싸운다. 끝까지 오직 하나님만을 생각하여 최선을 다할 수 있는 준비된 믿음이 없는 것이다.

20년 동안 열 번씩이나 품삯을 깎이면서도 낮의 더위와 밤의 추위에도 아랑곳하지 않고 열심히 삼촌의 양떼를 돌보았던 야곱이었다. 주인이 내 품삯을 고의로 깎는 상황에서도 그는 죽은 양 한 마리도 스스로 먹으려고 취하지 않았다. 어쩌다 짐승에 물려죽은 양이 있으면 자기 것으로 채워 넣었고 단 한 마리의 새끼도 낙태하지 않게 했다. 그래서 주인의 소유를 크게 늘어나게 했던 것이 야곱의 일꾼 됨이었다.

형제들에게 버림 당해 이국 땅의 노예가 되고 주인집 여자에게 모함을 당해 수년을 감옥에 갇힐지라도 어디서 누구에게나 신뢰받았던 사람이 야곱의 아들 요셉이었다. 어떤 악한 환경에서도 최선을 다해 성실했던 사람이었다. 하나님의 일꾼으로 부름 받은 자들, 하나님을 믿는 믿음이 귀로 전해져 오는 세미한 말씀 위에 굳게 세워진 자들이 보여주는 일꾼으로서의 삶의 태도였다. 이러한 야곱과 요셉의 삶이 아브라함이 후손에게 남긴 믿음의 실상이었고 모리아산에서의 번제 사건이 만들어낸 결과였다.

그렇다면 이제 이처럼 하나님의 원하는 자리에 하나님의 원하는 아들이자 일꾼으로 다시 돌아와 선 아브라함을 보시는 하나님의 마음은 어떠하였을까? **"내가 네게 큰 복을 주고"** '큰 복'을 주겠다는 이 말씀은 오늘 이전에는 볼 수 없었던 표현이다. 이는 곧 아브라함을 대한 하나님의 기쁨이 또한 얼마나 큰 것인지를 마음껏 드러내고 있는 말씀이다. 무얼 주어도 아깝지 않은 아들, 어떤 것을 맡겨도 이제는 믿을 수 있는 충성된 일꾼으로 선 듬직한 아들을 보는 아버지로서 하나님의 기쁨인 것이다. 그러므로 우리는 아브라함에게 다시 축복의 언약을 주시고 그를 언약의 일꾼으로 새롭게 부르시는 오늘의 말씀 속에서 혹독한 연단을 성공적으로 마치고 하나님 앞에 다시 돌아와 선 아브라함을 대하는 하나님의 기쁨을 더불어 발견할 수 있다.

이 기쁨은 아버지의 뜻을 저버리고 떠났던 아들, 아버지의 뜻을 알지 못한 채 제 맘대로 살던 아들이 본래 있어야 할 아들의 자리에 다시 되돌아온 것에 대한 아버지의 기쁨이다. 아버지는 아들에게 모든 것을 주고 싶었다. 그러나 아들이 아버지를 알지만 알지 못했고 그러므로 아버지의 뜻을 따를 수 없어 줄 수 없었던 그것을 이제 마음껏 줄 수 있게 된 아버지의 기쁨과 아들을 대한 사랑이 여기 이 말씀을 통해 표현되고 있는 것이다. 아들이 있어야 할 자리에 있지 못하였을 때는 단지 아버지의 슬픔이요 안타까움과 실망일 뿐이었으나 이제 다시 있어야 할 자리에 돌아왔을 때 그는 아버지의 기쁨으로 자리 잡게 된 것이었다.

모리아산에서 돌아온 아브라함이 자기 집에서 나타낸 모습은 큰 기쁨이었다. 지금까지의 잘못된 길을 깨닫고 바른 자리로 돌아온 그래서 다시 새 생명을 얻은 자의 기쁨이었다. 그런데 그러한 아브라함의 기쁨은 아브라함만의 기쁨이 아니라 하나님의 기쁨이었다. 하나님의 슬픔이었고 안타까움이었던 그가 하나님의 기쁨이 되었고 축복의 대상이 되었으며 충성된 일꾼이 된 것이었다. 모리아산에서.

"내가 네게 큰 복을 주고" 이는 아브라함이 다시 하나님의 큰 복을 얻을 수 있는 자리에 이르렀다는 것을 선포하시는 말씀이다. **"네 씨로 크게 성하여 하늘의 별과 같고 바닷가의 모래와 같게 하리니 네 씨가 그 대적의 문을 얻으리라"** 그리고 그 복은 자손들에게로 이어져 자손이 하늘의 별과 같고 바다의 모래 같이 크게 번성케 되는 것이었으며 이는 그가 자손들에게 복을 전할 수 있는 자가 되었음을 확인하는 말씀이다. **"또 네 씨로 말미암아 천하 만민이 복을 얻으리니"** 자손들이 복을 얻게 될 뿐만 아니라 그들로 인해 세상에 있는 모든 사람들이 다 복을 얻게 되리라고 말씀하신다. 이는 모리아산에서의 사건으로 인해 아브라함 자신 그의 자손들뿐만 아니라 천하의 모든 사람에게도 복을 얻게 하는 사람이 되었음을 알려주시는 말씀이다.

"네가 나의 말을 준행하였음이니라" 이 모든 결과들은 결국 이제야 아브라함이 자기 삶의 모든 것보다 하나님의 말씀을 최우선 순위에 둠으로 인해 만들어진 것이었다. 지금까지 자기 뜻, 자기 생각, 자기에게 만들어진 가치관을 우선하며 살아왔던 그가 모리아산에서의 사건으로 인해 비로소 하나님의 말씀을 그의 삶에 최우선할 수 있게 되었고 하나님의 어떤 말씀에도 순종할 수 있는 준비가 갖추어진 때문이었다. 하나님의 말씀이 우리를 생명으로 인도하고 그 말씀에 우리의 생명이 있다는 것을 이제야 깨달은 것이었다. 그리고 그의 자손들이 또 온 천하의 만민들이 복을 얻게 되는 것도 바로 아브라함의 이 믿음에 동참하게 될 때 만들어지는 결과이다.

훗날 아브라함의 자손들 중에 하나님의 자녀가 되고 하나님의 기쁨이 되었던 자들 그리고 천하 만민 중에 하나님의 자녀가 되는 복을 얻을 수 있었던 사람은 모두가 다 아브라함의 이 믿음 곧 하나님의 말씀을 준행하는 믿음에 동참한 자들이었다. 아브라함의 자녀였지만 말씀을 준행하는 믿음이 없었던 자들은 모두 축복의 대열에서 탈락하고 말았다. 이스마엘이 그러했고 에서가 그러했으며 출애굽 후 광야에서 죽어간 이스라엘이 그러했다. 가나안에 들어간 이후에도 이 믿음을 따라 복을 얻기도 하고 스스로 저주의 길을 달려가기도 하였다.

반면 이삭과 야곱과 요셉 그리고 모세와 여호수아 갈렙 다윗 다니엘 등 모든 신앙의 사람들에게서 나타난 오직 한 가지 믿음의 특징은 하나님의 말씀을 내 생명보다 더 소중히 여겨 지킨 것이었다. 그것이 죽음과도 같은 어려움을 가져다준다고 할지라도 말씀을 지켜 행하는데 삶을 걸었고 말씀을 어기게 되는 것을 목숨을 잃게 되는 것보다 더 두려워하며 살아간 자들이었다.

"오직 너는 마음을 강하게 하고 극히 담대히 하여 나의 종 모세가 네게 명한 율법을 다 지켜 행하고 좌로나 우로나 치우치지 말라 그리하면 어디로 가든지 형통하리니 이 율법책을 네 입에서 떠나지 말게 하며 주야로 그것을 묵상하여 그 가운데 기록한 대로 다 지켜 행하라 그리하면 네 길이 평탄하게 될 것이라 네가 형통하리라"(수 1:7-8)

"복있는 사람은 악인의 꾀를 좇지 아니하며 죄인의 길에 서지 아니하며 오만한 자의 자리에 앉지 아니하고 오직 여호와의 율법을 즐거워하며 그 율법을 주야로 묵상하는 자로다 저는 시냇가에 심은 나무가 시절을 좇아 과실을 맺으며 그 잎사귀가 마르지 아니함같으니 그 행사가 다 형통하리로다"(시 1:1-3)

하나님의 기쁨은 우리가 하나님을 알고 단순히 예배를 드리며 예물을 바치는데 있는 것이 아니었다. 하나님의 기쁨은 우리가 당신의 말씀을 온전히 지켜 행하는데 있다는 것을 다시금 힘껏 알려주신다. 우리에게 복을 주시는 것과 우리를 당신의 사역자로 삼을 수 있는 것도 바로 당신의 말씀을 알고 이를 통해 당신의 뜻을 알며 온 몸과 마음을 다해 행하는데 있다는 것을 말씀해 주신다.

멀리서 바람결에 (창 22:19-24)

"이에 아브라함이 그 사환에게로 돌아와서 함께 떠나 브엘세바에 이르러 거기 거하였더라"(:19)

산에서의 번제를 마치고 산 아래 종들이 머물던 곳으로 되돌아온 아브라함이다. 그가 산을 향해 올라갈 때는 거의 죽은 자의 모습이었다. 그러나 되돌아온 그의 모습은 어떠했을까? 죽어야만 했던 생명을 다시 얻었을 뿐만 아니라 완전히 새롭게 다시 태어나는 경험을 하였다. 이 거듭남은 하나님을 바라보는 시각과 삶을 대하는 관점이 완전히 바뀌어졌음을 의미하는 사건이었다. 이를 통해 하나님의 언약과 축복을 회복하였고 하나님의 좋은 일꾼으로 다시 부름을 받았다. 곧 현재의 삶이 아니라 저 영원한 때를 바라보고 인생을 다시 시작할 수 있는 은혜를 받은 것이었다. 그러므로 산에서 내려오는 아브라함을 맞이하는 종들의 눈에 그는 전혀 다른 사람으로 변해 있었을 것임에 틀림없다. 거듭난 자의 기쁨, 생명을 다시 얻은 자의 평안함 그리고 먼 곳을 응시하는 깊고 고요한 모습이 깃들여져 있었을 것이다.

아브라함은 브엘세바로 돌아와 그 땅에 머물 때 많은 것들을 생각했으리라. 자기는 최선이라고 생각하였지만 명백히 잘못되었던 지나온 날의 부끄러운 삶을 되돌아보고 정리하는 시간을 가졌으리라. 무엇보다도 이 브엘세바의 땅이 그의 부끄러움을 가장 크게 드러내고 있었다. 하나님의 약속이 있었고 그 증거도 있었지만 그저 우물 하나에 연연해하며 허무한 인간일 뿐인 일개 왕과의 언약에 자기의 삶을 걸고서 살아가려 하였던 땅이기 때문이다. 이 부끄러움을 벗어버리기 위해 그리고 결코 헛되이 보낼 수 없는 다시 얻은 삶을 위해서도 이제 어떻게 해야 할 것인가를 생각하며 그 땅에 머물렀으리라.

이삭에게 자기의 모든 것을 물려주고 남은 삶을 평안하게 사는 것으로 만족하고자 하였었다. 그런데 이제야 아담서부터 전해져온 그리고 노아 이후 다시 시작되어졌던 여호와 신앙이 어디서부터 왜 잘못되었는지를 깨닫게 되었다. 왜 인간의 삶이 오늘 이처럼 심각하게 왜곡되었고 고쳐질 수 없는 것인지 이유와 답을 발견한 것이었다. 이 순간 이제 그의 삶은 자기만을 생각하고 살아갈 수 있는 것이 아니었다. 이웃과 세상을 위해 그리고 이 땅에 세워진 하나님 나라를 위해 무언가를 해야만 했다. 바로 이 때 그에게 들려오는 소식이 있었다.

"이 일 후에 혹이 아브라함에게 고하여 이르기를 밀가가 그대의 동생 나홀에게 자녀를 낳았다 하였더라 그 맏아들은 우스요 우스의 동생은 부스와 아람의 아비 그므엘과 게셋과 하소와 빌다스와 이들랍과 브두엘이라 이 여덟 사람은 아브라함의 동생 나홀의 처 밀가의 소생이며 브두엘은 리브가를 낳았고 나홀의 첩 르우마라 하는 자도 데바와 가함과 다하스와 마아가를 낳았더라"(:20-24)

고향 땅 갈대아 우르의 소식이었다. 곧 그 땅에 남기고 온 동생에 관한 소식이 그에게 들려온다. 그가 밀가와 결혼하여 여덟 아들을 낳고 또 첩을 취하여 네 명의 자식을 낳아 도합 열 두 명의 자식을 낳았다고 하는 것이었다. 나홀은 아브라함의 막내 동생이었다. 아버지 데라를 모시고 고향을 떠나 가나안으로 오고자 할 때 함께 떠나기를 싫어하고 고향 땅에 홀로 남았던 사람이었다. 곧 형과 아버지가 신앙의 사명에 열정을 품고 힘들고 어려운 길을 가고자 할 때 그런 뜻에 함께 동참하는 것을 거부하고 혼자 고향 땅에 남는 길을 선택했던 자였다.

그후 약 40여년의 세월이 흘렀다. 아브라함은 시디 신 초와 같은 온갖 고초를 겪으며 이제 신앙의 제자리를 찾았다. 신앙이 어디서 잘못되었고 왜 잘못될 수밖에 없었는지 그 이유를 깨닫고 발견하는 먼 길이었다. 왜 아담 이후 홍수의 멸망을 겪어야 했고 노아와 세 아들에 의해 시작된 세계가 왜 또 이렇게 죽고 죽이며 빼앗고 빼앗기는 갈등과 대립의 장이 되었는지 그는 이제야 완전하게 깨달았다. 천국과 구원의 은혜에 대한 열망보다는 이 땅에서의 삶에 집착한 때문이었다. 바로 이 때 여전히 이와 같이 살아가고 있는 동생 가족의 소식이 그에게 들려져온 것이었다. 아내와 첩을 두고 열 두 아들을 낳아 편안히 잘 살아가고 있는 동생 나홀이 그의 눈에 들어왔다.

나홀의 아들 중 브두엘에게서 라반이라는 아들과 리브가라는 딸이 태어나는데 성경을 통해 이들에게서 보여지는 신앙을 살펴보면 하나님을 섬기면서도 동시에 여러 우상을 섬기는 다신교적인 신앙 형태를 지니고 있었다는 것을 알 수 있다. 신앙이 심각하게 왜곡되고 변질되어져 있었던 것이다. 그런데 왜 아브라함의 고향 땅 형제의 소식이 지금 그에게 들려져 오는 것일까?

다시 브엘세바로 돌아와서 이제 거듭난 신앙으로 무엇을 해야 할지 남은 사명을 생각하고 있을 아브라함이었다. 어떤 생각을 그에게 안겨다 주었을까? 이와 관련하여 우리가 보게 되는 한 가지 사실이 있다. 그것은 아내 사라가 죽은 후 그가 그두라라는 후처를 취하여 6명의 아들을 얻고 그들이 장성하자 그들 모두에게 재물을 주어 동방 곧 메소포타미아로 보내는 사실이다. 곧 그의 형제 친족이 살고 있는 고향 땅을 향해 보내는 것이었다.

왜 아브라함은 후처를 취한 것이었을까? 그저 늙어 적적한 외로움을 달래기 위해서였을까? 오늘 거듭난 이후의 삶이 그에게 그렇게 한가로운 것이었을까? 또 그는 왜 여섯 명의 아들을 얻었으며 왜 그들 모두를 자신의 고향 땅으로 보내는 것이었을까? 다만 이들을 이삭으로부터 분리시켜 놓고자 한 것이었던가? 시기적으로 볼 때 이 아들들의 태어남은 아브라함이 온전히 변화된 후에 태어난 아들들이었다. 이 때의 아브라함에게 가장 중요한 것이 있다면 그것은 자신의 거듭난 신앙을 아들이나 이웃을 통해 이 땅에 남기는 것이었다.

그러므로 여섯 명의 아들들에게 전해진 가장 중요한 것이 있었다면 당연히 아브라함의 거듭난 신앙이었다. 이들을 대해 이삭과 구별하는 차별 의식이 있었고 또 그들에게 아브라함이 신앙을 전하지 않았을 것이라고 생각할 수 있는 여지는 전혀 없다. 그렇다면 그가 여섯 명의 아들들을 동쪽 메소포타미아로 보낼 때에 어떤 의도를 가졌을 것이며 이들에게 어떤 부탁을 하였을 것인가?

아브라함이 지나온 날 자기의 신앙이 얼마나 잘못되었는가 하는 것을 깨닫고 온전히 거듭난 때였으며 이제 무엇을 어디서부터 어떻게 해야 할 것인지 진지하게 고민할 때였다. 그 때 동쪽으로부터 고향 땅 형제의 소식이 들려오고 이전의 자신과 같이 잘못된 신앙생활을 하며 잘못된 삶을 영위하는 형제가 눈에 들어온다. 잘못된 길임에도 그 길이 옳다고 여기며 살아가는 그들이었다. 당연히 그들을 대한 안타까운 마음이 생겨나지 않았겠는가? 그들에게 그 자리가 잘못되었다는 것을 알리고 바른 신앙을 전하고픈 마음이 왜 생겨나지 않았겠는가?

그는 고민했으리라. 이 사실을 어떻게 저들에게 알릴 것인지를. 자신이 갈 수는 없었고 아들 이삭을 보낼 수도 없었다. 가나안 땅에 대한 하나님의 언약이 있었기 때문이다. 그렇다면 누구를 보낼 것인가? 누구라야 이 신앙을 내 몸의 피와 살처럼 내 삶에 담아 저들에게 전해줄 수 있을 것인가? 아브라함 자신도 이 자리에 들어오기까지 모리아산의 그 혹독한 연단을 겪어야만 했는데 말이다. 아브라함은 안다. 이 신앙은 더 많이 갖고 더 편하게 사는 것을 목표로 살아가는 세상의 가치관에 매인 자는 쉽게 받아들일 수 없다는 것을.

그러므로 그가 아들 여섯을 얻고 이들에게 자신의 거듭난 신앙을 전하여 그들 모두를 동방으로 보내는 것은 이들을 통해 자기의 형제 친족을 포함한 셈족의 자손들에게 올바른 믿음을 전하고자 하는 아브라함의 의지를 읽을 수 있다. 이것이 아니라면 오늘 형제의 소식이 아브라함에게 들려온 것도 또 그가 여섯 아들을 낳아 동방으로 보내는 것도 다 의미 없는 일이고 이 일에 대한 성경의 기록 또한 의미가 전혀 없다.

모리아산에서 돌아온 아브라함에게 동방의 형제에 대한 소식이 관심 있게 들려온 것은 거듭난 아브라함에게 가장 먼저 떠오른 것이 하나님을 믿으나 이전의 자기와 같이 여전히 잘못된 길을 가고 있는 형제들이었다는 것을 알려준다. 그들에게 어떻게 이 바른 신앙을 전하여줄 수 있을까 하는 고민이 그에게 사명으로 다가왔다는 것을 보여준다.

나이 100세를 훌쩍 넘긴 늙은 자로서 무엇을 할 수 있다고 여겨지는 때가 아니었다. 이삭에게 모든 것을 물려주고 남은 삶을 편안하게 살아가고자 하는 것이 이 시기 그의 생각이고 바람이었다. 하지만 하나님은 그를 다시 불러 당신의 언약을 축복으로 주시고 오고 오는 영원한 세대를 통해 이루어가야 할 사명을 부여하셨다. 곧 그가 거듭나게 되었을 때 하나님을 바라보는 시각과 인생을 대하는 관점이 완전히 바뀌어진 것이었고 이 때 그의 삶은 새롭게 시작해야 할 그리고 새롭게 수행해야 하는 과제들을 보기 시작했다.

곧 거듭남은 우리의 삶에 새로운 의미를 줄 뿐만 아니라 새롭게 수행해야 하는 과제를 던져주는 것이다. 남은 삶이 얼마이든지 지금 나의 형편이 어떠하든지 간에 나의 생존을 떠나 이웃과 하나님 나라를 생각할 수 있도록 하며 인생의 마지막까지 의미 있게 살아갈 수 있는 힘을 공급해 준다.

하나님을 믿으나 눈과 의식이 여전히 나 자신 밖에는 보지 못하는 우리들이다. 아직 젊지만 늙어서 어떻게 편히 살 것인가 염려하며 이에 골몰하여 살아가는 이 시대 하나님의 사람들이다. 마치 없는 것과 같은 인생의 짧은 시간과 곧 사라져버릴 세상에 얽매여 살아갈 뿐 나 아닌 남을 위해 이 세상에서의 삶이 아닌 영원한 하나님의 나라를 위해 계획하고 고민하는 사람들이 없는 이 때이다. 모리아산에서의 아브라함과 같은 진정한 거듭남이 있는 것인지 물어보지 않을 수 없다.

모리아 산에서

| 창세기 23장 |

제3부 무덤을 보며

하나님의 방백. 그가 최종적으로 도달한 믿음의 자리였다. 헤브론의 입구에 위치한 사라와 아브라함의 묘는 그 곳을 지나다니는 사람들에게 어떤 생각을 갖게 해 주었을까?

죽었으나 영원히 살아있는 (창 23:1-2)

오늘까지 아브라함은 많은 일을 행하여 왔지만 가장 중요한 일은 아브라함 자신의 신앙을 바로 세우는 일이었다. 이를 통해 이 땅의 이지러진 하나님 신앙을 바로 세우는 것이 그에게 주어진 사명이었다. 그는 세상이 악하게 된 것은 악한 자들에게 원인이 있다고 보고 악한 자를 변화시켜야 한다고 생각했다. 곧 세상에 악을 만들어내는 근원을 가나안으로 보고 가나안을 변화시켜야 한다고 생각하였다. 그러나 하나님이 보시는 더 중요한 것은 아브라함 자신의 변화였다.

세상이 악하게 된 것은 어느 특정한 사람이나 세력에게 악이 있기 때문이 아니라 모든 사람의 마음에 부여된 본래의 하나님 형상이 사라진 때문이었고 이는 아브라함 자신도 마찬가지였다. 그럼에도 이를 알지 못하였고 마침내 그는 모리아산에서 잃어버린 진실한 내면의 모습 곧 하나님의 형상을 회복할 수 있게 된 것이었다.

오늘도 그러하다. 세상이 악한 것은 어떤 몇 몇 사람 혹은 사회적 제도 때문이 아니라 모든 사람의 마음 속에서 하나님의 형상이 사라졌기 때문이다. 오직 선을 알고 선만을 행하도록 창조된 인간의 본질을 우리 모두가 잃어버렸고 그 대신 모든 사람이 크거나 작은 정도의 차이만 있을 뿐 악을 생각하고 악을 실행할 수 있는 자리에 있기 때문이다. 그러므로 진정 중요한 것은 사회 제도의 구조적 변화나 악한 세력의 제거가 아니라 모든 사람이 아브라함이 경험하였던 모리아산의 변화를 경험하는 일이다. 특정한 사람이나 세력을 악의 축이라고 지목하고 제거하려고 하지만 그들이 없어지고 남은 자리에는 더 큰 악이 생겨나고 확산되는 것을 우리는 보고 있다.

그런데 아브라함의 모든 과정을 살펴보면 이 자리에 들어오기까지 누군가 곁에서 그를 지켜주었기에 가능했다고 하는 사실을 발견할 수 있다. 곧 사라였다. 그가 도저히 이길 수 없는 수렁에 빠져 무너질 때 그를 건져준 사람은 아내 사라였다. 온전한 사랑과 희생으로 지켜준 것이었다. 가나안에서의 첫 사역이 실패한 후 애굽 왕 앞에서 무너질 때도 사라는 비판하는 대신 온 몸과 마음을 바쳐 아브라함을 지켜주었다. 소돔과 고모라의 사건 이후 블레셋 왕 앞에 섰을 때도 마찬가지였다.

이러한 그녀의 삶이 그래도 즐거움과 기쁨을 누린 것이 있다면 그녀의 나이 90세 때 이삭을 얻은 것이었다. 이삭과 함께 한 삶도 그저 아들의 자라남을 보고 든든해하며 즐거워한 것이 아니라 그에게 신앙과 신앙의 삶을 가르쳐야 하는 과정이었다. 지금까지 아브라함을 위해 헌신하였다면 이 때부터는 이삭을 위해 헌신하는 것이 사라 앞에 놓여진 삶이었다. 하지만 어느 날인가 아브라함이 그 아들을 번제로 바치려고 하였던 사건 앞에서 그녀는 얼마나 놀랐을 것인지. 어쨌든 이삭이 태어난 이후 37년의 세월이 또 바람같이 지나갔다.

"사라가 일백 이십 칠세를 살았으니 이것이 곧 사라의 향년이라"(:1)

마침내 사라의 죽음이 다가왔다. 그녀의 나이 127세 때였다. 65세 때에 하란을 떠나 가나안으로 왔으니 가나안에 온지 62년만이었다. 여자의 몸으로 부모 형제 친척을 떠나는 일도 결코 쉽지 아니했을 터인데 더군다나 가나안은 그들의 정착을 쉽게 허락하지 않는 매우 거친 땅이었다. 하지만 남편을 사랑했고 또 가나안을 향한 그의 뜻이 합당하기에 그녀 자신을 기꺼이 포기하고 아브라함과 그 힘든 길을 함께 하였다. 온갖 역경을 겪으면서도 아브라함이 한 사람의 온전한 신앙인, 하나님의 성실한 일꾼으로 세워지기까지 가장 든든한 후원자로 그의 곁을 지켜온 것이었다.

이러한 삶에 대해 성경은 그녀의 죽음을 아주 특별한 사건으로 맞이하고 있다. 그것은 신앙의 역사에 남자보다 더 훌륭한 여자들이 여럿 등장하지만 그들 중 죽음이 기록된 사람은 사라 단 한 사람 뿐이라는 사실이다. 성경에 등장하는 여인들 중 가장 유명하다고 할 수 있는 사무엘의 어머니 한나, 그리고 예수님을 잉태한 마리아도 그들의 삶의 한 과정은 분명히 기록되어 있지만 그들의 마지막은 언제 어디서 어떻게 끝났는지 기록되어 있지 않다. 특히 최초의 여자 하와도 에덴을 쫓겨난 이후의 행적에 대해 성경은 단 한 글자도 담고 있지 않다.

여자뿐만 아니라 하나님의 종으로 부름 받아 사역한 훌륭한 신앙의 인물 중에서도 죽음이 의미 있게 소개되고 있는 사람은 아브라함, 야곱, 요셉 그리고 모세와 아론, 다윗 등 몇 사람에 불과하다. 그런 점에서 성경이 오늘 사라의 죽음을 그녀의 나이와 더불어 정확하게 기록하고 있고 그녀의 장례가 창세기 23장 전체에 걸쳐 설명되고 있다는 것은 대단히 이례적이다. 이는 그녀의 삶을 하나님이 얼마나 높이 평가하고 있는지를 충분히 느낄 수 있게 해준다.

이를 통해 그녀의 삶과 죽음은 4000년이 지난 오늘까지 전해져 오며 전체 신앙의 역사에 중요한 의미를 남기고 있다. 오늘도 아브라함의 믿음의 길을 가는 모든 사람이 그녀를 보며 귀한 신앙의 교훈을 얻는다. 그녀 자신 지나온 인생의 길이 너무도 힘들고 어려운 길이었지만 그렇게 남겨진 씨앗은 영원히 시들지 않는 귀한 열매를 맺고 있는 것이다. 성경이 사라의 죽음을 담고 있는 것은 그녀가 죽기까지의 삶을 하나님께서 얼마나 소중히 여기는가 하는 것을 보여준다.

그렇다. 중요한 것은 이것이다. 나의 마지막을 하나님이 함께 해 주시는 바로 그것이다. 하나님께서 나의 죽음을 인정해 주는 삶을 사는 것, 사람들 앞에서 나의 죽음이 의미 있게 여겨지도록 사는 이것이 중요한 것 아니겠는가? 삶의 과정이 아무리 힘들지라도 마지막이 아름다울 수 있다면 이것이야말로 가장 소중히 여겨야 할 진정 아름다운 가치일 것이다.

정말로 힘들게 열심히 산 것 같지만 무엇을 위해 산 것인지 의미를 알수 없고 끝이 허무할 수밖에 없는 인생이 있다. 남에게 폐 끼치지 않고 최선을 다해 살았지만 오로지 자기만을 위해 살아온 삶도 있다. 오늘 우리 눈에 보여지는 거의 모든 인생이 그러하다. 그러나 사라는 127세의 생을 살면서 영원한 신앙의 교사로서 아브라함과 함께 우리에게 신앙의 참된 삶을 가르치고 있다. 그 삶은 사무엘의 어머니 한나에게 또 예수님을 잉태한 마리아에게로 이어지며 고비 고비마다 신앙의 어두운 역사를 밝히는 빛이 되어 가치를 더하여 왔다.

"사라가 가나안 땅 헤브론 곧 기럇아르바에서 죽으매 아브라함이 들어가서 사라를 위하여 슬퍼하며 애통하다가"(:2)

그러면 사라의 죽음을 아브라함은 어떻게 받아들였을까? 사라가 죽고 난 후 아브라함은 그녀의 주검 앞에서 슬퍼하며 애통해한다. 여자의 죽음이 성경에 기록된 것도 대단히 이례적인 것이지만 남편이 아내의 죽음을 슬퍼하며 애통해하였다고 하는 사실도 성경의 최초이자 마지막인 유일하고도 아주 특이한 장면이다. 아브라함은 어떤 마음으로 그녀의 죽음을 슬퍼하며 애통해하였을까? 그저 함께 오래 살았기에 쌓여진 정 때문에 이별을 슬퍼하는 것일까? 단순히 그러한 이유라면 성경이 이를 굳이 기록할 이유는 없을 것이다. 더군다나 일부다처제의 가부장제 사회였다. 남편이 한 명 아내의 죽음을 놓고 이토록 슬퍼하고 애통해하는 모습을 보이는 것도 쉽지 않은 일이다.

이와 관련하여 아브라함의 삶에 있어 사라의 존재 의미는 어떠했는가 하는 것을 생각해 본다면 그녀는 단순히 아내 그 이상의 존재였다. 가장 믿을 수 있는 친구였고 어려울 때 전 삶을 바쳐 자기를 지켜준 든든한 인생의 후원자였으며 하나님의 일을 위한 동역자였다. 더불어 아브라함이 늙어가고 있는 이 때 누구보다도 절실하게 필요한 존재이기도 했다. 그런 그녀가 떠나간 것이었다. 어쩌면 아브라함은 사라에게 신세만 졌을 뿐 그녀에게 해 준 것이라곤 아무것도 없었다고 느낄 수도 있었다. 친구를 잃은 슬픔, 동역자를 떠나보낸 섭섭함, 후원자를 잃은 허전함 그리고 고생만 시킨 미안함이 오늘 이러한 슬픔을 자아내는 것이었으리라. 아브라함은 오늘 그녀의 죽음에 임해서야 비로소 자신의 삶이 사라로 말미암아 가능했다는 것을 깨달았을지도 모른다.

내가 죽은 후 진정 나의 죽음을 놓고 친구를 잃은 섭섭함, 동반자를 잃은 슬픔, 동역자를 잃은 허전함으로 슬퍼하며 애통할 수 있는 사람이 몇이나 있을 것인지 한 번 생각해 보지 않을 수 없다. 인간적인 이별에서 오는 의례적인 슬픔이 아닌 진심에서 그 삶을 존경하는 눈물이 나의 죽음을 대해 과연 흘려질 수 있을 것인지. 오늘 사라의 죽음은 하늘이 그녀를 인정하고 마지막을 기리는 죽음이었다. 남편이 죽음을 안타까워하는 여인, 온 세상이 기억하고 기념하는 여인, 죽었으나 영원히 살아남아 귀한 신앙의 교훈을 전하여 주는 그런 여인의 죽음이었다.

오늘까지 사라는 아브라함에게 가려진 채 살아왔다. 아브라함을 위해 산 것 이외 특별히 남길만한 업적은 없었다. 하지만 그녀의 마지막에 하나님은 아브라함의 뒤에 가려져 있던 곳에서 불러내어 세상 앞에 이렇게 드러내고 있는 것이다. 보이지 않는 듯 살아온 삶이 더욱 아름다웠기 때문이다. 그렇게 감춰져 있었기에 더욱 아름다울 수 있는 여인이었다. 그녀의 삶은 아브라함 한 사람을 위해 산 것처럼 보였지만 실제는 아브라함을 넘어 온 세상과 하나님 나라를 위해 산 삶이었기 때문이다.

자기를 드러내기 위해 애쓰는 천박한 세상이다. 하나님의 사람이라고 하나 사람에게 인기를 얻는 것을 영광으로 삼고 그 길로 몸 바쳐 달려가는 속된 군상들이 가득하다. 소리 없이 자기를 희생하고 다만 그 이름을 천국 생명록에 기록해 놓은 이 여인의 이름을 하나님은 이 세상 앞에 선명하게 드러내신다.

나그네의 삶 (창 23:2-4)

"사라가 가나안 땅 헤브론 곧 기럇아르바에서 죽으매 아브라함이 들어가서 사라를 위하여 슬퍼하며 애통하다가"(:2)

사라가 죽을 때 나타나는 상황과 관련하여 우리가 특별히 보게 되는 한 가지 사실이 있다. 그것은 이 때 아브라함이 거주한 곳이 기럇아르바 곧 헤브론이었다는 점이다. 헤브론은 그가 롯과 헤어진 후 소돔과 고모라의 사건이 있기까지 거의 20여 년 간 살아오던 삶의 터전이었었고 제2의 고향과도 같은 땅이었다. 그런데 소돔과 고모라 사건 이후 그는 이곳을 떠나 블레셋 땅으로 내려갔고 그후 브엘세바라고 일컬어지는 곳에서 정착하여 살게 되었었다. 그 곳에서 그는 블레셋 왕과의 언약을 통해 안정되게 살아갈 수 있는 입지를 완전히 확보하였던 것이다. 그런데 오늘 사라가 죽을 때 그들이 거하는 장소가 헤브론이었다는 것은 아브라함이 그렇게 확보된 브엘세바의 안정된 삶을 버리고 다시 가나안으로 돌아왔다는 것을 의미한다. 그렇다면 그가 이곳으로 돌아온 것은 모리아산에서의 번제 사건을 경험한 후였다.

아브라함이 블레셋 땅으로 내려간 것은 소돔과 고모라의 멸망 직후였다. 이 때 그가 가나안을 떠나는 결정을 한 것은 가나안에서의 사역이 완전히 허물어진 때문이었고 이는 하나님과 신앙에 대한 깊은 회의와 절망이 있었기 때문이었다. 그가 블레셋 왕 앞에서 사라를 자기의 여동생이라고 하여 그에게 주었던 것이나 브엘세바를 얻기까지의 과정은 가나안에서의 사역뿐만 아니라 어쩌면 하나님을 믿는 자기의 믿음까지도 포기했음을 보여주는 모습이었다. 하늘의 삶을 포기하고 그저 땅에 묻혀 땅의 삶을 살아가고자 하는 마음이었다.

그러했던 그가 모리아산 사건 이후 다시 가나안으로 돌아왔다. 이전에 그의 꿈을 묻고 열정을 쏟아부었던 땅으로 다시 올라온 것이었다. 이는 그가 소돔과 고모라의 멸망이 가져다준 충격에서 완전히 벗어났다는 것과 다시금 믿음을 회복하고 하나님께서 맡겨주신 사역을 새롭게 시작해 보고자 하는 의지와 용기가 그에게 생겨났다는 것을 뜻한다. 곧 모리아산 사건을 통해 하나님 신앙을 다시 한 번 새롭게 하였을 때 그가 먼저 생각한 것은 지금 내가 머물고 있는 자리가 어떤 곳인가 하는 것이었고 이어지는 첫 번째 선택은 브엘세바를 떠나는 일이었다. 지금 머물고 있는 자리가 합당치 않다는 사실을 보았기 때문이었다. 이제 내가 가야 할 곳은 어디이며 해야 할 일은 무엇인가 하는 것을 생각했고 그는 주저없이 브엘세바의 삶을 접고 헤브론으로 올라온 것이었다.

100세를 훨씬 넘긴 때였다. 너무나 많은 일을 경험했고 또 많이 지쳤으며 이제는 스스로 편안히 살아가고자 하는 때였다. 블레셋의 브엘세바는 그의 남은 삶을 편하게 해줄 수 있는 모든 것을 제공하고 있었다. 비록 그가 새롭게 거듭날 수 있는 신앙의 체험을 하였다고 할지라도 적어도 인간적인 관점에서 본다면 이제 또 다시 무언가 도전적인 삶을 시작해 보겠다고 하는 것은 거의 어려운 일이었다. 그럼에도 그는 나이와 육체의 조건, 여러가지 어려운 삶의 조건들을 극복하고 그 땅을 떠났던 것이다. 새로운 비전이 그에게 생겨났기 때문이었다.

갈대아 우르를 떠나 수천 킬로미터를 이동하여 가나안으로 온 것도 보통의 사람들이 감히 흉내낼 수 없는 엄청난 일이었다. 그런데 100세를 훨씬 넘긴 뒤에 또 다시 안정된 삶의 터를 버리고 새로운 시작을 꿈꾸며 길을 떠난다는 것은 더욱 놀라운 일이 아닐 수 없다. 더군다나 모든 것이 허물어지는 지독한 실망과 좌절을 겪은 이후에 다시 일어나 전보다 더 꿋꿋하게 길을 갈 수 있다는 것은 감히 생각할 수 없는 일이다. 보통의 사람에게 있어서 늙어서 겪게 되는 실패는 그대로 인생을 끝내는 사건이 되기 때문이다.

모리아산 사건 이후 저 멀리 있는 내 형제와 동족의 소식을 들으며 그들을 위해 무엇을 해야 할지 생각하고 오랜 날을 준비했다. 지금 내가 머물고 있는 이곳에서 무엇을 어떻게 해야 할지를 고민하며 이렇게 새로운 길을 결단하는 것이었다. 거듭난 신앙이 우리에게 줄 수 있는 것이 무엇인지, 이후 우리가 걸어가게 되는 삶이 어떠해야 하는 것인지를 밝히 보여준다. 보다 안락하고 풍요로운 삶이 아니라 의미 없는 삶을 걷어버리고 진정 소중하고 가치 있는 일을 위해 떠나는 것이었다. 외적인 조건은 전혀 문제가 되지 않았다.

> "그 시체 앞에서 일어나 나가서 헷 족속에게 말하여 가로되 나는 당신들 중에 나그네요 우거한 자니 청컨대 당신들 중에서 내게 매장지를 주어 소유를 삼아 나로 내 죽은 자를 내어 장사하게 하시오"(:3-4)

브엘세바를 떠나 가나안으로 다시 돌아온 이러한 삶과 더불어 오늘 사라의 죽음을 통해 나타나는 또 한 가지 중요한 사실을 보게 된다. 그것은 아브라함이 가나안 땅에 자신의 아내를 묻을 만한 단 한 평의 땅도 가지고 있지 않다는 사실이다. 아브라함이 사라를 묻을 땅을 얻기 위해 돈을 주고 땅을 사게 되는 상황 속에서 우리는 당시 사회가 땅의 매매와 개인의 소유권이 인정되는 사회였다는 것을 알 수 있다. 그리고 헷 족속이 아브라함에게 돈을 받고 땅을 팔며 그에게 땅의 소유권을 인정해주는 사실 속에서 만일 이전에라도 아브라함이 땅을 소유하고자 하는 마음만 있었다면 얼마든지 사서 소유할 수 있었다는 사실도 보게 된다.

아브라함에게 땅을 살만한 경제력이 없었던 것이 아니었다. 막대한 재산을 소유한 사람이었고 헤브론을 곧 떠나려고 했던 것도 아니었다. 이제 다시 돌아와 거하게 된 헤브론 땅에 그의 평생을 묻겠다는 각오도 가지고 있었다. 그럼에도 그는 이곳에 땅을 사서 소유하며 자신에게 물려줄 생각은 하지 않았다. 더 나아가 그는 의도적으로 땅을 사지 않았다. 이는 오늘 이후 그의 삶을 보면 알 수 있다. 곧 사라의 장례를 위해 땅을 사고자 하면서도 이후 죽는 날까지 죽어 묻힐 땅 이외 단 한 평의 땅도 소유하고자 하지 않았다.

이러한 모습은 뒤를 잇는 이삭, 야곱 등 후손들의 삶에도 그대로 이어진다. 그들 또한 가나안을 떠나지 않는 삶을 살면서도 오늘 아브라함이 사라를 위해 산 무덤 이외 땅 한 평 자신들의 소유로 만들어놓지 않았다. 곧 아브라함은 자신이 그러했을 뿐만 아니라 자손들에게도 절대 땅을 사지 말 것을 유언이자 가르침으로 남겼던 것이다. 그저 오늘 사라가 묻힌 땅에 아브라함도 이삭도 야곱도 그들의 아내들도 다 묻혀질 뿐이었다.

왜 그랬을까? 왜 아브라함은 가나안에 뼈를 묻겠다고 각오하고 후손들에게도 가나안을 떠나지 말 것을 명령하면서도 내 소유의 땅을 남기지 않은 것이었을까? 오히려 땅을 사서 안정된 삶을 구축하고자 하는 것이 합당할 것 같은데 말이다. 여기서 우리는 사람이 땅을 사서 내 소유로 삼게 될 때와 내 것으로 확보해둔 땅이 없을 때의 삶이 어떤 차이점이 있는가 하는 것을 생각해본다.

먼저 내 땅이 있다고 할 때를 생각해보면 우선 떠올릴 수 있는 결과는 그의 삶이 그 땅에 고착되고 제한되어진다고 하는 점이다. 즉 이 소유가 그의 마음에 만족과 안심을 주고 또 현재 소유한 것을 지키고자 하는 수동적이고 방어적인 삶의 태도를 갖게 한다. 땅을 소유함으로 인해 삶은 긴장을 잃게 되고 새로운 일에 대한 도전 정신이 흐려진다. 혹 그 곳을 떠나야 하는 상황이 생겨나게 되면 소유한 땅 때문에 떠나는 것을 꺼려하고 거부하게 된다. 나아가 땅을 더 많이 얻고자 하는 욕심이 생겨나고 이는 자연 소유를 둘러싼 갈등을 부추기는 결과를 가지고 온다. 이것은 인간의 역사를 보면 항상 나타나는 피할 수 없는 결과이다.

반면 땅을 사서 소유할 수 있음에도 그렇게 하지 않는 자의 의식 속에는 어떤 생각들이 있는 것일까? 무엇보다도 그것은 언제든 떠날 준비가 되어 있다는 것을 말해준다. 곧 이곳에서의 삶이 끝이 아니라고 하는 것, 여기서 내가 해야 할 일을 다하면 언제든지 떠나겠다고 하는 긴장된 의식이 그에게 있는 것이다. 그러므로 언제든지 주변을 살핀다. 혹시라도 내 삶이 이곳에 얽매이지 않게 되기를 위해 나를 구속하고 삶을 속박할 수 있는 요인들을 제거하며 최대한 간결한 삶을 살고자 한다.

이스라엘이 애굽을 벗어나 광야에서 40년을 거할 때 그들은 언제 어디로 떠날지 알지 못하는 삶을 살았다. 40년 동안 거의 40번에 걸쳐 이동을 하며 살았다. 회막 위에 머물러 있는 구름이 언제든 떠오르면 즉시라도 함께 떠나야 했고 구름이 머물러 있으면 떠나고 싶어도 그곳에 함께 머물러야 했다. 늘 하나님의 뜻을 살피며 떠남을 준비하는 삶을 그들로 하여금 살게 하신 것이었다. 그러기에 많은 것을 소유할 수 없었다. 언제까지라도 살겠다는 욕심으로 장막의 말뚝을 깊게 박을 수 없었다. 최대한 간결한 삶을 유지하며 언제라도 떠날 준비를 해야 했다. 이곳이 끝이 아니라는 것, 내가 가야 할 곳이 따로 있다는 것을 한시라도 잊지 않게 하려는 하나님의 섭리였다.

가나안의 헤브론에 다시 와서 그 곳에 죽어 묻히게 되면서도 몸을 묻을 공간 이외 내 소유의 땅을 갖지 않은 아브라함의 삶은 다음 말이 그 대답을 가지고 있다. **"나는 당신들 중에 나그네요 우거한 자니"** 나그네의 삶, 이것이 가나안에서의 아브라함의 삶이었다는 것을 보게 된다. 언제든 어디로든 떠날 준비를 하고 사는 나그네 의식이 아브라함의 신앙의식 속에 분명하게 세워져 있었다는 것을 알려준다. 늘 떠남을 준비하는 것, 늘 떠날 때가 오리라는 것을 기다리며 살아가는 것이 그의 삶의 의식이었다.

이 때 아브라함의 나이 137세였다. 지금까지야 어떠했든지 간에 또 다시 다른 곳으로 떠나가 새로운 일을 시작하고 삶을 새롭게 일구어 간다고 하는 것은 거의 생각하기 어려운 때였다. 이제는 한 곳에 정착하여 살고 싶은 때였고 인생의 마지막을 준비할 때였다. 하지만 브엘세바를 떠나온 아브라함이었고 헤브론일지라도 언제든 떠날 준비를 하며 살아온 아브라함의 삶을 본다. 이것이 137세의 세월을 지나가는 한 노인이 보여주는 삶이었다. 잠들지 않은 영혼의 소유자였고 몸은 늙었을지라도 결코 삶의 역동성을 잃지 않은 신앙인이었다.

하나님의 방백이라 (창 23:5-6)

　가나안의 헤브론에 오래도록 거하였지만 자기를 위한 땅 한 평 사지 않고 나그네 의식으로 살아온 아브라함이었다. 그가 땅 한 평 자기 소유로 사지 않았다는 것은 세속적 부의 축적에 큰 의미를 두지 않았다는 것을 뜻하기도 한다. 그렇다면 아브라함은 땅과 재산에 대한 욕심을 철저히 억제하는 대신 무엇을 위해 살아온 것이었을까? 그리고 아브라함의 이러한 삶은 함께 살던 헤브론의 가나안 족속들에게 어떻게 보여지고 받아들여졌을까?

　"헷 족속이 아브라함에게 대답하여 가로되 내 주여 들으소서 당신은 우리 중 하나님의 방백이시니 우리 묘실 중에서 좋은 것을 택하여 당신의 죽은 자를 장사하소서 우리 중에서 자기 묘실에 당신의 죽은 자 장사함을 금할 자가 없으리이다"(:5-6)

　헤브론의 헷 족속은 사라를 묻을 땅을 구하는 아브라함에게 자기들이 가지고 있는 묘실 중 좋은 것을 임의로 골라 거기에 사라를 장사지내라고 말한다. 그들 중 어느 누구도 이를 싫어하고 거부할 자가 없다고 한다. 곧 헷 족속의 모든 사람들이 한결같이 아브라함과 사라를 위해 자신의 묘실을 내어줄 용의가 있다고 하는 말이다. 이 말 속에는 어떤 생각과 감정이 담겨 있는 것일까? 단순히 슬픈 일을 당한 이웃을 위해 자기들의 친절을 나타내는 것일까? 보통의 경우 동서양을 막론하고 부모나 혹은 자신의 장례를 위해 무덤을 고를 때는 그리 멀지 않은 곳, 가급적이면 해가 잘 들고 따뜻하며 전망이 좋은 땅을 골라 정한다. 그렇게 준비가 되면 그 땅을 다른 어떤 곳보다 소중히 여긴다.

특히 고대 가나안의 매장 풍습을 보건대 바위굴을 택하여 그곳에 자기 가족의 모든 사람들을 대대로 안치하는 풍습을 가지고 있었다. 그러므로 이 묘실은 누구에게 쉽게 내어줄 수 있는 것이 아니었다. 그런데 헷 족속은 사라의 묘지를 구하는 아브라함에게 자기들이 가지고 있는 모든 묘실 중에 당신이 바라는 곳이 있다면 그것이 누구의 것이든 원하는 대로 사용하라고 말한다. 아브라함에게 이 말을 하는 사람은 필경 부족의 대표자 격인 사람이다. 그가 이러한 말을 한다는 것은 헤브론의 헷 족속 모두가 이러한 동일한 뜻을 가지고 있다는 것을 의미한다.

묘실에 대한 일반적인 관념에서 생각해본다면 이들의 말은 단순히 함께 사는 이웃을 위해 친절을 베풀고자 하는 뜻이 아니다. 이것은 아브라함의 삶을 대해 커다란 존경심을 가지고 있을 때에 가능한 일이다. 그리고 아브라함으로 인해 자신들이 큰 도움을 입었다고 생각하고 있을 때 나타날 수 있는 모습이다. 그들의 이러한 반응은 적어도 헤브론에서 아브라함의 삶이 저들에게 큰 영향을 미쳤다는 것, 마음에서 우러나오는 깊은 감동을 불러일으켰다는 것을 말하고 있다.

아브라함이 존경을 받고 있다면 또 저들이 아브라함에게 은혜를 입었다고 생각한다면 이런 결과를 만들어낸 아브라함의 삶의 실체는 어떤 것이었을까? 오래 전 엘람의 그돌라오멜 왕이 이끄는 북방 세력들이 가나안을 휩

쓸고 지나갈 때 아브라함이 자신의 군대를 이끌고 출전하여 롯을 비롯 가나안 사람의 포로와 물품을 되찾아온 그 일 때문인 것일까? 물론 그럴 수도 있는 일이다. 하지만 계산해보면 그 일은 거의 60여 년 전의 일이다. 아주 오래된 일이요 그것만이 오늘의 결과를 결정짓는 요인이라고 한다면 그렇게 중요하고 큰 의미가 있는 것도 아니다.

여기서 우리가 보아야 하는 중요한 사실은 저들이 지금의 아브라함을 어떻게 받아들이고 있는가 하는 점이다. 특히 모리아산에서의 거듭남을 경험한 이후 브엘세바를 떠나 다시 돌아와 정착한 아브라함이었다. 과연 그는 함께 사는 이웃 족속들에게 어떤 마음과 삶을 보여준 것이었을까?

바로 여기서 우리는 이것을 알게 하는 한 가지 단서를 발견하게 된다. 그것은 헷 족속이 아브라함을 부르는 호칭이다. **"내 주여"** 우리는 앞에서 지금 아브라함에게 우리 묘실 중 좋은 것을 선택하여 사용하라고 말하는 사람은 그들 가운데 대표자 격인 부족의 족장이나 그에 버금가는 권위 있는 인물이라는 것을 살펴보았다. 아무나 부족 전체의 의사를 전달하는 이런 일을 할 수 있는 것은 아니기 때문이다. 그런데 그런 사람이 아브라함을 대해 **"내 주여"**라고 칭하고 있다. 여기서 '주'라고 하는 호칭은 상대를 나의 주인이라고 높이는 반면 말하는 자 자신을 그의 '종'이라고 낮춰서 말하는 곧 상대에 대한 최고 높임의 말이다.

왜 이런 호칭을 사용하는 것일까? 단지 이웃을 대한 겸양의 표현에 지나지 않는 것일까? 단순히 나이에 대해 존중히 여기는 마음의 표시인 것일까? 더군다나 아브라함은 이들 가나안 족의 입장에서 보면 이방인이다. 가나안 본토 족속이 아니다. 이방인인 그를 대해 부족의 족장 정도의 위치에 있는 사람이 그렇게 쉽게 **"내 주여"**라고 부를 수 있는 것일까? 이와 관련하여 우리는 이들이 아브라함을 이렇게 부를 수 있는 보다 중요하고 실질적인 이유가 아브라함에게 있었다는 것을 발견할 수 있다.

"당신은 우리 중 하나님의 방백이시니" 여기서 방백이라고 하는 것은 왕과 같은 지도자를 의미한다. 곧 그들 사회에서 지도자의 권위를 지니고 다스리며 삶에 깊은 영향력을 미치는 인물을 칭하는 용어이다. 바로 여기서 우리는 이들 사회에서 아브라함이 지금까지 어떤 역할을 수행하여 왔고 어떤 결과를 남겼는가 하는 것을 가늠해 볼 수 있다. 곧 아브라함은 브엘세바에서 올라온 후 헤브론에서 그들의 지도자적인 인물로 추앙 받는 삶을 살아 왔던 것이다. 삶의 여러 문제를 직접적으로 다스려 왔고 이에 대해 저들은 기꺼이 그 다스림을 받아들이고 이를 통해 아브라함을 존중하고 높여왔다는 것을 알 수 있다. 그렇다면 아브라함은 무엇으로 저들을 다스린 것이었을까? 어떻게 저들을 다스릴 수 있게 된 것이었을까? 그 다스림의 요인이 많은 재산이나 혹은 많은 사람을 종으로 거느리고 있다고 하는 그런 물리적 힘에서 나온 것이었을까?

저들은 아브라함을 자신들의 방백이라고 하되 단순한 방백이 아니요 **'하나님의 방백'**이라고 말하고 있다. 여기서 하나님의 방백이라고 하는 것은 방백으로서의 다스림이 하나님으로부터 나온 신적인 권위였다는 것을 의미한다. 곧 하나님의 사자로서 하나님을 대신하여 저들을 다스리는 상황이 전개되어져 온 것이었다. 그러면 저들이 아브라함을 하나님의 보내신 지도자라고 인식하게 된 근거는 또 무엇이었을까? 어떤 신기한 초월적 능력을 아브라함이 행한 것이었을까? 아니면 마치 고대 부족사회의 제사장처럼 그가 단순히 하나님께 제사를 드리는 제사장이 되어 저들 앞에 군림하는 자가 되었던 때문일까?

　오늘의 상황은 아브라함이 모리아산에서의 변화를 경험한 후의 일이다. 누군가가 아브라함에게서 하나님을 인식할 수 있었다면 무엇 때문이었을까? 단순히 그가 하나님께 제사를 드렸기 때문인가? 그러한 신앙의 형태가 모리아산 이전의 그에게 있었지만 그 이후에는 그러한 형태의 신앙이 자리하고 있을 여지는 전혀 없다. 오직 하나 하나님의 언약 말씀을 지켜 행하는 것이 그의 신앙의 전부가 되었다. 언약에 합당한 삶을 사는 것이 새로 만들어진 믿음의 본질이었다. 따라서 그가 하나님을 사람들에게 나타내었다면 그것은 오직 하나님의 언약 말씀에 입각한 것일 수밖에 없었고 나아가 사람들을 다스렸다면 그 다스림의 근거 또한 오직 언약 말씀을 통해 하나님께서 요구하시는 삶일 수밖에 없었다.

　곧 의와 선에 대한 정확한 지식을 전달하고 불의와 악을 버리고 의와 선을 좇아 살 것을 가르치며 나아가 사회 구성원들 사이에 다툼이 생겼을 경우 잘잘못을 판단하여 가려주는 재판장과 같은 기능을 수행한 것이었다. 그리고 사람들이 그의 판단에 대해 이의를 제기할 여지를 갖지 못할 만큼 그의 판단은 공의롭고 정확했다는 것을 뜻한다. 그 결과 저들의 사회는 공의롭고 질서 있는 사회로 변화되고 모든 사람들이 화평할 수 있는 체계가 세워진 것이었다.

　결국 우리는 이러한 이해를 통해 브엘세바를 떠나 다시 가나안으로 돌아온 아브라함에게서 나타난 결과는 오직 하나 하나님의 말씀으로 저들을 가르치고 다스리는 것이었다는 것을 알 수 있다. 물론 이 때의 말씀은 에덴동산 이후 에덴에서의 삶을 가르쳐온 아담에 의해 그리고 에녹과 노아를 통해 전해져온 것이었고 아브라함에게도 전해졌으나 간과되어졌던 신앙의 내용이다. 이전에는 단순히 제사 드리는 것으로 신앙의 본질을 삼고 있었다면 모리아산 이후에는 오직 언약에 근거한 선과 의의 삶을 사는 것을 신앙의 중심에 놓고 있었다는 것을 발견할 수 있다.

　사람들에게 하나님을 믿는 신앙의 내용을 말씀으로 가르쳐 전하고 자기 자신 나그네 의식을 지닌 채 일체 욕심을 버린 간결한 삶을 살았던 것이 모리아산 이후 아브라함의 삶이었다. 이것이 사람들로부터 하나님의 방백으로서 존경과 신뢰와 사랑을 받게 하고 있었다. 소돔과 고모라의 사건 이전에 사람들이 아브라함을 존중히 여기고 그가 믿는 하나님을 믿었다면 그것은 그가 가지고 있었던 북방 군대를 물리칠 만큼의 큰 경제력과 강한 힘 때문이었다. 아브라함처럼 잘 살고 크게 될 수 있다는 것이 그들이 신앙 안에서 기대하는 바 소망이었고 이것이 아브라함이 전하는 신앙의 내용이기도 하였다. 하지만 사라를 장례지낼 즈음의 이러한 상황들은 모리아산에서의 거듭남 이후 그의 삶은 완전히 바뀌어져 있었다는 것을 알려준다.

　신앙 안에서나 신앙 밖에서나 지도자의 자리에 서 있고 또 그 자리를 차지하려는 자 많은 세상이다. 그러나 오늘 헷 족속들이 아브라함을 향해 나타내는 것처럼 마음에서 우러나오는 한결같은 사랑과 신뢰와 존경을 받는 자는 없다. 무엇을 잃었기 때문이며 무엇을 회복해야 하는 것일까?

더 많이 주고 싶으나 (창 23:7-11)

블레셋의 브엘세바에서 가나안의 헤브론으로 올라온 후 아브라함은 새롭게 깨달은 신앙의 내용을 자신의 삶에 담아 저들에게 전하였다. 이전에는 단지 하나님께 바치는 제사를 전할 뿐이었으나 이제는 하나님을 섬기는 자가 어떻게 살아야 하는지 삶의 내용을 전하였다. 이러한 아브라함을 가나안의 사람들은 하나님의 방백이라고 받아들였다. 백세를 훌쩍 넘긴 나이의 권위와 또 오랜 삶의 경험에서 우러나온 원숙함이 더해진 그의 가르침을 사람들은 기꺼이 받아들인 것이었다.

하나님의 신앙 안에 담겨진 선과 악, 옳고 그름에 대한 지혜는 그들이 감히 거역할 수 없는 놀라운 것이었고 동시에 그 가르침이 그들의 삶에 가져다 준 평화가 심히 감사했다. 아브라함이 이방인임에도 불구하고 그를 **'주'** 라고 칭하며 또한 **'하나님의 방백'** 이라고 높혀 부르는 것은 그의 이러한 삶과 역할을 인정하는 것이었다. 한 인간을 향해 나타낼 수 있는 최고의 감사와 존경의 표현이었다. 그리고 사라의 장례 앞에서 어떤 묘실이라도 사용하라고 하는 것은 그들이 표할 수 있는 최고의 경의였다.

아브라함의 입장에서 본다면 이는 그의 삶을 통해 얻을 수 있는 가장 귀한 열매라고 할 수 있었다. 함께 살아가는 이웃들에게서 사랑과 신뢰와 존경을 받는다는 것은 그의 사역이 성공했다는 것을 말함과 동시에 인생의 성공이기도 했다. 이런 결과를 맞이하는 아브라함의 마음은 어떠했을까?

"아브라함이 일어나 그 땅 거민 헷 족속을 향하여 몸을 굽히고"(:7)

아브라함은 헷 족속을 향하여 몸을 굽힌다. 정중한 감사의 표시이다. 이때 아브라함은 무엇을 감사했을까? 저들이 값비싼 땅을 거저 주겠다고 하고 또 거저 얻을 수 있어서 그것을 고마워한 것이었을까? 아니면 마음에서 우러나오는 존경과 감사의 마음을 감사한 것이었을까? 물론 아브라함은 저들이 비록 자신들의 무덤 자리를 그냥 가지라고 할지라도 그것을 거저 소유할 마음은 전혀 없었다. 그러므로 이 감사는 무언가 공짜로 얻을 수 있어서 나타나는 것은 아니었다. 자기를 향해 나타내는 저들의 진심에서 나오는 감사와 존경의 마음을 고맙게 받아들인 것이었다.

더불어 그가 저들의 방백과도 같은 위치에 있고 그의 나이 일백 수십 세가 되었지만 저들에 대해 전혀 오만하지 않았고 늘 겸손했다는 것과 이를 통해 어떤 욕심도 품지 않았다는 것을 나타내는 증거이기도 하다. 너희를 위한 나의 수고에 대해 너희들이 그 정도 성의를 표하는 것은 당연하다고 여기거나 혹 은연중에라도 이러한 대가를 바라고 요구한 적이 없었다는 것을 의미한다.

몹시도 감사했으리라. 자신의 사역이 실패하지 않았다는 것을 확인할 수 있어서 감사했을 것이다. 일백 수십 세를 훌쩍 넘겨 이제는 더 이상 아무 것도 할 일이 없다고 생각했던 인생이 이렇게 소중하게 사용되고 이런 아름다운 삶의 열매를 맺을 수 있어서 감사했을 것이다. 그리고 이렇게 자신의 삶을 인도해 오신 하나님이 계셔서 더욱 감사했으리라.

무언가 작은 것이라도 손에 쥐는 것이 있어야 감사할 수 있는 오늘의 우리다. 감사도 없고 존중히 여김도 없고 그저 의례적으로 때가 되니 마지못해 마음에 부담을 안고 무언가를 전하는 것이 오늘 세태이다. 받는 자도 그 속에 어떤 마음이 있는지 보다는 받는 것 자체를 좋아해서 이를 즐기며 나아가 강요하고 빼앗는 경우도 있다. 주는 자도 억지로 또 무언가 다른 생각이 있어 전혀 마음이 없는 것을 전하기도 한다. 받지 말아야 할 것을 받기도 하고 주지 말아야 할 것을 주기도 하는 그런 세태이다.

누군가를 진심에서 우러나오는 마음으로 감사할 수 있다면 또 이런 감사를 받을 수 있다면 주는 자나 받는 자 모두 그 삶이 얼마나 풍요롭고 은혜로울 것인지. 아무런 대가 없이 누군가를 위해 섬기고 희생할 수 있는 삶을 살 수 있다면 또 얼마나 아름다울 것인지. 늙어서 아무 할 일도 없이 그저 소일하며 남은 몇 푼의 돈을 움켜쥐고 아등바등하며 살 자들의 눈에는 감히 보이지 않는 그런 삶이다.

> "그들에게 말하여 가로되 나로 나의 죽은 자를 내어 장사하게 하는 일이 당신들의 뜻일찐대 내 말을 듣고 나를 위하여 소할의 아들 에브론에게 구하여 그로 그 밭머리에 있는 막벨라 굴을 내게 주게 하되 준가를 받고 그 굴을 내게 주어서 당신들 중에 내 소유 매장지가 되게 하기를 원하노라"(:8-9)

아브라함은 그들의 호의에 대해 정중히 머리 숙여 감사를 표한 다음 자신이 미리 보아둔 에브론 소유의 막벨라 굴을 자신에게 줄 것을 요청한다. 그러나 이 때도 중요한 것은 그 땅을 거저 얻고자 하는 것이 아니라 합당한 돈을 지불하고자 하는 것이었다. 물론 아브라함이 저들의 말대로 거저 받고자 하면 얼마든지 그럴 수도 있는 일이었다. 지금까지 자기가 저들에게 기울여온 정성을 생각하면 이 정도는 받아도 된다고 여길 수 있는 일이었다. 그러나 아브라함은 절대 거저 받으려고 하지 않는다. 왜 그런 것일까?

지금까지 땅 한 평 사지 않고 지내온 그가 이 시점에서 굳이 사라의 무덤을 돈을 주고 사고자 하는 데는 다른 특별한 이유가 있다. 먼저 한 가지 생각해 볼 수 있는 것은 만일 그가 이 자리에서 아무 대가없이 저들의 소유를 거저 받아들일 경우 어떤 결과가 발생할 수 있는 것일까 하는 점이다. 그것은 주는 자나 받는 자 모두에게 그런 생각이 없을지라도 혹시라도 지금까지 그의 수고가 대가를 받는 것이 될 수도 있다고 하는 사실이다. 감사는 온전히 하나님께 돌려져야 하는 것임에도 인간이 대신 감사를 받는 자리를 차지할 수 있는 것이다. 주인의 명한 일을 행한 종이 그 결과에 대해서 주인을 대신하여 공을 차지하고 감사를 받게 되는 것과 같다.

이런 측면에서 생각해 본다면 아브라함이 헷 족속의 호의를 굳이 거절하는 것은 곧 그 자신의 수고가 작은 물질로 대체되지나 않을까 하는 염려 때문이다. 또 하나님을 향해 드려져야 하는 저들의 감사를 자신이 중간에서 가로채는 것이 되지 않도록 세심한 주의를 기울이는 것이라고 할 수 있다. 그런 결과가 얼마든지 나타날 수 있는 것이기 때문이다. 그러므로 이는 그가 자신의 순수한 믿음이 의심받을 수 있는 행위는 조금이라도 나타나지 않도록 경계하며 지내왔다는 것을 알게 한다.

지금까지 아브라함이 헤브론의 헷 족속에게서 저들의 방백처럼 되어 사역을 해 온 것은 대가를 바란 것이 아니었다. 어떤 대가를 얻고 그 결과로 일을 수행한 것도 아니었으며 오직 하나님 나라를 위한 순수한 헌신이었으며 저들을 위한 무조건적인 희생이었고 봉사였다. 결국 우리는 여기서 아브라함이 어떤 의식을 지니고 하나님 일에 임하여 왔는가 하는 것을 보게 된다. 그것은 이 일을 행하는 것이 어떤 대가도 기대하지 않는 순수하고 온전한 헌신이어야 한다는 것이었다. 오직 하나님만이 드러날 수 있기를 바란 것이었다. 실제 이러한 희생과 봉사는 전혀 대가를 받음이 없을 때 더욱 빛을 발할 수 있다. 그리고 이 일은 물질로 환산될 수 있는 것도 아니었다. 천국은 돈으로 살 수 있는 것이 아니며 영원한 생명 또한 돈으로 얻을 수 있는 것이 아니기 때문이다. 그것은 어떤 대가라도 불가능한 일이다.

아브라함은 저들에게 하나님의 방백과도 같은 위치에 있었지만 이를 통해 어떤 이익이라도 취하려고 하지 않았다. 하나님께서 이미 주신 은혜에 대한 감사 이외에 무엇 하나 작은 것이라도 더 받겠다는 생각은 없었다. 다만 자신을 생명의 길로 인도해 오신 것이 감사했고 이 늙은 나이에도 이렇게 소중하게 사용될 수 있는 것이 감사했다. 저들이 자기를 물리치지 않고 받아들이고 높여준 것만이라도 과분하게 여기며 감사했을 뿐이다. 무얼 더 욕심을 내서 이 사역과 인생과 하나님을 욕되게 하겠는가? 그 은혜를 흐려 놓지 않으려고 최선을 다해 자기를 지키고자 하는 아브라함이다.

오늘 우리가 하나님의 일을 행하면서도 나에게 돌아올 몫을 계산하고 대가를 바란다면 그보다 더 어리석은 일은 없다. 하나님이 주실 어떤 물질적인 대가를 은혜로 기대하며 나의 행위가 이루어진다면 그것은 이미 받은 구원의 은혜를 전혀 값없이 여기는 것과 같다. 온 천하를 주고도 살 수 없는 천국과 영원한 생명을 이미 소유하였으면서도 너무도 하찮은 것을 그 대가로 얻고자 한다면 그 자체가 신앙뿐만 아니라 자신의 삶까지도 너무나 추하게 만들 뿐이다.

> "때에 에브론이 헷 족속 중에 앉았더니 그가 헷 족속 곧 성문에 들어온 모든 자의 듣는데 아브라함에게 대답하여 가로되 내 주여 그리 마시고 내 말을 들으소서 내가 그 밭을 당신께 드리고 그 속의 굴도 내가 당신께 드리되 내가 내 동족 앞에서 당신께 드리오니 당신의 죽은 자를 장사하소서"(:10-11)

아브라함이 원하는 막벨라 굴의 주인 에브론이 아브라함의 말을 듣고 일어나 그에게 대답한다. 곧 값은 전혀 필요 없고 만일 당신이 원한다면 굴뿐만 아니라 굴이 있는 밭까지도 다 주겠다고 하는 것이었다. 모인 모든 동족 앞에서 그들을 증인으로 하여 이 일을 실행하겠다고 한다. 무덤을 거저 주는 것도 대단한 일인데 속한 밭까지 다 주겠다고 할 때 이는 어떤 마음이 있어야 나올 수 있는 것일까? 먼저는 헷 족속 누구라도 아브라함에게 자신들의 무덤을 내주겠다고 하는 말이 조금도 빈 말이 아니었다는 것을 드러낸다. 나아가 그 이상이라도 아브라함을 위해 할 수 있는 일이 있다면 기꺼이 해주고자 하는 마음들이 있었다는 것을 보여주는 증거이다. 어쩌면 저들은 자기들을 위한 아브라함의 삶에 대해 조금이라도 보상해주고 싶은 마음 때문이었으리라. 그래야만 조금이라도 마음의 빚을 덜 수 있다고 생각했으리라.

저들을 위한 아브라함의 삶이 어떠했는가를 확인시켜 주는 장면이다. 무엇보다도 그런 모든 수고 뒤에도 전혀 대가를 바람이 없는 아브라함의 뜻이 저들에게서 또 다른 감동을 만들어내고 이것이 더 큰 상승작용을 일으키는 것이었으리라. 주려고 하는 자는 원하는 것 이상일지라도 거저 주려한다. 받는 자는 이미 자기의 모든 것을 대가 없이 희생하고서도 작은 것 하나라도 거저 받지 않고 한사코 값을 지불하려고 하는 것이 오늘 이 자리이다. 아브라함이 저들에게 오늘까지 끼친 감동과 은혜가 얼마나 크고도 깊었는지 여실히 드러내고 있다.

    137세의 노인이었다. 언제고 어디라도 가라시면 가겠다는 나그네 의식을 지니고 살아가는 사람이었다. 그리고 그 나그네 의식이 구름처럼 바람처럼 정처 없이 떠도는 것이 아니라 지금 있는 자리에서 자신의 모든 삶을 조금도 남김없이 하나님과 이웃을 위해 불태우겠다는 헌신으로 나타나고 있다. 이에 대해 이웃들은 최고의 존경과 사랑으로 보답하고자 한다. 이것이 오늘의 현장이다. 작은 것을 해놓고도 입에 나팔을 불어 크게 자기를 알리려 하고 이를 조금도 부끄럽게 생각지 않는 이 세대가 보아야 하는 삶과 정신세계이다. 나를 위해 세상 이치에 밝고 지혜로웠고 그래서 내 인생 홀로 편히 잘살았다고 하는 것이 아니라 분명 세상의 눈으로 볼 때는 어리석은 듯 하겠지만 내 이웃들이 진정 존경하고 신뢰하고 사랑하는 삶을 살았다고 할 수 있는 그런 생을 이제라도 준비해 가야 하는 것이 아니겠는가?

브엘세바와 막벨라 (창 23:12-13)

단지 사라를 장사지낼 무덤으로 쓰기 위해 막벨라 굴을 달라고 하는 아브라함을 대해 굴의 주인인 헷 족속 에브론은 무덤뿐만이 아니라 굴이 있는 밭까지 다 아브라함에게 거저 주겠다고 말한다. 원하는 것뿐만 아니라 그 이상이라도 필요로 한다면 얼마든지 줄 수 있다고 하는 것이 아브라함을 대한 헷 족속 모두의 실제 마음이었다. 마음에 입은 감사와 고마움이 얼마나 큰지를 여실히 드러내는 것이었고 아브라함의 삶이 그들을 대해 얼마나 헌신적이었는지를 또한 입증하는 것이었다.

바로 여기서 우리는 오래 전 아브라함이 블레셋 땅에서 브엘세바라고 일컬어지는 우물과 땅을 얻게 되는 사건을 떠올려 본다. 너무도 대조적인 상황이 나타나는 것을 알 수 있다. 그 때 아브라함은 브엘세바의 우물 하나를 얻기 위해 얼마나 노심초사하였던지, 거듭해서 우물을 빼앗기고 쫓겨다니는 상황에서 안정된 우물 하나를 얻는 것이 그에게는 너무도 절실한 과제였다. 왜냐하면 어떻게든 이 땅에 정착하여 먹고 살아가야 하는 처지였기 때문이다. 미래에 대한 꿈도 없이, 선지자로서의 사명감도 없이, 오래 전 북방 군대를 물리쳤던 기개는 다 잃어버린 채 우물 하나에 목숨을 걸고 허덕이며 살아가고자 하는 것이 그의 삶이었다.

아브라함을 높이 보고 그와 서로의 안전보장에 관한 약조를 맺기 위해 어느 날 아비멜렉이 그를 찾아왔다. 그 때 그는 왕이 자기를 어떻게 보고 있으며 왜 찾아왔는지, 하나님께서 나를 이 땅에 어떤 존재로 세워놓았는지 하는 것에 대한 사려 깊은 생각은 조금도 없었다. 다만 때는 이 때다 싶어 지금 소유하고 있는 우물 하나 내 것으로 인정해달라고 떼를 쓰듯 요구했다. 그에 앞서 왕과 서로 화친하기로 맺은 언약 속에 이 모든 것이 포함되어져 있었지만 그는 이 우물을 내 것으로 확정짓는 것이 무엇보다 시급하고 중요하다고 생각하였다.

이처럼 우물을 얻기 위해 집착하는 아브라함의 의식 속에는 나그네 의식이 전혀 없었다. 내가 이 땅에 존재한다면 왜 존재해야 하는가 하는 것에 대한 사명감이 전혀 없었다. 그저 먹고 살기 위해서였을 뿐이고 이 땅에 눌러앉아 편하게 사는 것이 최대의 과제일 뿐이었다. 남은 삶을 편하게 살고 지금 가진 소유를 어떻게든 지키고자 하는 물질에 대한 욕심뿐이었다. 이런 그를 아비멜렉 왕은 얼마나 측은하게 보았던지. 그러한 속된 인간, 추하게 늙어가는 노인을 뭐라고 그렇게 대단하게 보고 왕의 권위와 체면도 무시한 채 군대장관과 군사들까지 거느리고 서로의 안전보장에 관한 언약을 맺으려고 찾아왔던 것인지, 그는 신하들 앞에서 심하게 체면을 구긴 자기 자신을 몹시도 어리석게 여기며 돌아갔다.

그렇게 해서 아브라함은 우물 하나를 얻었고 편하게 살아갈 터전을 얻었다. 하지만 그의 삶의 가치는 땅에 떨어지고 말았다. 하나님의 사람으로서 지녀야 할 권위나 신뢰와 존경은커녕 비웃음거리에 지나지 않았다. 그러나 오늘 그가 사라를 장사지낼 막벨라 굴을 얻고자 할 때는 오래전 그랄 왕 아비멜렉에게 그러했던 것처럼 사정할 필요가 없었다. 굴뿐만 아니라 굴이 속한 밭도 거저 주겠다고 하는 것이었다. 존경과 신뢰와 사랑이 듬뿍 담겨 있었고 하나님의 방백으로서의 삶의 권위가 높이 세워져 있었다.

내가 내 삶에 집착할 때 내 삶에 묻게 되는 더러움이 어떤 것인지 보지 못한다. 사람들이 나를 얼마나 욕을 하고 비아냥거리든 상관하지 않는다. 내 삶의 권위가 어떻게 여겨지든 개의치 않는다. 아니 그런 삶의 권위 의식, 하나님 사람으로서의 자존감 자체도 애초부터 있지를 않다. 그저 우물 하나 얻고 내 삶 하나 편하게 꾸려나갈 수 있으면 만족할 수 있는 것이다.

그러나 하나님의 사람으로서, 내가 아니라 이웃을 위해 이 땅에서 희생과 헌신의 삶을 살게 될 때 그는 사람들로부터 찬사와 더불어 삶의 가장 필요한 것들까지도 순전한 은혜로 채움 받는다. 곧 남을 사랑하는 것이 가장 아름답게 나를 사랑하는 길이 되는 것이다. 어떤 길을 택해야 하는 것인지 너무도 자명하지 않은가?

"아브라함이 이에 그 땅 백성을 대하여 몸을 굽히고"(:12)

아브라함은 다시 한 번 머리 숙여 에브론의 뜻에 감사를 표한다. 굴뿐만 아니라 밭까지도 그냥 주겠다고 하는 에브론의 뜻이 너무도 감사했고 또 이와 같은 모든 헷 족속 사람들의 마음이 감사한 때문이었다. 순간 순간 감사와 고마움을 표하는 일에 인색하지 않다. 결코 비굴함이 아니었다. 참으로 진실한 겸손이었다. 이 감사는 아브라함 또한 저들에게 준 것이 너무도 많고 이러한 호의는 당연하다고 생각할 수도 있었지만 자기가 그들에게 한 일은 깨끗이 잊어버린 상태에서 나오는 감사였다. 자신의 한 일은 다만 하나님의 종으로서 주인의 명한 바를 전달한 것에 불과하였기 때문이었다.

그렇다. 성숙한 사람은 고마워할 것을 고마워할 줄 안다. 언제든 작은 일에도 감사를 표할 줄 안다. 상대의 선한 뜻이 나의 수고를 전제하고 있다 할지라도 그가 나의 수고를 그렇게 선하게 받아들이는 것 자체를 감사한다. 그러나 반면 어리석은 자는 고마워할 줄 모른다. 감사를 표현하는 것에도 자연스럽지 못하고 어색하고 인색하다. 때로는 상대의 선의를 자신이 한 일에 대한 대가라고 생각하고 그것을 당연하게 여기기도 한다. 오만하고 무례한 사람으로 비춰지고 삶의 가치를 잃어간다.

거기에 상대의 진심이 담겨있다면 작은 정성에도 크게 감사할 수 있어야 하지 않겠는가? 나를 대한 선한 마음이 감사하기 때문이다. 또한 하나님 신앙 안에서 내가 한 일은 잊어버리는 것 그것이 오늘 우리의 겸손을 지킬 수 있는 길이다. 내가 내 수고한 몫을 찾고자 작은 것 하나라도 기대한다면 그것이 돌아오지 않을 때 오히려 실망할 수 있기 때문이다. 그리고 더 나아가 하나님의 말씀과 신앙을 팔아먹고 사는 영적 장사꾼 외에 더 무엇이겠는가? 그렇게 되면 이미 그 삶은 추해져 있다.

> "그 땅 백성의 듣는데 에브론에게 말하여 가로되 당신이 합당히 여기면 청컨대 내 말을 들으시오 내가 그 밭 값을 당신에게 주리니 당신은 내게서 받으시오 내가 나의 죽은 자를 거기 장사하겠노라"(:13)

무덤으로 쓸 굴뿐만 아니라 굴이 있는 밭까지도 거저 가지라고 말하는 에브론에게 아브라함은 말한다. 밭 값까지도 지불하겠노라고. 아브라함에게 필요한 것은 막벨라 굴뿐이었지 밭도 필요한 것은 아니었다. 그런데 아브라함은 굴이 있는 밭도 함께 소유하라고 말하는 에브론의 말에 대해 그러면 내가 밭까지도 사겠다고 말한다. 물론 밭이 탐이 나서 하는 말은 아니었다. 밭을 사서 자기의 소유를 늘리고자 하며 거기에 농사를 짓거나 무슨 이익을 얻고자 함도 아니었다. 그럼에도 밭까지 함께 사겠다고 하는 아브라함의 뜻은 무엇일까?

어쩌면 아브라함은 굴을 자신의 소유로 삼는다고 할 때 밭의 가치가 떨어지는 것을 염려하지는 않았을까? 밭은 무덤으로 쓸 수 있는 굴이 있음으로써 가치를 더할 수 있는 것인데 밭과 굴의 임자가 다르게 될 때 밭 자체의 효용가치가 떨어질 것을 생각한 때문은 아니었을까? 혹은 그렇게 밭까지 삼으로 해서 임자인 에브론에게 그의 소중한 재산인 무덤 굴을 자신에게 넘겨준 것에 대해 감사를 표하고자 한 것이었을 수도 있다. 얼마든지 거절할 수도 있었는데 거절하지 않고 자기를 위해 기꺼이 내어준 것만으로도 지극히 감사한 일이었기 때문이다.

어떤 이유로든 밭까지 돈을 주고 사고자 하는 것은 이것이 자기를 위해 재산상의 이익을 취하고자 한 것이 아닐진대 이는 이웃과의 관계에 있어서 지극히 세심한 주의를 기울이는 아브라함을 보여준다. 나를 위한 상대의 선한 뜻이 조금이라도 그에게 손해가 되지 않도록 세세한 데까지 신경을 쓰는 것이었다. 지금까지 저들을 위한 자기의 사역이 어떤 대가를 바란 것이 아닌 순수한 것이었다는 것을 강조하고 그 순수한 뜻이 조금도 때가 묻지 않도록 하는 마음이었으리라.

마음을 살피는 것, 행여라도 저들의 마음이 다치지 않도록 세심한 정성과 관심을 기울이는 것이 신앙인의 삶이어야 한다. 혹시라도 나로 인해 저들에게 어떤 작은 손해라도 가지 않도록 기울이는 세밀한 주의가 있어야 한다. 왜냐하면 하나님의 말씀은 저들의 마음에 전달되는 것이기 때문이다.

출애굽한 이스라엘이 40년 광야 생활을 마치고 가나안을 향해 진군할 때 모세는 백성들에게 그들이 거쳐가는 땅의 어느 곳에서도 물 한 모금일지라도 거저 취하지 말라고 명령한다. 모든 필요한 것은 반드시 돈을 지불하라고 하였다. 만일 300만에 이르는 이스라엘과 그들의 가축이 지나는 곳에서 물 한 모금이라도 거저 취한다고 한다면 그들이 지나간 곳에 남을 것은 없다. 이들은 도적떼에 불과한 자들로밖에는 다른 자들의 눈에 비칠 것이 없기 때문이다. 사소한 것이라도 상응한 값을 치르게 함으로써 하나님의 백성이 어떤 자들인가 하는 것, 이웃에게 유익을 전하는 자들이지 해를 끼치는 자들이 아니라는 것을 지나는 길의 이웃들에게 각인시키고자 하였다. 또 혹 생길 수도 있는 불필요한 다툼을 미연에 방지하고자 한 것이었다. 40년의 연단을 마친 백성들에게 이것이 이제 하나님의 사람으로서의 삶이라는 것을 심어주고자 한 때문이었다.

아브라함에게는 에브론이 막벨라 굴을 자기에게 파는 것만으로도 감사한 일이었다. 아무리 친한 이웃 사이에도 쉽게 있을 수 없는 일이었기에 그런 호의와 친절을 베푸는 것 자체가 감사했다. 더 이상의 신세를 진다면 그것은 부담으로 남을 수밖에 없었다. 그러므로 굴과 밭까지도 돈을 주고 삼으로써 희생하고 헌신하는 신앙인의 삶의 모습을 계속 지켜가고자 한 것이었다.

서로 친한 사이에 뭘 (창 23:14-16)

"에브론이 아브라함에게 대답하여 가로되 내 주여 내게 들으소서 땅값은 은 사백 세겔이나 나와 당신 사이에 어찌 교계하리이까 당신의 죽은 자를 장사하소서"(:14-15)

밭까지 돈을 주고 사겠다는 아브라함의 말에 대해 에브론은 땅값이 은 400세겔이지만 어찌 당신과 나 사이에 거래를 하겠느냐고 말한다. 은 400세겔은 은 4.5kg정도의 가치이다. 당시 재산 가치로 볼 때 얼마나 큰 금액이었는지 정확히 가늠할 수 없으나 그 무게로 봤을 때 결코 작은 돈은 아니었다. 이 정도의 가치가 있는 물건을 거저 주겠다고 하는 에브론의 호의는 무척 놀라운 것이었고 또 다른 면에서 생각해본다면 에브론이라는 사람은 이 정도의 재산을 대가없이 내어놓을 만큼 부유한 자였다는 것을 알 수 있다.

특히 오늘 에브론의 말 속에서 한 가지 발견하게 되는 사실은 그와 아브라함과의 관계이다. **"나와 당신 사이에 어찌 교계하리이까"**라는 말은 다른 사람도 아닌 나와 당신 관계에 뭐 이만한 일로 돈을 주고받겠느냐고 하는 뜻이다. 이는 두 사람의 관계가 막역하고 친근한 관계라는 것을 알게 해준다. 사라의 장례를 치르는 이런 일로 인해서 이 정도의 것은 그저 돈 없이도 주고받을 수 있는 그런 관계라고 하는 것이다. 곧 그의 족속 중에서 부유하고 유력한 인물이요 아브라함과 허물없이 서로를 존중하며 친하게 지내는 사이라고 짐작할 수 있다.

에브론의 입장에서 본다면 개인적으로 친하고 서로 존중하는 관계요 또 자기의 족속을 위해 아무 대가 없이 희생 헌신하며 모두의 존경을 받고 있는 아브라함이었다. 그러했기에 그를 위해 아내를 장사할 묘지를 내어줌으로써 부족을 대표하여 그의 수고에 대해 감사하고 또 개인적인 정분을 표현하는 것을 당연하게 여겼을 수도 있다.

물론 그러하다. 보통의 관계에서 서로가 정말로 친하고 존중하는 사이라면 한 사람이 어려운 일에 처할 때 아무 대가없이 나의 형편이 허락하는 대로 무언가 그를 위해 주고자 하고 또 돕고자 하는 것이 인정이고 미덕이라고 생각할 수도 있다. 부유하면 부유한 대로 가난하면 가난한 대로 그에 걸맞게 마음과 물질로 정을 나타내고자 하는 것이 보편적으로 일어나는 모습이다. 그러므로 에브론은 이런 보편적인 정과 인사를 표하고자 하는 것이다. 그러면 아브라함은 거듭되는 에브론의 이러한 뜻을 어떻게 받아들이는 것일까?

"아브라함이 에브론의 말을 좇아 에브론이 헷 족속의 듣는데서 말한 대로 상고의 통용하는 은 사백 세겔을 달아 에브론에게 주었더니"(:16)

아브라함은 에브론의 호의를 끝까지 거절하고 자기가 원하는 대로 밭의 현재 가치 그대로 은 400세겔을 다 주고 그 밭을 산다. 거저 받기에는 너무 많은 돈이었기 때문이었을까? 만일 돈에 욕심이 있었다면 이 돈이 많든 적든 또 뒷돈이 아니요 모든 사람이 보는 앞에서 저들 헷 족속 모두의 마음으로 주는 것이기에 즐거이 받을 수도 있었다. 이를 받지 않는다면 상대의 호의를 거절하는 무례일 수도 있었기에 마지못하는 척 받을 수도 있었다. 그러나 아브라함은 이를 끝까지 거절한다.

아브라함은 아무리 친한 관계일지라도 개인적으로 돈이나 물건을 거저 받는 것을 경계하였다. 물론 아브라함도 에브론이나 다른 이웃들과 서로의 정분을 표시하는 작은 선물 정도는 주기도 하고 받기도 했을 것이다. 모든 사람의 호의를 거절하거나 돈으로 환산하여 대가를 지불하고자 하는 그렇게 메마른 인간관계를 만들어가지는 않았을 것이다. 그러나 아브라함은 아무리 친하다고 해도 또 내가 어떤 헌신적 수고가 있었다 할지라도 그들과의 사이에 이런 거래가 아무 대가 없이 그냥 이루어지는 것을 전혀 원치 아니 했다.

특히 에브론이 부유했기에 자기가 그 땅을 거저 얻고자 하는 의도로 비춰질 수도 있는 점을 조심하고자 했을 수도 있다. 또 어쩌면 친한 관계이기에 더더욱 돈에 조심하고자 하는 그의 뜻이 반영된 것일 수도 있었다. 어떤 경우에도 돈으로 사람과 사람의 관계가 결정되고 또 돈이 관계 속에 들어올 때 돈 때문에 관계가 깨어지고 곡절을 겪게 되는 것은 필연이기 때문이다. 특히 신앙관계 안에서는 더욱 그러하다. 돈이 신앙관계 안에 들어올 때 돈이 깨지면 신앙마저도 깨질 수밖에 없기 때문이다.

우리는 여기서 특별히 한 가지 중요한 점을 생각해 보게 된다. 그것은 에브론과 아브라함의 관계로 볼 때 왜 아브라함이 사라의 무덤 문제를 모든 사람이 보는 앞에서 공개적으로 처리하고자 하는가 하는 점이다. 에브론이 아브라함과 가까운 사이이기에 아니 가깝지 않다 할지라도 막벨라 굴의 임자가 에브론이라는 것을 알았다. 그렇다면 그 굴을 사고자 할 때 이런 공개적인 자리에서 요청하기 이전에 미리 에브론에게 개인적으로 요청하여 굴이나 밭을 살 수도 있지 않았겠는가? 그럼에도 아브라함은 제 삼자를 통해 에브론에게 이러한 자기의 뜻을 전달하고 또 이 거래가 모든 사람이 보는 앞에서 공개적으로 이루어지도록 한다.

먼저 한 가지 생각해 볼 수 있는 것은 자기가 사역하고 있는 공동체 내에서의 관계를 은밀함이 없이 일체 투명하게 공개적으로 이루고자 한 아브라함의 의도이다. 누구와 좀 더 많이 교제하고 친분을 쌓을 수는 있지만 그러나 돈에 관한 한 그 사람과 특별한 거래 관계가 형성되는 것을 경계하고자 하는 그의 의식과 태도를 엿보게 한다. 돈이 아닐지라도 특정인에 대해 다른 사람들과는 크게 차이 나는 특별히 친한 관계를 만드는 것을 그는 의식적으로 경계했을 수도 있다. 왜냐하면 신앙지도자의 위치에 있는 아브라함으로서는 모든 사람에게 똑같은 하나님의 사랑을 전해야 했기 때문이었다. 누구와 특별히 친하게 된다면 공동체 내에서 발생할 수 있는 구성원들과의 갈등관계나 혹은 이해관계에 부닥치게 될 때 자칫 공정성을 잃어버리고 또 그로 인해 생각지 못한 구설이나 곤란을 겪을 수도 있기 때문이다.

이는 신앙공동체가 아니라 어느 공동체든 마찬가지이다. 그가 그 조직 혹은 공동체의 지도자 자리에 있는 한 모든 사람을 대해 또 모든 일을 대해 일체 누구를 대해서든 공평한 태도를 갖고자 해야만 한다. 이를 위해서는 사사로운 관계가 개입될 여지를 없애고자 하는 의도적인 노력을 기울이지 않으면 안 된다. 왜냐하면 내가 지도자의 위치에 있는 한 다른 의도를 가지고 다가오는 사람이 분명 많이 있기 때문이다. 그러므로 사람과 사람의 관계에 있어서는 그 내용이 어떠하든지 또 무엇이든지 모든 사람의 보기에 공개적이고 투명한 관계를 만들어 가는 것이 만일의 실수를 줄이고 없앨 수 있는 유일한 길이다. 일의 능력 여하에 따라 사람을 서로 다르게 일하도록 할 수는 있겠지만 은밀하게 작용되는 개인적 정분이나 친분은 배제하는 것이 그 순간에는 불이익이 있다 할지라도 궁극적으로는 인생을 명예롭게 할 수 있는 것이다.

오늘날 사회공동체나 신앙공동체 안에서도 서로 마음이 맞는 사람끼리 더 친한 관계를 만들고 내 것 네 것 없이 막역하게 지내고자 하는 경우를 본다. 물론 그것이 서로에게 위로를 주고 힘을 더해주는 경우도 있다. 만일 그것이 그들의 평생을 그러할 수 있다면 문제는 다를 수도 있다. 그러나 아주 많은 경우에 그것 때문에 다른 구성원들과의 사이에 위화감을 조성하며 그러다가 어느 작은 문제로 인해 돌아서서 그들 자신의 신앙뿐만이 아니라 다른 사람들에게까지 상처를 남기는 것을 볼 수 있다.

공동체 내의 관계에 있어서는 어느 누구에게나 공평한 마음으로 대하는 것, 모두에게 열린 마음으로 대하고 특히 개인과 개인 간의 관계에 있어서 남에게 숨겨야 할 은밀함을 없애는 것이 중요하다는 것을 보아야 한다. 모든 것을 공동체에게 밝힐 수 있고 또 공동체에게 공개될지라도 전혀 부끄럽지 아니한 삶을 유지해 가는 것이 중요하다. 왜냐하면 하나님께서 보고 계시기 때문이요 우리 모두에게 생명의 샘인 공동체를 바르게 지켜가야 하는 책임이 있기 때문이다.

누군가 아무 대가를 기대함이 없이 그저 성의요 또 수고에 대한 고마움과 감사의 표시라고 말하며 나아가 모든 사람이 함께 마음을 합하여 전혀 부끄럽지 아니한 돈이나 무엇을 준다고 할 때 이것까지도 거절할 수 있는 사람이 과연 얼마나 될까? 어떤 작은 것이라도 불명예스러운 결과를 염려하여 거절하는 것이 아니라 능히 받을 수 있음에도 내 수고한 것의 순수한 뜻과 일의 순전한 의의가 훼손되는 것을 두려워하여 거절한다면 어떤 마음이라야 가능한 것일까?

아브라함은 자신의 사역을 통해 공동체 속에서 어떤 이익을 취하는 것을 경계하였다. 더불어 자신의 사역의 의미가 퇴색되지 않고 결과를 훼손시키지 않기 위해 최선을 다해 자기를 절제하였다. 개인과 개인의 관계에 있어서도 절대 넘지 말아야 할 기준을 정하고 지켜야 할 예의를 어떤 경우에도 지키고자 하였다. 하나님의 사역에 임하는 아브라함이 얼마나 철저하게 자기를 다스리며 절제하는 삶을 사는지 알 수 있지 않은가? 이런 그를 사람들이 존경하고 사랑하고 신뢰함은 너무도 당연하지 않은가? 어떤 일을 이루는 것도 중요하지만 그 결과를 아름답게 지켜가는 것이 더욱 중요하다는 것과 이를 위해서는 더욱 힘든 자기절제의 노력이 요구된다는 것을 본다. 많은 사람이 이에 실패하여 크고 좋은 결과를 이루고도 불명예스럽고 비참하게 삶을 마감한다.

무덤은 말하고 있다 (창 23:17-20)

아브라함이 가나안에 땅 한 평 소유하지 않으면서도 굳이 사라를 장사 지내는데 있어서만큼은 무덤과 땅을 사고 소유권을 확보하고자 하는 것은 이유가 무엇이었을까? 나타나는 결과를 가지고 볼 때 그것은 자신뿐만이 아니라 자손 대대로 이 무덤 이외에는 어떤 땅도 소유하지 못하도록 하기 위함이었다. 그리고 땅을 소유하지 못하도록 할 때는 단지 무소유의 삶을 강조하기 위해서가 아니었다. 언제 어디로든 떠날 수 있는 준비된 나그네의 삶을 살아야 한다는 것과 언제 무슨 일이 닥치더라도 능히 대처할 수 있는 준비된 삶이 있어야 한다는 것을 가르치고자 함이었다. 언제든 떠날 수 있다는 마음으로 지금 있는 이 자리에서 최선을 다해 하나님의 일을 감당하고 사는 것이 그가 남기고자 하는 뜻이었다.

"마므레 앞 막벨라에 있는 에브론의 밭을 바꾸어 그 속의 굴과 그 사방에 둘린 수목을 다 성문에 들어온 헷 족속 앞에서 아브라함의 소유로 정한지라 그후에 아브라함이 그 아내 사라를 가나안 땅 마므레 앞 막벨라 밭 굴에 장사하였더라 (마므레는 곧 헤브론이라) 이와 같이 그 밭과 그 속의 굴을 헷 족속이 아브라함 소유 매장지로 정하였더라"(:17-20)

아브라함이 에브론에게서 산 굴이 있는 막벨라는 헤브론의 앞 곧 입구에 위치하고 있었다. 이는 언제든 누구라도 이곳을 드나드는 자들은 쉽게 찾을 수 있고 볼 수 있는 곳이었다는 것을 의미한다. 그리고 아브라함은 본래 에브론의 밭이요 굴이었던 것을 모든 헷족속이 보는 앞에서 거래를 성사시킴으로써 이제부터 아브라함의 소유요 그의 아내 사라를 이곳에 장사지낸다는 것을 모두가 알도록 한다. 왜 아브라함은 헤브론을 출입하는 초입에 위치한 막벨라에 굳이 사라를 장사지내고자 한 것이었을까? 왜 이 사실을 헤브론의 모든 가나안 족속이 다 알도록 한 것이었을까? 단지 본인 자신이나 후손들이 보다 쉽게 묘지에 접근할 수 있도록 한 것이었을까?

무엇보다도 이 땅에 사는 헷 족속을 비롯한 가나안 사람들은 사라가 누구인지 알고 있고 그를 통해 아브라함이라는 사람을 기억할 수 있다. 그들은 아브라함으로부터 하나님 신앙의 내용을 가르침 받았다. 그리고 그와 같은 신앙의 삶을 살았던 신 증인으로서의 사라의 삶을 또한 알고 있다. 따라서 그들이 이곳을 지나다니면서 사라의 무덤을 보게 될 때 자연스럽게 무덤의 주인인 사라를 떠올릴 것이다. 또 훗날 여기에 함께 묻힐 하나님의 방백으로서 살다 간 아브라함이라는 사람과 그의 자손들을 기억하게 될 것이었다. 곧 가나안의 사람들은 사라와 아브라함 그리고 그의 집 후손들이 이 땅에서 무엇을 하며 어떻게 살다가 어디로 갔는지 이 무덤을 보며 떠올릴 수 있게 되는 것이었다. 만일 무덤이 저 어디 보이지 않는 후미진 곳에 위치해 있다면 이러한 일은 있을 수 없었다.

그러므로 그들은 이 무덤을 보며 사라와 아브라함이 남긴 신앙과 삶을 기억하게 될 것이었고 그렇게 신앙을 의미 있게 받아들인 자들은 그것을 통해 자신의 신앙과 삶을 돌아보게 될 것이었다. 신앙의 내용을 기록하여 남길 문자나 책이 없는 시대에 그 가르침을 계속 기억나도록 할 수 있는 가장 좋은 그리고 유일한 재교육의 수단이 바로 이와 같이 눈으로 보아 내용을 떠올릴 수 있게 하는 것이었기 때문이다.

이스라엘이 요단을 건넌 직후 길갈에 이르렀을 때 요단 강 가운데서 가져온 열 두 돌을 그 곳에 쌓게 한 것도 훗날 후손들에게 이 날의 사건과 교훈을 알리기 위한 교육의 목적을 가지고 있었다. 오늘도 서울 양화진에 가면 이 나라에 처음으로 기독교를 전한 아펜젤러 언더우드 헤론과 같은 사람들의 무덤이 함께 있는 묘지가 있다. 그 하나 하나의 무덤 앞에 서게 될 때 그들이 왜 이 땅에 왔으며 어떻게 살다가 어떻게 죽었는지 우리는 충분히 떠올릴 수 있다. 이처럼 누군가의 무덤을 보며 그 사람의 삶의 내용들을 기억하게 되고 그 앞에서 자신의 삶을 돌아보거나 혹은 새롭게 다짐하게 되는 것은 오늘 이 시대에도 그대로 나타나는 사실적 현상이다.

곧 아브라함은 이 무덤을 통해 사라의 삶을 모든 사람들이 보도록 해 놓은 것이었다. 그리고 곧 하나님의 방백으로 살다가 이곳에 묻힐 자신의 삶 또한 그들이 볼 수 있도록 하였다. 자신 또한 사라의 무덤을 늘 지나다니며 그녀를 볼 수 있었다. 사라가 자신의 인생에서 어떤 역할을 하였는지 그 삶이 자신에게 어떤 결과를 가져다주었는지 무덤 앞에서 그 의미를 되새길 수 있었다. 물론 이러할 때 아브라함이 의도한 것은 저들로 하여금 신앙의 삶을 늘 잊지 않고 보도록 한 것이었고 자신 또한 사라가 자신을 위해 희생한 삶이 결코 헛되지 않도록 나 또한 그렇게 살아야 하겠다고 하는 다짐이다.

더불어 이는 아브라함이 그의 후손들에게도 신앙을 가르칠 수 있는 훌륭한 교육의 장이었다. 그는 먼저 이삭에게 이 무덤 앞에 함께 서게 될 때마다 어머니 사라가 어떤 삶을 살다 갔는지 그 삶이 가지고 있는 신앙의 내용을 늘 가르치고 상기시켰을 것이고 고인의 삶을 더럽히지 않는 인생을 살라고 당부하였을 것이다. 너 또한 이 무덤에 묻힐 것인데 무덤의 본래 임자인 어머니 사라의 신앙과 삶에 부끄러움을 끼칠 수 있는 인생을 살아서는 안 된다는 것을 가르쳤을 것이다. 이러한 사실은 특히 그가 어머니 사라의 무덤을 볼 때마다 더욱 강화되어져 갈 것이었다. 그리고 이러한 교육은 아브라함 또한 죽어 그 무덤에 묻히게 될 때 아브라함의 신앙과 삶이 더해져서 이삭과 그의 자손들에게로 또 자손의 자손들에게로 이어지며 전해져 갔을 것이다.

훗날 사라가 묻힌 이 무덤에 아브라함이 묻히게 되고 또 시간이 흘러 아들 이삭과 그의 아내인 리브가도 묻힌다. 이삭의 아들 야곱과 그의 아내 레아도 이곳에 장사지내게 된다. 그런데 아주 특이한 사실은 야곱이 자신의 또 다른 부인 라헬을 이 무덤에서 제외하고 그의 형 에서 또한 이 무덤과는 상관없는 사람으로 나타나고 있다는 사실이다. 그리고 아브라함의 또 다른 아들 이스마엘도 이 무덤에 들지를 못한다.

에서는 야곱의 형이자 이삭의 장자로서 그의 조상 아브라함과 사라가 물려준 집안의 신앙과 전통과 모든 것을 이어받고 또 전해주어야 할 책임을 지닌 자였으나 이에 실패한 인물이었다. 야곱의 아내 라헬 또한 아버지 라반에게서 우상 드라빔을 훔쳐 나와 숨기고 살아온 여자였다. 야곱이 드라빔을 찾는 라반 앞에서 만일 드라빔을 지닌 자가 내 집에서 발견된다면 그는 반드시 죽으리라고 저주를 선포하였던 그 드라빔을 야곱 앞에서도 숨기며 살아온 여자였다. 그리고 어느 날 그녀가 아들 베냐민을 낳다가 죽은 후 그녀의 유품에서 드라빔이 발견되는 것은 당연한 결과였다. 이스마엘이 어떠하였던가 하는 것은 굳이 말할 필요가 없다.

　이들이 다 아브라함과 이삭의 자손이면서도 사라의 무덤에서 제외되고 있다는 것은 무엇을 뜻하는가? 이는 아브라함 자신이 그의 후손들에게 이 무덤의 교훈을 전하고 이에 합당치 않은 자들은 이곳에 묻혀서는 안 된다는 유훈을 후손들에게 남겼음을 알려주는 사실이 아닌가? 이러한 유훈이 없었다 할지라도 후손들 스스로가 이 무덤이 어떤 무덤인지 알고 있었고 이에 합하지 않은 자들은 이곳에 묻기를 거부하였던 것이다. 곧 그들은 이 무덤을 통한 학습과정을 스스로 거쳤다는 것을 말해준다.

　아브라함이 굳이 에브론 소유의 막벨라 굴을 사서 거기에 사라를 장사지내고자 한 것은 그 땅이 그냥 장사지내기에 탐이 날만큼 좋아서가 아니라 이러한 신앙의 가르침과 결과를 마음에 그리고 있었기 때문이었다. 지금까지 하나님의 방백 아브라함에게서 신앙의 삶을 배워 온 가나안 사람들이 사라가 묻혔고 또 자신이 묻힐 이 무덤을 보며 그녀와 자신의 삶을 기억할 수 있기를 바랬고 그렇게 자신들이 남긴 신앙이 기억되기를 원했다. 자신의 후손들 또한 조상의 무덤을 보며 이 무덤에 묻힐 수 있는 합당한 신앙의 삶을 살 수 있게 되기를 뜻하였던 것이다. 두고두고 자신들의 죽음일지라도 신앙교육의 장으로 활용될 수 있도록 하고자 의도한 것이었다.

　곧 아브라함은 죽은 이후에라도 자기가 전한 신앙이 잊혀지지 않고 사람들에게 기억될 수 있도록 최선을 다하고 있다. 죽음의 마지막 순간에 이르기까지도 오직 생명의 도를 전하기 위해 온 힘을 다하고 있다. 그는 자신의 죽음까지도 하나님을 위해 사용되기를 원하고 있었던 것이다. 이런 그의 삶이 오늘 우리에게서 믿음의 조상으로 기억되는 놀라운 결과로 나타나고 있는 것이다.

사라는 살아서 한 사람을 살렸고 그를 통해 온 세상에 구원의 생명을 남겼다. 그런데 그 삶은 죽어서도 영원히 기억되며 그녀의 아들 손자를 지나 오늘 이 시대까지 전해져와 우리에게도 너무나 귀한 신앙과 삶 그리고 생명을 전하고 있다. 아브라함 또한 그 불꽃같이 치열했던 삶을 통해 신앙의 바른 길을 모든 사람에게 선명하게 남겨 놓았다. 귀한 사람은 그 육체는 쇠하고 죽으나 그 삶은 영원히 남는다는 것을 알려주고 있다.

오늘 나 또한 반드시 죽어 한 줌 흙으로 돌아간다. 그리고 그 죽음이 무덤으로 남을지 아니면 한 줌 재로 강물에 뿌려져 사라질지 알 수 없다. 하지만 육체의 죽음과 더불어 나의 삶도 함께 깨끗이 사라질지 아니면 후손들에게 오래도록 혹은 영원히 기억될지는 지금 나의 삶에 달려 있다. 나의 무덤에 어떤 글이 새겨지고 그리고 무엇을 저들에게 남겨줄 것인지도 지금 나의 삶에 달려 있다. 죽음에 이르는 마지막 순간까지도 이 세상에 생명을 전하기 위해 온 힘을 다할 수 있는 우리를 아브라함의 삶은 요구하고 있다.

〈 앞으로 나올 책들 〉

1. 『아! 아브라함』

　　4000년 전 메소포타미아에서부터 온 어떤 사람이 가나안에 나타났습니다. 그가 가나안의 여러 곳을 떠도는가 싶더니 어느 날 애굽으로 내려갑니다. 그 곳에서 그는 자기의 아내를 누이라고 속여 말하고 또 그것 때문에 아내를 애굽 왕에게 빼앗겨 버립니다. 이럴 거면 왜 자기 살던 갈대아 우르를 떠나왔을까요? 이럴 거면 차라리 아직도 아버지가 살고 있는 가나안의 북쪽 하란으로 돌아가지 왜 애굽으로 간 것이었을까요? 그가 다시 가나안으로 올라와 헤브론에서 편히 자리 잡고 살 때입니다. 어느 날 그의 아내가 자기의 여종을 남편에게 주어 아기를 갖게 합니다. 그러다가 그 여종이 자기를 멸시하자 자기의 남편을 대해 거침없는 저주를 퍼붓고 그 여종을 사람 없는 광야로 내쫓아 버립니다. 아무 생활능력이 없는 임신한 여인이요 더군다나 그 태 안의 아기는 남편이 평생 기다리는 후사인데 말입니다. 신앙인이 과연 이래도 되는 것일까요? 하나님께서 소돔과 고모라 성을 멸하십니다. 어차피 세상이 하나님을 모르기에 모두가 죄인인 것은 한 가지인데 다른 도시와 사람들은 그대로 두고 그들만 죽여야 했던 이유가 무엇이었을까요? 죄인에도 등급이 있는가요? 또 왜 그 이전이나 후에는 이런 일이 없었던 것일까요? 그 후 언젠가 하나님은 그 남자에게 외아들을 저 먼 산으로 데리고 가서 번제로 바치라고 합니다. 번제란 사람을 죽여 피부를 벗긴 후 불에 태워 바치는 것입니다. 대단히 잔인한 피의 제사입니다. 사람을 불태워 제물로 바치는 이런 제사 의식이 과연 우리 하나님 신앙에 있어도 되는 것일까요? 왜 하나님은 이런 잔인한 제사를 요구하셨고 이 사람은 또 어떻게 아무 말없이 이에 순종하는 것일까요? 자기 외아들을 죽이는 이것이 신앙 좋은 것인가요? 이 모든 의문들이 있음에도 우리는 그저 읽고 또 읽기만 할 뿐입니다. 쓰여진 문자는 잘 알지만 그 속 내용은 전혀 알지 못합니다. 그러니 알아도 모르는 것일 수밖에요. 이제 이 모든 의문들에 대해 이 책은 답을 줄 것입니다. 전체 4권.

2. 『광야의 모세』

민수기 해석서. 모세가 광야에서 이스라엘을 인도한 것은 40년이었고 그 때 백성의 수는 거의 300만을 헤아렸습니다. 이 거대한 무리가 어느 날 갑자기 자기 살던 곳을 떠나 물도 부족하고 농토도 없는 사막 같은 광야에서 40년을 살아간 것은 인류 역사상 전혀 유래를 찾을 수 없는 전대미문의 대사건이었습니다. 모세는 이 엄청난 숫자의 백성을 더군다나 모든 삶의 조건이 전혀 열악한 이 광야에서 어떻게 다스렸을까요? 그리고 백성들은 그 광야에서 무엇을 하며 지냈을까요? 그 40년은 만나를 통해 먹을 것을 해결 받았고 불기둥과 구름기둥이 그들을 지켜 주었으며 의복과 신발이 해어지지 않은 기간이었습니다. 먹을 것 입을 것 등 생존에 필요한 모든 것을 해결 받았고 농사를 짓고 싶어도 농사지을 땅도 없는 광야였습니다. 남은 모든 시간을 무엇을 하며 지냈을까요? 이에 대한 모든 답을 안고 있는 것이 모세오경 중 민수기 기록입니다. 이스라엘이라는 하나의 민족공동체가 어떻게 하나의 신앙공동체로 변해갔으며 하나님의 나라가 되었는지 그리고 그 조직이 어떠했으며 그 속에서 무슨 일들이 일어났는지에 대한 모든 내용을 담고 있습니다. 그러므로 민수기는 신앙공동체론 혹은 교회론에 대한 교범입니다. 모세는 분명 신앙공동체의 조직과 구성 그리고 기능과 다스림에 관한 틀을 갖고 이를 후세에 남기기 위하여 이 책을 기록하였다는 것을 여러분 스스로 발견할 수 있을 것입니다. 레위기와 더불어 읽기 어려운 책으로만 남아 있는 이 책이 얼마나 중요하고도 흥미진진한 내용을 담고 있는지 곧 알게 될 것입니다. 특히 이 책은 출애굽기부터 신명기에 이르는 거의 모든 중요한 내용이 망라되어 있습니다. 그러므로 이 책을 읽는다면 모세오경에 대한 중요한 내용을 거의 이해할 수 있습니다. 오늘의 교회가 왜 이렇게 어지럽고 시끄러운지 왜 이렇게 무기력하며 또 어떻게 해야 하는지 그 원인과 해답을 이 책은 줄 것입니다. 지금부터 약 3500여 년 전 애굽과 이스라엘 사이 시내 광야에서 300만의 한 민족이 그리 짧지 않은 40년의 역사를 어떻게 살아갔는지 그 역사의 현장을 그리고 있습니다. 전체 4-5권.

3. 『마태의 증언』

　　마태복음 해석서. 예수만 믿으면 구원 받는다는 우리의 믿음에 대해 예수님 자신은 "나더러 주여 주여 하는 자마다 천국에 다 들어갈 것이 아니요 다만 하늘에 계신 내 아버지의 뜻대로 행하는 자라야 들어가리라"(마7:21)고 하십니다. 율법은 예수의 오심과 더불어 폐해졌다고 하는 이해에 대해서도 주님은 "내가 율법이나 선지자나 폐하러 온 줄로 생각지 말라 폐하러 온 것이 아니요 완전케 하려 함이로라 진실로 너희에게 이르노니 천지가 없어지기 전에는 율법의 일점 일획이라도 반드시 없어지지 아니하고 다 이루리라 그러므로 누구든지 이 계명 중에 지극히 작은 것 하나라도 버리고 또 그같이 사람을 가르치는 자는 천국에서 지극히 작다 일컬음을 받을 것이요 누구든지 이를 행하며 가르치는 자는 천국에서 크다 일컬음을 받으리라"(마5:17-19)고 하십니다.

4. 『끝까지 외로웠던 사람 다윗』

　　사무엘상하 해석서. 가나안 정착 이후 사사기 삼백년의 역사가 진행되면서 이스라엘의 신앙은 끝모를 추락의 길을 걷습니다. 그 끝이 엘리 대제사장의 시대였습니다. 이 시대의 제사장들에 대해 성경은 사탄의 자식을 뜻하는 벨리알의 자식들(불량자)라고 정죄하고 있습니다. 그만큼 그 시대의 하나님 신앙은 본질을 완전히 상실한 채 우상신앙화 되어 있었습니다. 비로 그 때 등장한 사람이 사무엘이었고 신앙은 전혀 거듭날 수 있는 기회를 맞이합니다. 그러나 사무엘의 노력도 사울왕의 등장과 더불어 물거품처럼 끝나 버릴 위기를 맞이합니다. 이 위태한 때에 나타나 이스라엘의 신앙을 반석 위에 올려놓는 사람이 바로 다윗입니다. 이스라엘 역사는 그를 단순히 이스라엘의 최고 부흥을 이룬 군왕으로 기억하고 있지만 성경은 아브라함에게 주어진 하나님의 약속을 이룬 위대한 신앙의 인물로 그를 기록하고 있습니다. 곧 하나님께서 아브라함에게 주신 영토의 약속(창 15:18-21)이 있었습니다. 바로 이 약속을 이루고자 열망하여 성취시킨 인물이 다윗이었던 것입니다. 단순한 영토의 확장이 아니라 그 위에 하나님의 공의를 실현하고자 한 신앙의 목적을 이룬 인물이었습니다. 그리고 온 인류에게로 하나님의 말씀을 흘려보내고자 하는 이러한 신앙의 목적은 바로 예수 그리스도에 의해 완전하게 성취됩니다. 그런 점에서 목동에서 왕의 자리에까지 오른 다윗이라는 한 인물의 삶을 기록한 사무엘서는 한 개인의 입지전적인 성공 스토리가 아니라 하나님의 언약을 성취하고자 열망하였던 한 신앙인의 발자취에 대한 기록입니다. 자칫 끊어질 뻔한 하나님의 언약을 아브라함에게서 예수 그리스도에게로 성공적으로 이어준 하나님의 언약의 사람이었습니다. 사무엘서는 성경에서 가장 길게 설명되고 있는 이 위대한 신앙인의 믿음의 행진을 우리 앞에 펼쳐보이고 있습니다. 잠시도 쉴 수 없었고 끝까지 홀로 외로울 수밖에 없었던 그의 지난한 삶의 길입니다. 아브라함에게 있었던 것과 같은 그의 뼈아픈 실패까지도 귀한 신앙의 교훈으로 우리에게 말하고 있습니다. 전체 7-8권.

5. 『흔들리는 하나님의 나라』

열왕기상하 해석서. 이스라엘 역사에 등장하여 똑같이 40년의 역사를 다스렸던 인물들이 있었습니다. 모세 사울 다윗 솔로몬 이 네 사람입니다. 그런데 이들이 모두 이스라엘을 40년 간 다스렸다는 사실은 동일하지만 그 결과는 각각 달랐습니다. 모세는 80세 때에 지도자로 등장하여 120세로 그 자리를 마칠 때까지 거의 실수 없이 그 대업을 훌륭하게 마친 거의 완벽한 사람이었습니다. 다윗 또한 헤브론에서 왕이 된 후 40년 간 한 번의 실수가 있었지만 마지막까지 그 왕의 직무를 충실히 감당하고 그 자리를 내려갔습니다. 그러나 솔로몬은 처음에는 힘차게 출발하였으나 그 마지막은 나라가 남과 북으로 둘로 쪼개지는 비극을 남기고 말았습니다. 처음은 좋았으나 끝이 좋지 않은 사람이었습니다. 그리고 사울 왕은 그 또한 하나님을 믿는 자였으나 처음부터 마지막까지 한결같이 잘못된 길을 걸어갔습니다. 끝에는 나라를 수렁으로 몰아넣고 자신도 비참한 종말을 고합니다. 왜 똑같은 40년이었는데 이렇데 그 걸어간 길과 결과가 다른 것이었을까요? 생각해 보면 이것이 또한 우리들 각자가 걸어갈 믿음의 길이라는 것을 알 수 있습니다. 오늘도 모두가 예수 그리스도를 주로 섬기는 신앙의 길을 걸어가지만 어떤 사람은 꿋꿋이 그 믿음을 지켜가는 반면 어떤 사람은 중간에 그 길을 바꾸기도 합니다. 또 어떤 사람은 전혀 거듭남을 체험하지 못하고 처음부터 마지막까지 태어날 때부터 만들어져 온 제 성격을 가지고 가는 사람도 있습니다. 왜 그럴까요? 바로 이에 대한 해답을 주는 것이 열왕기 기록입니다. 어떤 신학자는 사무엘 열왕기를 이스라엘 무협지라고까지 말합니다. 전혀 이 책들에 대한 이해가 없다는 증거입니다. 이제 그 바른 이해를 이곳에서 찾을 수 있기를 바랍니다. 전체 7-8권.

6. 주제글 모음

　사기꾼 야곱. 그는 진정 사기꾼과 같은 자였을까요? 그가 사기꾼이었다면 하나님의 은혜는 그렇게 사기를 쳐서 빼앗을 수 있는 것일까요? 하나님은 사기꾼에 의해 하나님 나라의 질서가 어지럽혀지고 은혜가 농락당해도 그냥 묵인하고 인정하시며 그를 들어 사용하시는 것일까요? 오늘도 사기꾼이 사기를 쳐서 교회를 빼앗아도 괜찮은 것입니까? 또 예수 그리스도의 조상이라고 설명되는 신실한 신앙인 다윗이 한 여자를 빼앗기 위해 이스라엘의 충성된 장군 우리아를 그토록 간교하게 죽인 그 사건은 어떻게 이해하여야 할까요? 간음한 자요 살인자요 강도였습니다. 어떻게 이런 사람이 예수 그리스도의 조상이요 하나님의 신실한 종이 될 수 있었을까요? 남편이 일곱이나 되었던 사마리아 수가 성의 여인은 또 어떻게 된 사람일까요? 진정 음녀요 창녀인 것일까요? 이런 여자가 이스라엘의 이웃에 살고 있고 또 이런 여자에게 어떤 남자라도 장가들 수 있는 것일까요? 당연하다고 생각해 왔던 내용들이지만 성경의 기록을 자세히 살펴보면 그 실체가 우리의 이해와는 너무도 다르다는 것을 발견할 수 있습니다. 이 책에서는 성경의 사건과 인물들에 관한 기록 중에 그 내용을 반드시 다시 한번 되짚어보아야만 것들에 대해 주제글 형식으로 관련 성경본문들을 해석하여 놓았습니다. 〈야곱 과연 사기꾼인가?/ 누가 우리아를 죽였는가?/ 사마리아 여인/ 율법과 복음/ 에녹승천과 노아 방주 구원 어느 것이 진정한 구원인가?〉

7. 始原의 역사

　　창세기 원역사 해석서. 오늘날 신앙인들에게 노아 때의 홍수와 방주 구원 사건은 하나님께서 죄인을 멸하시고 의인은 구원하신다는 심판과 구원의 사건으로 깊이 인식되어지고 있습니다. 그러나 이 사건은 노아 탄생 69년 전에 있었던 에녹의 승천 사건과 아주 대조적인 차이점을 지니고 있습니다. 한 마디로 말하면 에녹의 승천 사건은 땅에 있는 자들은 그가 누구이든지 간에 모두 그대로 두고 하나님의 의인만을 하늘로 취하여 올린 구원의 사건입니다. 반면 노아의 방주 구원 사건은 정반대로 땅에 있는 모든 것들을 모조리 멸한 다음 그 황폐화 된 땅 위에 의인을 그대로 둔 것이었습니다. 홍수가 끝난 후 노아와 그 가족들의 처하게 된 상황은 인간의 삶에 필수적인 인간관계의 대상 자체가 사라져 버려 사회관계가 완전히 파괴된 지극히 고독한 삶의 환경에 처하게 되었고 이는 가장인 노아의 경우에 더욱 심하였습니다. 더욱이 죄는 이 모든 참담한 대가의 지불에도 불구하고 없어지지 않고 여전히 살아서 바로 이들의 사랑하는 가족을 통해 이들을 괴롭히고 있고 결국 이 죄는 바벨탑 사건에까지 이르게 합니다. 이와 같이 홍수 후의 이들의 삶이 더욱 악화된 것 외에 노아 자신에게와 그의 가족에게 이 홍수는 무슨 은혜를 전해 준 것이었을까요? 창세기 원역사에는 신론과 죄론 인간론 구원론 등 우리 신앙의 핵심 요소들이 가장 분명하고 명료하게 설명되고 있습니다. 이 책은 원역사에 대한 상세한 해석을 통해 우리 신앙의 근본에 대해 자세한 설명을 줄 것입니다. 전체 4-5권.

8. 기타 시편과 선지서 해석